rororo sprachen
Herausgegeben von Ludwig Moos

Sprachenlernen kann man lernen. Auf die richtige, dem eigenen Lerntyp angemessene Methode kommt es an. *Sprachen lernen* zeigt erprobte Wege, wie man eine Sprache neu erwirbt, verschüttetes Wissen freilegt und vorhandene Kenntnisse verbessert. Bewährte Ratschläge, kreative Techniken, neue Tips und Tricks aus Wissenschaft und Praxis ersparen Lernfrust und fördern die Lernlust. Ein besonderes Augenmerk gilt dem Computer, der als Lernhelfer immer tüchtiger wird.

Robert Kleinschroth unterrichtet Englisch am Gymnasium und an der Universität Heidelberg. Er hat zwanzig Jahre Praxis in der Erwachsenenbildung und leitete fünfzehn Jahre lang die Sprachabteilung eines Großunternehmens. Robert Kleinschroth hat zusammen mit Dieter Maupai *La Conversation en s'amusant* (8873) und *Flüssiges Französisch* (61184) verfaßt. Mit René Bosewitz hat er über zwanzig Bände der Serie *Business English* konzipiert und geschrieben.

Robert Kleinschroth

Sprachen lernen

Der Schlüssel zur richtigen Technik

Rowohlt Taschenbuch Verlag

3. Auflage September 2003

Vollständig überarbeitete und
erweiterte Neuausgabe
Veröffentlicht im Rowohlt
Taschenbuch Verlag GmbH,
Reinbek bei Hamburg, Januar 2000
Copyright © 1992, 2000 by Rowohlt
Taschenbuch Verlag GmbH,
Reinbek bei Hamburg
Umschlaggestaltung Büro Hamburg
(Illustration Gerd Huss)
Layout Christine Lohmann
Textillustrationen Christine Lohmann
ISBN 3 499 60842 1

INHALT

Vorwort 9

TEIL 1: Machen Sie den Weg frei – bauen Sie Vorurteile ab 10

Zu alt zum Sprachenlernen? 11
Für Fremdsprachen unbegabt? 13
Motivation – ist sie notwendig? 17
Sprachgenies – oder Menschen wie du und ich? 22
Unterricht oder Selbststudium? 24
Der Computer als Lernpartner? 28

TEIL 2: Sein Gehirn verstehen 34

Dateneingang: das Ultrakurzzeitgedächtnis 35
Datenaufbereitung: das Kurzzeitgedächtnis 38
Die zentrale Datenbank:
das Langzeitgedächtnis 41
Beide Gehirnhälften wollen lernen 44

TEIL 3: Wortschatz lernen 48

Lernziele und Zahlenspiele oder
«Wie viele Wörter müssen wir lernen?» 49
Einzelwort – schweres Wort 52
Wortschatz statt Wörter 55
Die Technik des Visualisierens 58
Mehrkanaliges Lernen 61

Mentales Wortschatztraining 64
Wiederholen, aber richtig 69
Wiederholungstechniken 74
Kreative Logeleien 82
Gute Unterhaltung mit Wörterbüchern 88

TEIL 4: Wortschatz verwalten und behalten – das Handwerkszeug 92

Umgang mit Wörterverzeichnissen 93
Vokabelgräber 97
Das persönliche Ringbuch 99
Das Bildwörterheft für den Scribbler 104
Lernen im Vorbeigehen 111
Wortschatztraining mit der Lernkartei 116
Wortschatzlernen mit dem Computer 122

TEIL 5: Grammatik lernen 127

Grammatik kennen – Grammatik können? 128
Helfen Regeln beim Sprechen? 133
Gibt es das grammatische Gedächtnis? 135
Im Unterricht: Vom Beispiel zur Regel 139
Heimarbeit: Von der Regel zum Beispiel 143
Reize und Gesten statt Regeln 147
Grammatik ohne Regeln 149
Sprachgefühl durch Muttersprache 152
Mentale Bilder statt Regeln 157

Über Eselsbrücken gehen 166
Unvergeßliche Grammatiksätze 171
Die «erlesene» Grammatik 176
Der problematische dritte Bereich
der Grammatik 180
Computer als Lernpartner 183
Vom Patterndrill zum Partnerdrill 186

TEIL 6: Hören, Lesen und Verstehen 188

Was ist Hör- und Sehverstehen? 189
Hörtraining mit Sprachkassetten 192
Hörverstehen für Fortgeschrittene 197
Erschließungstechniken 199
Beispiele zum Mitdenken 205
Hörverstehen mit dem Computer 208
Hörverstehen und Freizeitgestaltung 215
Von der Leseschnecke zum Speedreader 218
Lesetraining am Computer 222

TEIL 7: Schreiben und Sprechen 226

Computer bitten zum Diktat 227
Das elektronische Klassenzimmer 229
Schreiben am Computer 232
Gelenktes Sprechen 235
Sprechbarrieren überwinden 238
Schritt für Schritt zum freien Sprechen 240

Gesprächsstrategien 246
Gesprächstaktiken 252
Gelegenheit macht Könner 256

Anhang

Vokabular Englisch 259
Vokabular Französisch 263
Verwendete Literatur 265
Register 268

Vorwort

Sie kennen *Sprachen lernen* vielleicht in der Ausgabe von 1992. Eine Neufassung wurde nötig, da sich in der Methodik des Sprachenlernens einiges getan hat. Inzwischen sind endlich auch die Lernprogramme und die Lernwerkzeuge für den Computer zu effektiven Lernpartnern herangereift, und das Internet bietet neue Formen des Sprachenlernens.

Die meisten von uns haben das richtige Erarbeiten einer Sprache nicht in der Schule gelernt. Auch heute noch wird den Lernwilligen zwar gesagt, was zu lernen ist, das Lernen selbst wird in aller Regel nicht gelehrt. Der Stoff mag noch so gekonnt aufbereitet und präsentiert werden, der Schüler muß ihn doch mit nach Hause nehmen und ihn allein bewältigen. Viel Zeit und Geld wird ohne die erforderlichen Techniken vergeudet. Heute erhalten 20 bis 25 Prozent aller deutschen Schülerinnen und Schüler Nachhilfeunterricht, was sich ihre Eltern jede Woche 30 bis 35 Millionen Mark kosten lassen.

Heute wie früher finden junge und alte Schüler zu ihrer Methode leider noch immer über die drei schlechtesten aller Lehrmeister: Sie heißen Versuch, Irrtum und Zufall.

Die besseren Lehrmeister sind Lernbiologie und Lernpsychologie, Sprachwissenschaft und Didaktik. Lernen Sie den guten Umgang mit ihrem Gehirn, übernehmen Sie die erprobten Tips und Tricks erfahrener Praktiker, und steigern Sie Ihre Leistung auf allen Gebieten. Ich wünsche Ihnen viel Freude bei der Lektüre und viel Erfolg beim Sprachenlernen.

Robert Kleinschroth

TEIL 1: Machen Sie den Weg frei — bauen Sie Vorurteile ab

Viele Menschen fragen sich, ob sie die Voraussetzungen mitbringen, eine oder mehrere Fremdsprachen zu lernen:

1. Bin ich zum Sprachenlernen zu alt?
2. Bringe ich die Begabung und die Intelligenz mit, die man für das Sprachenlernen braucht?
3. Ich bin nicht motiviert. Ich lerne eine Sprache, weil ich muß. Macht das überhaupt Sinn?

Hinter diesen und ähnlichen Fragen stehen Vorurteile, die von der Wissenschaft weitgehend widerlegt sind. Sie dienen aber immer noch als bequeme Entschuldigungen, das Sprachenlernen gar nicht erst in Angriff zu nehmen. Darum will dieser Teil des Buches zeigen, daß erfolgreiche Sprachenlerner nicht anders sind als wir, sondern nur anders arbeiten.

Time for a smile

Sir Alec returns to his London club, fresh from his holiday in France.
"Did you have a good time?", his friends ask him.
"Yes, excellent," he says.
"Did you have any problems with the language?"
"No," says Sir Alec, "I didn't, but the French did."

Unbekannte Wörter finden Sie im Glossar.

TEIL 1 | VORURTEILE ABBAUEN

Zu alt zum Sprachenlernen?

Das Vorurteil von der altersbedingten Abnahme der Lernfähigkeit ist durch viele neuere Untersuchungen gründlich korrigiert und in mancher Hinsicht sogar ins Gegenteil verkehrt worden.

Gibt es überhaupt ein ideales Alter für das Erlernen einer Fremdsprache? Was die Fähigkeit der Imitation und die Leistung des Gedächtnisses betrifft, liegt das optimale Lernalter etwa bei 15 Jahren. Diesen Vorteil kann die Jugend aber nur nutzen, wenn sie den richtigen Umgang mit ihrem Gehirn pflegt. Manche machen es intuitiv richtig und gelten oft zu Unrecht als sprachbegabt. Aber häufig wird in diesem Alter noch falsch gelernt, weil richtiges Lernen in der Schule nicht gelehrt wird.

Lernpsychologen haben folgendes Experiment durchgeführt. Man gab verschiedenen Altersgruppen Unterricht in Esperanto, einer Kunstsprache. Die Teilnehmer der Gruppen hatten neben anderen gemeinsamen Merkmalen alle den gleichen Intelligenzquotienten. Die Gruppe der Teilnehmer bis zu 19 Jahren erhielt doppelt soviel Unterricht wie die 20 bis 25 Jahre alten Testpersonen. Trotz der Hälfte der Stundenzahl schnitt die ältere Gruppe in einem Vergleichstest wesentlich erfolgreicher ab als die jugendliche Konkurrenz im besten Lernalter.

Andere Lernversuche haben bestätigt, daß es zwischen Jugendlichen und Erwachsenen im frühen und mittleren Alter keinen biologisch bedingten Leistungsunterschied gibt. Abgesehen von manchen Sportarten ist fast alles noch mit 50 Jahren erlernbar. Der Unterschied zu der jugendlichen Konkurrenz ist sogar geringer als der Unterschied zwischen Erwachsenen gleichen Alters. Nachlassende Flexibilität und Anpassungsfähigkeit machen Erwachsene durch ihre Erfahrung und ihre Lernhaltung wett. Sie können sich besser konzentrieren und sind gewohnt, sich Wissen durch Lesen anzueignen, langfristig zu planen und ohne Druck durch Lehrer oder Noten zu lernen.

TEIL 1 | VORURTEILE ABBAUEN

Wenn Sie zu den reiferen Jahrgängen zählen, haben Sie zwar im Vergleich zu Jugendlichen einen Nachteil, was das Gedächtnis und das Nachahmen der Aussprache betrifft. Hier hilft Ihnen das Sprachlabor im Computer, das Sie hört, versteht und Ihnen bildlich zeigt, wo genau Sie vom Muttersprachler abweichen (siehe Seite 28). Dafür aber verfügen Sie als Erwachsener über Qualitäten, die Lehrer an jungen Schülern oft vermissen: das Interesse an der Sprache, höhere Konzentrationsfähigkeit, Zuverlässigkeit und Durchhaltevermögen. Außerdem haben Sie Gelegenheit, die Sprache beruflich anzuwenden. Sie können sich einen Urlaub und vielleicht auch einen Sprachkurs im Land der Zielsprache leisten.

Sie lernen als Erwachsener effektiver als Ihre Töchter und Söhne. Zwar können Jugendliche besser mechanisch lernen, sie behalten Stoff, selbst wenn sie ihn nicht ganz verstanden haben. Erwachsene haben die größere Lernerfahrung. Sie lernen anders, nämlich kognitiv, das heißt, sie durchdringen den Lernstoff durch Gliedern und Strukturieren und behalten ihn auf diese Weise besser. Vor allem sind sie bis ins hohe Alter der Jugend im Übertragen des Gelernten auf neue Sprechsituationen (Transfer) überlegen.

Sie werden feststellen, daß sich Ihr Gehirn durch das Lernen langsam verändert. Wie ein Muskel wird Ihr Sprachengedächtnis durch das Training besser. Aber wie im Sport erzielen Sie deutliche Leistungssteigerungen nur durch geeignete Techniken und Strategien. Im geschickten Umgang mit Ihrem Gehirn steigern Sie nicht nur Ihre Gedächtnisleistung, sondern erhalten auch Ihre Intelligenz. Umgekehrt gilt, daß man das Lernen durch Untätigkeit auch wieder verlernt: «Wer rastet, der rostet» oder

> « Lernen ist wie Rudern gegen den Strom;
> sobald man aufhört, treibt man zurück. »
> BENJAMIN BRITTEN

TEIL 1 | VORURTEILE ABBAUEN

Zu alt zum Lernen? Die meisten Erwachsenen lernen viel weniger, als sie könnten. Nur für die Gruppe der Müßiggänger gilt: «Was Hänschen nicht lernt, lernt Hans nimmermehr.» Würde die deutsche Industrie jedes Jahr viele Milliarden in die Weiterbildung ihrer Mitarbeiter investieren, wenn sie nicht vom Gegenteil überzeugt wäre? Fassen wir zusammen: Erwachsene lernen nicht schlechter als Jugendliche, sie lernen anders. Mit dem Älterwerden lassen einige Fähigkeiten nach, andere bleiben erhalten, wieder andere verbessern sich stetig bis ins hohe Alter. Nimmt man alle Fähigkeiten zusammen, so bleibt die Lernfähigkeit bis zum 60. Lebensjahr etwa konstant (Huberman, 1975).

Für Fremdsprachen unbegabt?

Wer von sich denkt: «Ich bin für das Sprachenlernen unbegabt», der weicht dem Abenteuer, durch fremde Sprachen neue Kulturen zu entdecken, mit einer bequemen Entschuldigung aus. Man braucht nicht besonders intelligent oder begabt zu sein, um zum Beispiel im Gymnasium befriedigende Leistungen zu erreichen. Die vielen Untersuchungen auf diesem Gebiet lassen den Schluß zu, daß unterschiedliche Intelligenz nur etwa zu 25 Prozent für die Leistungsunterschiede zwischen Schülern verantwortlich ist. Unterrichtsverfahren, Lerntyp, Lehrerpersönlichkeit und Familiensituation haben einen weit höheren Einfluß (Jopt, 1981; Schmid-Schönbein, 1988). Warum halten sich intelligente Menschen irrtümlich für nicht sprachbegabt? Dafür gibt es vor allem vier Gründe:

1. schlechte Erfahrungen aus der Schulzeit,
2. Unvereinbarkeit von Lehrerstil, Unterrichtsmethoden und Lernertyp,

TEIL 1 | VORURTEILE ABBAUEN

3. Mißerfolgserlebnisse, weil falsch gelernt wird,
4. Hemmungen beim Sprechen.

Wenn Sie glauben, für Sprachen nicht sonderlich begabt zu sein, unterliegen Sie mit hoher Wahrscheinlichkeit einem Irrtum. Sie haben Ihr Talent vielleicht nur noch nicht entdeckt.

1_Schlechte Erfahrungen aus der Schulzeit

Zur ersten Gruppe der vermeintlich Unbegabten gehören alle, die als Schüler schlechte Erfahrungen mit den Fremdsprachen gemacht haben.

Im Anfangsunterricht sind sie noch mit großer Begeisterung bei der Sache. Der Erfolg bei der ersten leichten Klassenarbeit steigert ihre Erwartungen. Doch der Lernstoff wächst schnell an. Die Ergebnisse der dritten und vierten Arbeit dämpfen die hohe Anfangsmotivation, sie schlägt in Enttäuschung um, weil die gewünschten Noten nicht erreicht werden. Ein Mißerfolg zieht das nächste Versagen nach sich, wie umgekehrt die banale Weisheit gilt, daß nichts so erfolgreich ist wie der Erfolg. Schüler, Lehrer und Eltern kommen zu dem falschen Schluß: für Sprachen nicht begabt. Der Schüler wird dies als naturgegeben hinnehmen, sich von den Sprachen abwenden und seine Erfolge auf anderen Gebieten suchen. Er wird für Sprachen negativ konditioniert.

Viele Teilnehmer an Sprachkursen gehen zu der ersten Sitzung mit schlechten Erinnerungen an den Sprachunterricht ihrer Schulzeit. Bei manchen haben frühe negative Lernerfahrungen eine Abneigung gegen die Sprache erzeugt, vielleicht sogar gegen Land und Leute, denn jede Begegnung mit dem Ausland erinnert an schlechte Zeiten. Doch diese Einstellungen lassen sich abbauen. Falls Sie das Bedürfnis haben, sich positiv zu konditionieren, helfen Ihnen vielleicht die Kapitel über Motivation und Selbstmotivation (Seite 17 ff.).

2_Unvereinbarkeit von Lehrerstil und Lernertyp

Im Laufe seiner Entwicklung erwirbt der Mensch eine individuelle Form der Informationsaufnahme und -verarbeitung. Er läßt sich nicht, wie früher angenommen, einem der klassischen Lernertypen zuordnen. Bei jedem Menschen sind die Denkmuster anders ausgeprägt. Darum gibt es fast so viele Lernertypen wie Individuen. Die Art und Weise, wie unser Gehirn arbeitet, ist ähnlich charakteristisch wie unser Fingerabdruck.

Wir spüren nur undeutlich, ob Lehrer, Lehrbücher und wir selber mit unseren Lerngewohnheiten dem Gehirn zuarbeiten oder nicht. Ein Lehrer, der nach einem gewissen Grundmuster gelernt hat, wird den Stoff entsprechend vermitteln. Unbewußt erwartet er, daß alle Schüler nach seinem Schema lernen. Wem der Unterrichtsstil des Lehrers entgegenkommt, dem erscheint der Stoff verständlicher als dem, der ein anderes Grundmuster der Informationsverarbeitung erworben hat (Vester, 1978). Mancher hält sich vielleicht nur deshalb für unbegabt, weil Lehrstil und Lernstil nicht harmonieren.

Welche Folgerungen ergeben sich daraus? Verlassen Sie sich nicht nur auf den Lehrer. Vier Stunden Sprachkurs ohne Selbststudium sind verlorene Stunden. Bereiten Sie den Lernstoff nach Ihren eigenen Denk- und Assoziationsmustern auf. Wählen Sie aus der Fülle der Strategien, Techniken und Methoden jene aus, die Ihnen liegen. So ist das Angebot in diesem Buch zu verstehen.

3_Falsche Lernmethoden

Eine Sprache lernt man nicht ohne Arbeit und nicht in wenigen Wochen. «Sprachenlernen ohne Mühe» gehört zu den Versprechungen mancher unseriöser Verlage und Sprachschulen. Andererseits braucht Sprachenlernen auch nicht in ödes Pauken auszuarten. Sinnvoll lernen kann man nur in einem Zustand konzentrierter Entspannung. Konzentration und Entspannung sind kein Widerspruch. Viele fleißige und begabte Menschen quälen sich unnötig lange mit Grammatikregeln ab, schreiben seitenweise Wörter in Vokabelhefte, wiederholen immer wieder dieselben Wörter auf immer gleiche Weise. Sie lernen falsch. Auch bei hoher Anfangsmotivation werfen sie irgendwann die Flinte ins Korn, weil das Ergebnis den Aufwand nicht rechtfertigt. Bei den Schwerarbeitern unter den Sprachenlernern stellt sich die Frage der Begabung erst gar nicht. Ihnen fehlt eine Gebrauchsanweisung für ihr Gehirn.

4_Mangelnde Sprechgelegenheit und Hemmungen beim Sprechen

Mit dem richtigen Lernen allein ist es noch nicht getan. Wer das Gelernte nicht in realen Sprechsituationen anwendet, mag fließend lesen, vielleicht auch fließend verstehen, aber nie fließend sprechen. Trotz intensiven Lernens wird man aus Mangel an Sprechpraxis immer ein Gefühl der Unsicherheit haben und sich deshalb gehemmt fühlen. Sprechen lernt man durch Sprechen – wer diese Binsenweisheit nicht beherzigt, vergeudet seine Zeit. Zur Strategie des Sprachenlernens gehört das bewußte Herbeiführen von echten Sprechgelegenheiten. In den beiden letzten Teilen des Buches erhalten Sie eine Fülle von Anregungen, wie Sie dies im Inland und auch im Ausland – ja selbst am Computer – verwirklichen können.

Bin ich für Sprachen begabt? Diese kaum zu beantwortende Frage hat die Wissenschaft durch eine viel wichtigere ersetzt: Wie lernen erfolgreiche Sprachenlerner? Begabung spielt keine entscheidende Rolle, solange Sie sich nur eine, zwei oder drei Sprachen vornehmen. Bei Berlitz, dem Gründer der Sprachenschulen, konnte man von Talent sprechen. Aber sicher hat er seine 50. Sprache nur deshalb so mühelos erworben, weil er vorher schon 49 gelernt hatte. Mit jeder neuen Sprache fällt es leichter, weitere Sprachen zu erwerben, weil sich Methode und

Technik verfeinert haben. In diesem Sinne wird Sprachbegabung nicht ererbt, sondern erworben (Huberman, 1975).

Motivation – ist sie notwendig?

Motivation ist die Energie, die den Lernprozeß in Gang hält. Eine kleine Geschichte soll zeigen, was unter Motivation zu verstehen ist.

> Es war einmal ein mächtiger persischer Fürst, der wollte eine Flotte haben. Er holte Schiffsbaumeister und Zimmerleute ins Land und befahl ihnen, seine Soldaten im Bau von Schiffen zu unterweisen. Nach einer harten Lehre machte man sich ans Werk. Monate gingen ins Land, bis das erste persische Schiff vor den Augen des Hofstaats vom Stapel lief. Drei Schiffslängen glitt es über das Wasser, dann legte es sich auf die Seite und sank.
> Der Fürst ließ seine glücklosen Untertanen streng bestrafen und schickte erneut nach den fremden Schiffsbaumeistern, damit seine Soldaten die Kunst des Schiffsbaus erlernten. Doch wieder begruben die Wellen des Meeres den Traum von der persischen Seemacht. Schon wollte der Fürst die Handwerker hart bestrafen, da trat sein alter Lehrer vor. «Willst du deine Leute lehren, Schiffe zu bauen», sprach der alte Mann, «zeige ihnen nicht, wie man Bäume fällt, Planken schneidet, Pläne zeichnet und mit Hammer, Säge und Nägeln umgeht. Wecke in ihnen nur die Neugier und die Sehnsucht nach dem weiten, weiten Meer.»

Es ist nicht überliefert, ob der Fürst diesen Rat befolgt hat, doch wenige Jahre danach wurden die ersten persischen Schiffe vor den griechischen Küsten gesichtet. Was Befehle, Drohungen

und Strafen nicht erreichen, vermögen Neugier und Sehnsucht. Diese Kräfte nennen wir Motivation. Sie gibt dem Bergsteiger die Energie, einen Berg zu besiegen, und dem Forscher die Ausdauer, jahrelang durch ein Mikroskop zu schauen. Jugendliche brauchen davon viel mehr als Erwachsene. Diese Lernenergie erneuert sich aus drei Quellen:
1. aus dem Lernstoff,
2. über den Verstand,
3. durch Autosuggestion.

1_Motivation durch den Lernstoff

Unsere kleine Geschichte veranschaulicht das oberste aller Lerngesetze: *Lernen wird, wer lernen will* – selbst unter ungünstigen Bedingungen. Wenn Sie das Verlangen verspüren, eine fremde Kultur zu verstehen, ihre Literatur zu lesen, mit deren Menschen zu sprechen, werden Sie getragen von dieser Motivation die Sprache erlernen und können dieses Kapitel überspringen. Umgeben Sie sich mit den richtigen Hilfsmitteln, lernen Sie mit der Ihnen gemäßen Technik, dann kommt zum Wollen auch das Können.

2_Selbstmotivation über den Verstand

Der Durchschnittsmensch wird eine so starke Motivation vermutlich nicht verspüren. Das ist auch nicht erforderlich, um ein erfolgreicher Sprachenlerner zu werden. Konzentration auf den Stoff und die Qualität des Lernens sind für den erwachsenen Lerner wichtiger als Motivation (Baddely, 1988). Sie kann dem effektiven Lernen sogar abträglich sein, denn je stärker sie ist, desto größer wird die Versuchung, mehr Zeit auf etwas zu verwenden, als bei konzentrierter Arbeit notwendig wäre.

Oft stellt sich die Arbeitsfreude erst während der Arbeit ein

TEIL 1 | VORURTEILE ABBAUEN

und wächst, je tiefer man in die Sprache eindringt. Leider ist das nicht bei allen Lernenden der Fall. Warum schmilzt in manchen Kursen der Industriebetriebe und der Volkshochschulen die Teilnehmerzahl trotz des finanziellen Engagements von Abend zu Abend, bis nur ein kleines Häuflein Getreuer übrigbleibt? Die Lernenergie verbraucht sich wie andere Energieformen auch. Wer sie nicht regelmäßig erneuert, wird früher oder später zum Aussteiger. Vielleicht bewahren Sie die folgenden Anregungen vor diesem Schicksal.

Haben Sie sich schon einmal gefragt, warum Sie eigentlich die Fremdsprache lernen wollen? Schaffen Sie sich Klarheit über Ihre Beweggründe und Ziele. Dies ist notwendig, um zielstrebig und ausdauernd auch längere Durststrecken zu überstehen. Bringen Sie die Gründe in der Reihenfolge ihres Gewichts zu Papier. Vielleicht finden Sie einige Ihrer Motive in dieser Liste:

- Mein Sohn / meine Tochter fängt mit Französisch an, da will ich mithalten.
- Die meisten meiner Bekannten sprechen Fremdsprachen.
- Ich will mich im Urlaub verständigen können.
- Ich will Karriere machen. In den interessanten Stellenausschreibungen werden Sprachkenntnisse vorausgesetzt.
- Ich brauche die Sprache beruflich.
- Ich lerne Sprachen, um geistig fit zu bleiben.
- Ich finde die Sprache schön und will Bücher lesen und Filme sehen.
- Die Beherrschung einer Weltsprache gehört zur Allgemeinbildung.
- Eine Sprache erweitert den Horizont, man bekommt Zugang zu einer fremden Kultur.

Es mag gewichtige Gründe geben, die gegen das Sprachenlernen sprechen, wie zum Beispiel berufliche Überlastung, Mangel an Zeit, Hobbys, die man aufgeben müßte. Wägen Sie das Für und Wider ab. So verschaffen Sie sich Klarheit, ob Sie sich überhaupt auf das Sprachenlernen einlassen wollen. Wenn Sie zu einer positiven Entscheidung kommen, sollten Sie die Bilanz Ihrer Motive an die Pinnwand heften oder in Ihr Buch legen, damit Sie sich bei aufkommenden Selbstzweifeln neu orientieren können.

Gönnen Sie sich Erfolge! Sie haben einen Vorsatz gefaßt, den es durch Erfolgserlebnisse zu stärken gilt. Stecken Sie Ihre Ziele deshalb nicht zu hoch, sondern setzen Sie sich realistische, überschaubare Teilziele. So verschaffen Sie sich Erfolgserlebnisse. Überlegen Sie genau, für welche Zwecke Sie die Sprache benötigen. Sagen Sie nicht, ich will Englisch lernen, sondern ich will mit England telefonieren, englische Geschäftspartner empfangen, Briefe schreiben oder Kunden betreuen können.

Verbinden Sie das Sprachenlernen mit einem Hobby! Am leichtesten fällt dies den Leseratten und den Kinogängern, weil fremdsprachige Bücher und Videofilme problemlos erhältlich sind. Aber auch der Computerfan, der Hobbykoch oder der Gartenfreund sollte damit beginnen, dem Hobby in der Fremdsprache zu frönen. Wenn Sie sich in Ihrem Kurs noch Lernpartner suchen, mit denen Sie feste Termine vereinbaren, wird es Ihnen nicht so leicht gemacht, gute Lerngewohnheiten in Zeiten sinkender Moral aufzugeben.

Die Freude am Lernen bleibt erhalten, wenn man das Gelernte anwenden kann und seine Fortschritte sieht. Planen Sie deshalb regelmäßige Anwendungsphasen ein, so wie es in späteren Kapiteln vorgeschlagen wird.

3_Selbstmotivation durch Suggestion

Wer ist schon ganz frei von Selbstzweifeln und Minderwertigkeitsgefühlen? Dem Kind wird in der Schule selten das Lob «Bravo, du hast fast 50 Prozent richtig gemacht!» zuteil, sondern eher der Tadel «Schon wieder über die Hälfte falsch!» Die

TEIL 1 | VORURTEILE ABBAUEN

Schüler erwerben auf diese Weise den Wortschatz des Verlierers: «Das kann ich nicht, das ist zu schwer für mich, andere sind begabter, ich habe nun mal ein Gedächtnis wie ein Sieb.» Wenn solche negative Gedanken nicht ans Licht gebracht und reflektiert werden, bleiben sie weiter wirksam.

DER ERSTE SCHRITT

Neutralisieren Sie selbstzerstörerische Gedanken. Führen Sie einen inneren Dialog über die Ursachen oder, besser noch, sprechen Sie mit jemandem darüber.

DER ZWEITE SCHRITT

Überwinden Sie negative Selbsteinschätzungen durch Autosuggestion. Glücklicherweise haben positive Gedanken die gleiche Kraft wie negative Gedanken. Die Methode ist so einfach wie wirksam. Sie entspannen sich und sagen sich still positive Formeln mehrmals vor – wie zum Beispiel:

- Was andere schaffen, schaffe ich auch.
- Ich fange sofort an.
- Das Lernen macht mir Spaß.
- Mein Gedächtnis wird von Tag zu Tag besser.

Stellen Sie Ihre eigenen Formeln auf. Ich empfehle, mit einer der im Handel befindlichen Anleitungen zum autogenen Training auf Tonkassette Ihr Gedächtnis und Ihre Lernmotivation zu verbessern.

DER DRITTE SCHRITT

Er ist vielleicht der wichtigste. Sehen Sie sich bereits am Ziel Ihrer Arbeit. Stellen Sie sich in leuchtenden Bildern vor, wie Sie auf Parties mit ausländischen Gästen sprechen oder in der Firma bei Verhandlungen dolmetschen. Sonnen Sie sich im Erstaunen Ihrer Bekannten, genießen Sie die Anerkennung Ihres

TEIL 1 | VORURTEILE ABBAUEN

Vorgesetzten. Wer sich einen Vorschuß auf den Erfolg gewährt, setzt starke Antriebskräfte frei. Wenden Sie nicht ein, dies sei Wunschdenken und Selbstbetrug. Auch der Glaube an sich selbst kann Berge versetzen. Positive Gedanken sind für Körper und Geist so heilsam, wie negative Gedanken schädlich sind.

Sprachgenies – oder Menschen wie du und ich?

Weil Jugend, Intelligenz und Begabung den Erfolg beim Sprachenlernen nur unzureichend erklären, hat man versucht, dem Rätsel des Sprachtalents von einer anderen Seite auf die Spur zu kommen.

In Amerika haben Wissenschaftler (Naiman, 1978; Rubin, 1975) unabhängig voneinander Menschen interviewt, die sich durch überdurchschnittliche Erfolge beim Sprachenlernen auszeichnen. Solche Menschen gelten allgemein als sprachbegabt. Man wollte herausfinden, wie diese «Sprachgenies» arbeiten, ob sie überhaupt arbeiten müssen oder ob ihnen die Fremdsprachen einfach so zufliegen.

Die Studien haben ergeben, daß die untersuchten «Sprachenkönner» folgende Gemeinsamkeiten aufweisen, die wenig mit Alter, Talent oder Sprachbegabung, aber sehr viel mit Strategien und Techniken zu tun haben:

1. Gute Sprachenlerner sind aktiv und ergreifen die Initiative. Sie nutzen jede Gelegenheit zum Sprachenlernen, die sich ihnen bietet. Sie suchen sich Lernpartner (siehe Seite 183, 186 und 230), kaufen sich die Begleitmaterialien zum Lehrbuch (Tonkassetten, Computerprogramme), fragen

TEIL 1 I VORURTEILE ABBAUEN

nach geeigneter Lektüre, hören Radio oder sehen Filme in der Fremdsprache.

2. Erfolgreiche Sprachenlerner suchen und finden Sprechsituationen im In- und Ausland. Sie pflegen ihre Kontakte mit Muttersprachlern. Sie lernen Sprachen durch Sprechen. Ein Satz, den sie im englischsprachigen Ausland oft verwenden: *«Please, what's that in English?»*

3. Sie haben keine Angst, beim Sprechen Fehler zu machen, eine Angst, die typisch für den deutschen Sprachenlerner zu sein scheint. Sie führt dazu, daß man Sprechgelegenheiten zögernd oder überhaupt nicht wahrnimmt. Niemand erwartet, daß man eine Sprache perfekt spricht. Der erfolgreiche Lerner geht das sprachliche Risiko ein und erhöht dadurch seine Sprechzeit. Er wird seine Gesprächspartner häufig bitten: *«Please correct me when I make a mistake.»*

4. Die befragten Personen zeichnen sich nicht nur durch ihre sprachliche Risikobereitschaft aus, sie sind jene Schüler in Kursen und Klassen, die ihren Lehrern, Mitschülern und ausländischen Gesprächspartnern Fragen stellen. Sie bitten um Erläuterungen, Wiederholungen und Fehlerkorrekturen.

5. Gute Sprachenlerner geben nicht gleich auf, wenn sie einen Satz nicht verstehen. Sie sind bereit zu raten. Sie nutzen ihre Lebenserfahrung und ihre bereits erworbenen Kenntnisse, um unbekannte Wörter zu erschließen. Beim Lesen und Hören halten sie Ausschau nach den Hilfen, die der Zusammenhang oder die Situation anbietet.

6. Sie legen sich ihre eigenen Grammatikregeln und Eselsbrücken zurecht. Sie begnügen sich auch nicht mit den üblichen nichtssagenden Mustersätzen der Schulgrammatiken, sondern sammeln bei ihrer Lektüre Beispiele, die ihnen etwas bedeuten und deshalb im Gedächtnis haften (siehe Seite 56 und 171 ff.).

TEIL 1 I VORURTEILE ABBAUEN

7. Erfolgreiche Sprachenlerner wiederholen Wortschatz unter jeweils neuem Aspekt. Sie gruppieren, verändern und arbeiten ihn um. In Teil 3 lernen Sie, wie man das macht.

Bewußt oder unbewußt wenden gute Sprachenlerner die richtigen Techniken und Strategien an. Wahrscheinlich wählen sie aus der Fülle des Angebots intuitiv die Lernmaterialien aus, die ihrem Lerntyp am besten entsprechen. Um diese Strategien und Techniken geht es in den folgenden Kapiteln. Sie helfen auch Ihnen, erfolgreich Sprachen zu lernen.

Unterricht oder Selbststudium?

« In der Schule gilt noch häufig der Grundsatz: erst lernen, dann gebrauchen. Eine Sprache lernt man, indem man sie gebraucht. »
OTTO JESPERSEN

Bevor wir uns weiter mit dem geistigen Rüstzeug des Sprachenlernens befassen, ein paar Worte zur Planung und zu den Hilfsmitteln. Als Anfänger brauchen Sie für die ersten sechs Monate einen Lehrer. Hier einige Vorschläge.

1_Betriebsinterne Weiterbildung

Viele Firmen bieten ihren Mitarbeitern und deren Angehörigen Sprachkurse an. Die Vorteile: Wenn es im Firmeninteresse ist, sind die Kurse kostenlos. In den großen Firmen unterrichten in der Regel qualifizierte Muttersprachler, die Gruppen sind klein und die Teilnehmer motiviert.

2_Sprachurlaub

Wenn Sie nicht das Glück haben, daß Ihre Firma Sie auf eine Sprachschule ins Ausland schickt, können Sie dennoch einen Strandurlaub mit einem Sprachkurs verbinden.

- Lassen Sie sich bei der Wahl von der Verbraucherzentrale beraten.
- Fordern Sie einen individuellen Unterrichtsplan an.
- Vergewissern Sie sich beim Finanzamt, daß die Kosten von der Steuer absetzbar sind.

3_Volkshochschulen

Die Volkshochschulen bieten preisgünstige gute Kurse an, und ihre Zertifikate haben einen guten Ruf in der Wirtschaft. Sie zahlen zwischen 100 und 300 Mark pro Semester. Die Lehrer – oft *native speaker* – sind so gut wie an anderen Schulen auch. Allerdings sind die Kurse selten homogen, was Motivation und Vorwissen betrifft.

4_Sprachschulen in Deutschland

Die Qualität ist sehr unterschiedlich. Qualifizierte professionelle Sprachentrainer unterrichten hier allerdings eher selten, da die Sprachschulen oft nur einen Bruchteil der Honorare bezahlen, die in der Wirtschaft üblich sind.

5_Kulturinstitute

British Council, Amerikahaus, Institut Français, Istituto Italiano, Konsulate: Auch hier werden Sie von Muttersprachlern unterrichtet. Allerdings sind diese oft Studenten mit geringer Lehrerfahrung.

TEIL 1 | VORURTEILE ABBAUEN

Die Vorteile von Sprachkursen für den Einstieg liegen auf der Hand. Wenn Sie Glück haben, erhalten Sie Unterricht mit modernen Medien, Ihre Fehler werden korrigiert, Sie finden Gleichgesinnte, vielleicht sogar einen Lernpartner oder eine Lernpartnerin. Aber selbst gut geführte Kurse garantieren nicht den Erfolg. Betrachten wir zunächst einige Nachteile, die dazu veranlassen, einen Kurs vorzeitig abzubrechen.

- Die Gruppen sind heterogen, das heißt, Sie sitzen in einem Boot mit geübten, ungeübten, ausdauernden und kurzatmigen Ruderern. Das Tempo wird niemandem gerecht.
- Die Kurszeiten, der Lehrer, das Buch, die Methode, die Atmosphäre entspricht nicht Ihrem Lerntyp.
- Die Kursstunden reichen für einen deutlichen Lernerfolg nicht aus, und zwischen den einzelnen Sitzungen verstreicht zuviel Zeit.

Die erfolgreichen Sprachenlerner zeichnen sich dadurch aus, daß sie sich nicht auf Kurs und Lehrer verlassen. Sie nutzen Sprechgelegenheiten im Inland. Ihnen wird Lernen zur Gewohnheit. Sie bringen ihren Tagesablauf mit Lernorten und Lernzeiten so in Einklang, daß das Lernen nie zur Last wird. Wichtig ist das «Lernen nebenher», das nicht am Schreibtisch stattfindet und nicht nach Arbeit riecht. Planen Sie, *was* Sie *wann* am effektivsten *wo* lernen. Hier einige Anregungen zur Auswahl:

1. Lektionsarbeit zu Hause am Schreibtisch
2. fremdsprachige Videofilme oder Fernsehprogramme abends
3. Sprachkurs im Radio (zum Beispiel BBC World Service) oder fremdsprachige Nachrichten im Radio vor dem Einschlafen.
4. kurze Wortschatzwiederholungen in Pausen, in Restau-

TEIL 1 | VORURTEILE ABBAUEN

rants, in Wartezimmern, in Verkehrsmitteln, auf dem Weg zur Arbeit
5. Lektüre einer fremdsprachigen Zeitung in der Mittagspause mit Wortschatzerklärungen für Lerner wie World and Press, Revue de la presse, Spotlight, Ecoute
6. ein multimediales Lernspiel am Computer während einer 15minütigen Arbeitspause
7. Kassettenhören mit dem Walkman beim Joggen, im Schwimmbad, auf dem Spaziergang, beim Aufräumen und warum nicht auch im Auto? Besorgen Sie sich die Texte zu Ihren Lieblingssongs.

Sprachen lernen ist letztlich ein sehr persönliches Unternehmen. Ein Kurs ist keine Alternative zum Selbststudium, sie sollten einander begleiten. Es kommt auf die Regelmäßigkeit an, mit der Sie kleine Lernhappen zwischendurch zu sich nehmen, ohne daß es Ihre Lebensgewohnheiten belastet. Bevor wir uns mit dem richtigen Gebrauch unseres Gehirns beim Sprachenlernen befassen, machen wir einen kleinen Exkurs und werfen einen Blick auf das Elektronengehirn, den Computer.

Time for a smile

```
The latest Mucksoft translation software
is not 100% reliable. I had to translate
the phrase "the spirit is willing, but the
flesh is weak" into Russian. Just
to check, I made the computer translate it
back into English. The result was: "the
vodka's all right, but the meat is lousy."
And "out of sight, out of mind" translated
by this software into Russian and back
again became "invisible maniac".
```

TEIL 1 | VORURTEILE ABBAUEN

Der Computer als Lernpartner?

Was braucht der Mensch zum Sprachenlernen? Ein Lehrbuch, eine Grammatik, ein Wörterbuch, einen Kassettenrekorder und wenn möglich einen Lernpartner (siehe Seite 183 und 230). Der Computer kann fast alles und manches besser als seine Konkurrenz – mit einer Einschränkung: Sie können beim Frühstücken keinen Blick auf die Grammatikseite werfen oder im Bus eine Lektion aufschlagen. Abgesehen davon, ist er ein Alleskönner:

- Wörterbücher, die im Hintergrund laufen, während Sie am Computer arbeiten, sind ihren Kollegen aus Papier überlegen. Ein Mausklick, und der Lexikoneintrag ist auf dem Bildschirm. Ein paar Klicks mehr, und nachgeschlagene Wörter werden vorgesprochen, gespeichert und ausgedruckt.
- Bilder, Filme und Spiele laden zum Üben ein (Seite 209).
- Ein gutes Programm ist mehr als ein modernes Sprachlabor. Es hört Sie, spricht mit Ihnen, nimmt Ihre Stimme auf, gibt sie wieder, korrigiert Sie und unterhält Sie mit kleinen Animationen. Ja, es versteht Sie sogar. So eröffnet die Spracherkennungssoftware neue Möglichkeiten zum Erlernen der Aussprache. Ihr Ohr wird zusätzlich durch Ihr Auge unterstützt. Jeder Satz, jedes Wort wird durch das Messen von Stimmintensität, Sprechpausen und Sprech-

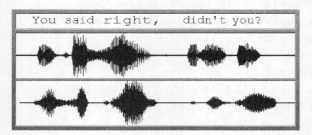

geschwindigkeit graphisch veranschaulicht, so daß Abweichungen auch mit dem Auge korrigierbar sind. Sie können also Ihr Ergebnis in der unteren Leiste mit dem Modell des Muttersprachlers in der oberen Leiste vergleichen und so lange verbessern, bis Sie Übereinstimmung erzielen. Die Bewertung zwischen 1 und 7 und die graphische Veranschaulichung durch Farbe und Kästchen ist dabei eine wichtige Orientierungshilfe.

- Allein dadurch diese Eigenschaften ist der Computer schon so etwas wie ein Lernpartner. Aber er hilft Ihnen auch bei der Suche nach einem leibhaftigen Partner. Es gibt Tausende Menschen, die Deutsch lernen wollen. Sie finden ihn oder sie im Internet. Bringen Sie sich gegenseitig per Chat oder E-Mail die jeweilige Muttersprache bei. Darüber mehr in einem anderen Kapitel (Tandemlernen, siehe Seite 230 und 236).

Medienwirkung von Lernprogrammen

Der Computer wird den Lehrer zwar auch in fernerer Zukunft nicht ersetzen, wohl aber seine Rolle verändern. Ein guter Lehrer kann alles besser als der Computer – vorausgesetzt, er hat nur eine kleine Gruppe zu unterrichten. Immerhin leistet ein gutes Programm bereits Beachtliches:

ES MOTIVIERT

Je nach Altersstufe und Softwaretyp kann ein Programm durch Musik, Filme, Rätsel, Spielelemente oder Einbettung der Aufgaben in eine Rahmenhandlung motivieren. Es verschafft Ihnen Erfolgserlebnisse und lobt Sie nach jeder gekonnten Aufgabe. Bei Kindern überstrahlt die Faszination der Macht über eine Technologie von hohem Prestigewert die negativen Gedanken an das Fach und den Lernstoff. In der Psychologie bezeichnet man das Phänomen als Haloeffekt. Das Medium ist sozusagen die goldene Brücke über die ungeliebten Niederungen des Lernens. Die Attraktivität des Mediums, die Erfolgserlebnisse und die bei jeder Wiederholung vom Programm lobend bewußtgemachte Leistungssteigerung kann die Einstellung gegenüber dem ungeliebten Lernstoff verändern.

ES KORRIGIERT SOFORT

Kein Lehrer kann jeden Tag alle Aufgaben seiner Schüler korrigieren. Sie werden im Plenum besprochen, und die Erfahrung hat gezeigt, daß zahllose Fehler stehenbleiben. Das Programm korrigiert sofort oder warnt uns, noch bevor der Fehler entsteht.

ES GIBT FEEDBACK UND LOB

Ein Programm motiviert, lobt, korrigiert oder bewertet. Es tut dies mit unbestechlicher Sachlichkeit und endloser Geduld gegenüber langsamen Schülern. Vielfach wird der Lernfortschritt graphisch veranschaulicht. Mit jeder richtigen Antwort erklimmt man eine Sprosse auf der Leiter des Erfolgs. Das Üben am Computer ist frei von Furcht, denn die Kontrollen und Lernhilfen erfolgen diskret. Pannen werden nicht publik, niemand braucht Angst vor dem Spott der Gruppe zu haben. Der Lehrer als Zensor fällt weg, jeder erfährt die gleiche geduldige und objektive Leistungsbewertung. Deshalb profitieren vor allem die schwächeren Lerner.

ES ERLAUBT DEN SELBSTVERGLEICH

Die Art des Feedbacks unterscheidet sich grundsätzlich von den Rückmeldungen, die wir vom Lehrer in Form von Lob und Tadel erhalten. Von ihm bekommen wir in erster Linie Auskunft, wie gut oder schlecht wir im Vergleich zu den Mitschülern sind. Das Programm hingegen erlaubt den Selbstvergleich, den Vergleich mit dem eigenen früheren Abschneiden. Es führt sorgfältig Buch über den Lernfortschritt und gibt auf Wunsch eine Übersicht über die Leistung während eines längeren Zeitraums.

TEIL 1 | VORURTEILE ABBAUEN

▼ ES MACHT IHNEN BEINE UND SPART ZEIT

Nur wenige Untersuchungen zur Medienwirkung von Lernprogrammen berücksichtigen die Einsparung an Arbeitszeit. Im Gegensatz zum Kursunterricht sind wir ständig gefordert. Das Programm bewertet in Bruchteilen von Sekunden und legt nach einer erhaltenen Antwort sofort die nächste Frage vor. Ein Steckenbleiben bei einer Aufgabe ist weitgehend ausgeschlossen, weil Hilfen und Teillösungen jederzeit verfügbar sind. Mit visuellen und akustischen Signalen werden wir aus Tagträumen zurückgerufen. Für Grammatikstoff, der schnelle sprachliche Reaktion verlangt, haben wir begrenzte Bedenkzeit, um die richtige Taste zu drücken. Dadurch bearbeiten wir in der gleichen Zeit ein größeres Arbeitspensum als mit einem Buch.

▼ ES SPRICHT MIT IHNEN (INTERAKTIVITÄT)

Tonband, Film und Video sind Präsentationsmedien. Sie drängen uns in eine Konsumhaltung. Der Computer ist das einzige Medium, das interaktives Arbeiten möglich macht. Wir treten in eine Art Dialog mit dem Programm, den wir – anders als in der Schule – durch Eigeninitiative am Leben erhalten müssen.
Zum Vergleich: Nach einer amerikanischen Untersuchung beschränkt sich der direkte Kontakt zwischen Lehrer und Schüler in Elementarschulen auf zwei Minuten pro Tag (Redfield, 1991). In einer Kursstunde von 45 Minuten mit 15 Teilnehmern kommt es höchstens zu drei bis vier Gesprächskontakten pro Schüler. Mit einem Lernprogramm bringen wir es im Durchschnitt auf einen Abtausch von 50 bis 60 Fragen und Antworten (Petermandl, 1991).

▼ ES IST FLEXIBEL

Wir wählen aus einem Menü den Stoff, den wir durchnehmen, den Lernweg, den wir beschreiten, und die Übungstypen, mit denen wir arbeiten wollen. Wir bestimmen den Umfang eines Lernschritts, den Schwierigkeitsgrad und die Anzahl der Versuche, bevor eine Korrektur erfolgt. Moderne Programme sind in einem höheren Sinne flexibel, weil sie völlig verschiedene Lernwege zulassen.

ES PASST SICH AN (ADAPTIVITÄT)

Ein Programm ist adaptiv, wenn es sich unserem Niveau anpaßt und Informationen nur dort gibt, wo wir sie brauchen. Adaptive Programme lassen uns die Wahl unter mehreren Formen der Hilfen: nach Ausführlichkeit abgestufte Hilfen, Hilfen durch zusätzliche Beispiele (induktive Hilfen) oder durch Regeln (deduktive Hilfen). Sie führen den starken Lerner auf steilem Weg, den schwächeren Lerner je nach der Art der gemachten Fehler auf Serpentinen und Verzweigungen zum Ziel.

SIE LERNEN MEHRKANALIG

Multimediale Programme vereinen Bilder, Sprache, Filme und Grafiken. Die Medienvielfalt fördert das mehrkanalige Lernen. Der Lernstoff wird über mehrere Sinneskanäle (Auge und Ohr) aufgenommen und verarbeitet. Ferner aktivieren Schrift, Bilder und Musik sowohl die linke als auch die rechte Gehirnhälfte.

MEDIENEFFEKT

Man hat versucht, den Medieneffekt zu messen. Untersuchungen mit jungen Schülern zeigen, daß im Vergleich zum herkömmlichen Unterricht zwischen 30 Prozent und 60 Prozent der erforderlichen Lernzeit eingespart wird und daß sich die Konzentrationszeit lernschwacher Schüler um bis zu 60 Prozent erhöht: «... überraschend waren die kontinuierliche Konzentrationsleistung bis zu 60 Minuten und die Tatsache, daß die Schüler auf Befragen hin die verbrachte Arbeitszeit auf nur 20 Minuten einschätzten» (Schmid-Schönbein 1988). Manche Schüler verfallen in den Floweffekt, den Zustand höchster Konzentration. Wer sich im Flow befindet, vergißt Zeit und Umgebung. Die Zahlen sind allerdings mit Vorsicht zu genießen. Sie

TEIL 1 | VORURTEILE ABBAUEN

sagen noch nichts über die Tiefe der Verarbeitung des Lernstoffs und die Langzeitwirkung aus. Der Hueber Verlag, München, hat mit seinem vierstufigen *Multimedia English Course* (siehe Seite 229 ff.) einen neuen Weg in die Zukunft des Sprachenlernens gewiesen. Er bietet Ihnen einen bisher einmaligen Internet-Service an, den Sie direkt über das Programm erreichen:

1. Sie können sich mit Gleichgesinnten in einem Forum treffen, und Übungen in der Gruppe diskutieren. Sie können Themen vorschlagen und sich schriftlich oder mündlich mit anderen Teilnehmern im *Chatroom* unterhalten.
2. Alle schriftlichen Übungen, die ein Computer nicht überprüfen kann, die sogenannten «Lehrer-Übungen», werden im Internet korrigiert. Typische Fehler werden kommentiert und sind nachlesbar.
3. Sie können diese Übungen auch an einen persönlichen Lehrer «E-mailen» und seine Korrektur abholen.
4. Im Spielzimmer setzen Sie sich an einen der Spieltische und wiederholen ausgewählte Lerneinheiten, in dem Sie sich mit anderen Sprachenlernern in einem der fünf Sprachspiele messen.
5. Klicken Sie auf den Nachrichten-Service. Dort finden Sie ein monatliches Magazin mit aktuellen Nachrichten aus aller Welt, das auf Ihr Sprachniveau abgestimmt ist.

Mit solchen Programmen wird Ihr Computer zum wertvollen Lernpartner mit beachtlichem pädagogischem Potential.

Time for a smile

```
Tom:  "My wife says she will leave me if
       I don't throw out my computer."
Fred: "Oh, I'm sorry to hear that."
Tom:  "So am I. I'll miss her."
```

TEIL 2: Sein Gehirn verstehen

Jugend, Begabung und Motivation sind für das Sprachenlernen zwar vielversprechende Voraussetzungen, aber gesunder Menschenverstand tut es auch. Gesunder Menschenverstand, sagt Shaw, sei die Gottesgabe, die am gerechtesten verteilt wurde. Es habe sich noch keiner beklagt, zu kurz gekommen zu sein. Damit Sie von Ihrem Verstand den richtigen Gebrauch beim Sprachenlernen machen, wollen wir den Weg einer Vokabel durch die Instanzen unseres Gehirns verfolgen.

Wissenschaftler haben über Jahrhunderte hinweg Erkenntnisse über Lern- und Gedächtnistechniken gesammelt. Dieses Wissen gehört mit zu dem wichtigsten Know-how des Menschen. Kein Mensch lernt wie der andere. Die Aufbereitung des Lernstoffs und die Techniken des Übens und Wiederholens müssen unserem Gehirn entgegenkommen. Deshalb sollten Sie mit der Arbeitsweise unseres Denkapparates vertraut sein. Wir betrachten zwei vereinfachte Modelle des Gehirns, die das Sprachenlernen verstehen helfen:

- das Modell der drei Gedächtnisspeicher,
- das Modell der zwei Gehirnhälften.

Vor dem Hintergrund dieser Modelle werden die später angebotenen Lerntechniken verständlich. Sie werden die auswählen, die Ihrer Lernerpersönlichkeit entsprechen. Denn den einen Nürnberger Trichter für alle gibt es nicht.

Food for thought

Education is the process of casting false pearls before real swine.
IRWIN EDMAN

Dateneingang: das Ultrakurzzeitgedächtnis

Machen wir uns mit der Arbeitsweise des Gehirns vertraut, indem wir eine fremdsprachige Vokabel auf ihrem Weg in das Langzeitgedächtnis begleiten, bis sie dort jederzeit abrufbar gespeichert ist. Das Gehirn gleicht einem großen, modernen Rechenzentrum. Es besteht aus drei Abteilungen:

- Ultrakurzzeitgedächtnis
- Kurzzeitgedächtnis
- Langzeitgedächtnis

In der Datenannahme des Rechenzentrums, unserem Ultrakurzzeitgedächtnis, laufen jede Sekunde ungeheure Ströme an Informationen über ganz verschiedene Kanäle zusammen. Hauptaufgabe der Eingangszentrale ist es, Wichtiges von Unwichtigem zu trennen, damit die nächsten Abteilungen arbeitsfähig bleiben und nicht überschwemmt werden. Der Ansturm der Daten ist so groß, daß nur wenige Sekunden für die Bearbeitung einer Nachricht bleiben. Blitzschnell wird gesichtet, ausgeschieden oder weitergeleitet, denn der Abteilung steht nur ein begrenzter Raum zur Verfügung. Weckt eine Information die Aufmerksamkeit eines Sachbearbeiters in der Eingangszentrale, leitet er sie zur Bearbeitung an die nächste Abteilung (das Kurzzeitgedächtnis) weiter.

- Was interessiert, wird registriert.
- Gelernt wird in Sekunden oder überhaupt nicht.

Das Ultrakurzzeitgedächtnis hat die Aufgabe, Sinneseindrücke, die uns über unsere Umgebung auf dem laufenden halten, schnell aufzunehmen und schnell wieder zu vergessen. Wir dürfen nicht auf jeden einzelnen der circa 10 Millionen Umweltreize reagieren, die auf uns jede Sekunde einstürmen. Deshalb werden alle unabsichtlich empfangenen Informationen in Bruchteilen von Sekunden wieder gelöscht. Dies schützt uns vor überflüssigen Umweltreizen.

Unsere gelernte Vokabel kreist etwa 10 bis 20 Sekunden als schwacher Ionenstrom im Ultrakurzzeitgedächtnis. Danach würde sie verlorengehen, so wie ein Streichholz verglimmt – es sei denn, wir haben der Vokabel ausreichend Energie in Form von Aufmerksamkeit und Konzentration auf den Weg in das Kurzzeitgedächtnis mitgegeben (Vester, 1978).

Folgerungen für das Sprachenlernen

Die Wege zum Gedächtnis sind unsere fünf Sinne, beim Sprachenlernen in erster Linie Auge und Ohr. Jede Vokabel passiert zuerst das Ultrakurzzeitgedächtnis. (Hier ist der Einfachheit halber von Vokabel oder Wort die Rede, auch wenn wir später keine Wörter, sondern immer «Wortschatz» in Zusammenhängen lernen wollen.) Letzteres geschieht, wenn das Wort in der Flut der Sinneseindrücke untergeht, weil es nicht ausreichend mit «Lernenergie» versorgt wurde. Die erforderliche Energie erhält ein Ausdruck oder Satz

1. durch das Aufnehmen über mehrere Kanäle. Je größer die Anzahl der beteiligten Kanäle, sprich Sinne, desto leichter und schneller wird ein Satz verarbeitet. Lernen Sie also mehrkanalig: Lesen Sie mit den Augen, sprechen, hören, handeln Sie dabei – und wenn das am Schreibtisch nicht möglich ist, tun Sie es in Ihrer Vorstellung. Ein drastisches Beispiel: Sie lesen *Je prépare le déjeuner* (= ich koche das Mittagessen). Sie sehen sich dabei in der Küche den Kochlöffel schwingen. Sie hören das Schnitzel brutzeln und riechen den Duft Ihres Leibgerichts. Sie schreiben *Je*

prépare le déjeuner in leuchtenden Buchstaben auf den Küchenherd und begleiten dies durch stilles inneres Sprechen in Gedanken. So erleben Sie den Wortschatz für ein bis zwei Sekunden auf der Bühne Ihrer Phantasie. Dies ist mehrkanaliges Lernen;

2. durch subvokale Blitzwiederholungen innerhalb der ersten Sekunden nach der Begegnung mit dem Wort. Wir nennen sie «subvokal», weil sie lautlos in Gedanken erfolgen, «Blitzwiederholungen», weil sie höchstens zwei Sekunden dauern. Dies gelingt nur mit kurzen Sätzen und durch inneres Sprechen, weil es schneller geht als lautes Sprechen. Wie ein Echo hallt es drei- bis viermal schnell hintereinander *Je prépare le déjeuner – Je prépare le déjeuner – Je prépare le déjeuner* von den Wänden der Küche Ihrer Vorstellung. Verstärken Sie den Eindruck, indem Sie den Schriftzug wie rote Neonreklame aufblinken lassen;

3. durch das Wachrufen vertrauter Assoziationen, wenn der Satz *Je prépare le déjeuner* Sie an den heimischen Herd, ein bestimmtes Gericht, angenehme Küchendüfte erinnert;

4. durch das Wecken starker positiver Gefühle, wenn Sie der Satz *Je prépare le déjeuner* an eine Ihrer Großtaten in der Küche erinnert, die Ihnen von Ihren Gästen hohe Anerkennung eingebracht hat.

Food for thought

I didn't need no diploma to do what I do.
LOUIS ARMSTRONG

Datenaufbereitung: das Kurzzeitgedächtnis

Das zu lernende Wort hat die nächste Abteilung erreicht. Obwohl der größte Teil der Informationen bereits ausgeschieden wurde, ist der Arbeitsanfall für diese Abteilung immer noch groß. Nur das Wichtigste wird bearbeitet. Die Referenten haben Anweisung, sich nicht länger als höchstens 20 Minuten mit einem Vorgang zu beschäftigen. Danach müssen sie alle Daten von geringem Informationswert in den Arbeitsspeichern ihrer Computer wieder löschen. An «Karteileichen» ist hier niemand interessiert.

Ein Sachbearbeiter bearbeitet am liebsten vertrautes Material, von dem er weiß, wo es abzulegen ist. Meldungen, für die noch keine Aktenordner vorhanden sind, fallen bei Überlastung leicht unter den Tisch. Wohin auch damit? Für sie müßte man einen neuen Ordner anlegen, ja vielleicht sogar einen neuen Aktenschrank anfordern. Sind Informationen jedoch von besonderem Interesse für das Amt oder die Karriere des Sachbearbeiters, werden sie zu neuen Dateien und ganze Dateien zu Verzeichnissen zusammengefaßt.

Die Sachbearbeiter in dieser Abteilung sind mitverantwortlich, daß die gespeicherten Daten später aus dem riesigen Hauptcomputer, dem Langzeitgedächtnis, abrufbar sind. Sie legen die sogenannten Suchpfade und Abrufmechanismen an, mit deren Hilfe man sie jederzeit auffinden kann. Wie effektiv Assoziationen beziehungsweise Abrufmechanismen sein können, soll folgendes Beispiel zeigen. Lesen Sie folgende Zahlenreihe dreimal durch. Testen Sie anschließend Ihr Gedächtnis.

$$2-4-1-2-1-9-8-7-3-1-1-2-1-9-9-0$$

Fast unmöglich, nicht wahr? Bei mehr als 7 plus / minus 2 noch dazu sinnlosen Einheiten ist das Kurzzeitgedächtnis überfordert. Wenn Sie aber bemerken, daß es sich um *Weihnachten '87*

(24.12.1987) und um *Sylvester '90* (31.12.1990) handelt, haben Sie keine Probleme mehr. Warum?

1. Sie haben die 15 sinnlosen Zahlen zu zwei sinnvollen Einheiten zusammengefaßt.
2. Mit Weihnachten und Sylvester verbinden Sie intensive Assoziationen.

Folgerungen für das Sprachenlernen

Wollen wir eine Sprache fließend sprechen, muß ein Wort ohne langes Nachdenken wie aus der Pistole geschossen kommen. Dafür ist die Datenaufbereitung verantwortlich. Wie aber bereitet man seinen Wortschatz auf das blitzschnelle Abrufen vor?

1. Wir wissen seit Aristoteles und Augustinus, daß unser Gedächtnis nur behält, was geordnet wird. Chaotisches können wir nicht behalten. Nun ist der fremde Wortschatz bereits geordnet, und diese Ordnung entspricht weitgehend der unserer Muttersprache. Denken wir an das Wortfeld «Kaufen und Verkaufen», so fallen uns mühelos Wörter und Redewendungen ein (*Sie wünschen? Ich hätte gerne... Sonst noch etwas? Danke, das ist alles. Das macht zusammen...*). Isolierte Einzelwörter müssen also nur in die richtigen Schubladen (Datei, Wortfeld) «hineingelernt» werden. Das bedeutet, daß wir sie zuordnen, gruppieren und strukturieren müssen. Also legen wir in unserem Ringbuch, unserer Kartei, unserem Computer eine Schublade für den Wortschatz des Kaufens und Verkaufens ein, die wir im Laufe der Zeit mit dem entsprechenden Wortschatz füllen.
2. Wir müssen nicht nur wissen, wo die Schublade zu suchen ist, sondern auch, wie sie aufspringt. Beides, Suchpfad und Abrufmechanismus, müssen mitgelernt werden. Der Such-

pfad (eine Assoziation, eine Farbe, ein Bild) sagt uns, wie und wo ein Wort abgelegt wurde. Er ist der Auslöser, den wir nur anzutippen brauchen, und schon ist die Redewendung da. Verbinden Sie einen Ausdruck beim Hören mit dem Gesicht, der Krawatte, dem Namen des *native speaker*, beim Schreiben und Lesen mit einer Situation, in der Sie ihn hätten anwenden können.

3. Das Kurzzeitgedächtnis hat eine Kapazität von etwa sieben (plus / minus zwei) Sinneinheiten (sogenannten *chunks*). Dabei macht es im Gegensatz zum Elektronengehirn des Computers keinen Unterschied, ob es sich um Silben oder einen Satz handelt. Wir lernen ökonomischer, wenn wir statt einzelner Wörter ganze Sinneinheiten lernen. Ihre Länge hängt unter anderem von unserer Lesegeschwindigkeit ab. Eine Sinneinheit darf nicht mehr als 1,5 Sekunden in Anspruch nehmen. Dies ist die bei fast allen Menschen konstante Gedächtnisspanne (Baddeley, 1988).

4. Das Kurzzeitgedächtnis ist das Gedächtnis für die «innere Akustik». Wortschatz lernt man still. Beim stillen Lernen hören wir unsere innere Stimme mit unserem inneren Ohr. Das stille Lernen geht schneller als das laute Lesen. Auf diese Weise können wir längere Sätzchen innerhalb unserer kurzen Gedächtnisspanne in das Kurzzeitgedächtnis aufnehmen, als dies beim lauten Lernen möglich wäre.

War unsere Vokabel im Ultrakurzzeitgedächtnis noch ein schwacher Ionenstrom, beginnt im Kurzzeitgedächtnis die Verwandlung des flüchtigen Gedankens in Materie, in die Vorstufe eines Eiweißmoleküls. Innerhalb von 20 Minuten, dies ist die Lebenszeit der Vokabel im Kurzzeitgedächtnis, zerfällt das potentielle Eiweißmolekül wieder, wenn es keine zusätzliche Energiezufuhr in Form von Vokabelwiederholungen erfährt. Der Energiebedarf ist geringer, wenn die Vokabel bereits Anknüpfungspunkte oder Assoziationen in unserem Gedächtnis vorfindet, wenn ihm sozusagen schon ein Platz in einem der vorhandenen Verzeichnisse bereitet wurde.

Es ist, als ob im Kurzzeitgedächtnis das verblassende Nachleuchten eines Bildes vor seinem Erlöschen auf ein Negativ gebannt wird (Vester, 1978). Vergißt man, das Negativ zu fixieren, wird das Bild unwiederbringlich gelöscht. Die gelernte Vokabel muß also innerhalb von 20 Minuten in das Langzeitgedächtnis gelangen.

Time for a smile

> Our modern world is so full of problems that if Moses came down from Mount Sinai again, the two tablets he'd be carrying would be aspirins.

Die zentrale Datenbank: das Langzeitgedächtnis

«Und das Wort ward Fleisch», so könnte man etwas salbungsvoll und vereinfacht sagen. Tatsächlich erfolgt im Langzeitgedächtnis eine Wandlung von Geist in Materie, sprich Proteine. In den 15 Milliarden Nervenzellen entsteht der Stoff, aus dem unser Wissen gemacht ist. Die Kapazität ist anders als beim Computer so groß, daß sie nie voll genutzt werden könnte. Es ist nicht schwer, einen Datensatz hier abzulegen. Schwer kann es sein, ihn wiederzufinden, wenn die Ablage nicht systematisch geschieht. Dann bleibt es dem Zufall überlassen, ob wir an unseren Datensatz gelangen. Denn man muß sich vorstellen, daß im Langzeitgedächtnis eines Erwachsenen 500 000- bis 600 000mal mehr Informationseinheiten gespeichert sind als in einem 25bändigen Konversationslexikon.

Jede Nervenzelle ist mit anderen Zellen über etwa 1000 Leitungen – die Nervenfasern – verkabelt. Über sie laufen die Suchbefehle zu unserem Wortschatz. Dieses Netz hat eine Länge, die der Entfernung Erde–Mond entspricht. Zwischen Nervenzellen und Nervenfasern sitzen 15 Billionen kleiner Schalter, die sogenannten Synapsen.

Dieses Modell hat bereits Eingang in die Schülersprache gefunden. Wenn wir in der Fremdsprache situationsgerecht reagieren wollen, müssen wir «schnell schalten» und dürfen nicht «auf der Leitung stehen». Und wenn wir vom «Hirnschmalz» sprechen, meinen wir vielleicht unbewußt die Transmitterflüssigkeit, die von den Synapsen zur Überbrückung des winzigen Spalts zur Nervenzelle abgesondert werden muß, damit der Funke überspringen kann.

Dem Langzeitgedächtnis geht nichts verloren. Alles bleibt gespeichert, es ist lediglich nur allzu oft unauffindbar, und zwar aus drei Gründen:

1. Streß, Schreck und Angst führen zu Denkblockaden, weil die Synapsen keine Transmitterflüssigkeit produzieren. Dies ist der berühmte *blackout* in Prüfungssituationen.
2. Ist der Suchpfad ungenau, kann auf die Information nicht mehr zugegriffen werden. Sie wird aber nicht vernichtet wie in den beiden ersten Abteilungen unseres Rechenzentrums, sondern lediglich «verschlampt».
3. Werden Daten, ein Gedicht zum Beispiel, selten abgerufen, wandern sie lediglich aus dem aktiven Speicher unseres Biocomputers in einen passiven Speicher. Dadurch wird das aktive Langzeitgedächtnis von Ballast befreit. Das Gedicht wird auf seine wesentlichen Merkmale verkürzt, damit es platzsparender endgelagert werden kann. Es steht nicht mehr auf Abruf zur Verfügung, aber wir werden uns daran erinnern, es wiedererkennen, wenn wir es lesen oder hören.

Folgerungen für das Sprachenlernen

1. Die Wortschatzverzeichnisse in unserem Gedächtnis sind nur dann sinnvoll angelegt, wenn sie sich nicht gegen andere Wortfelder abschotten, denn Wörter sind nur selten eindeutig. Das englische Wort *table* kann Tisch, Tabelle oder Rechnen bedeuten (*he learns his tables:* er lernt rechnen) bedeuten. Ferner läßt sich eine Sprechsituation nur mit Hilfe von Wortschatz aus mehreren Schubladen des Hauptspeichers meistern. Umgekehrt benötigen wir eine Redewendung in ganz verschiedenen Situationen. Deshalb müssen Dateien und Verzeichnisse vernetzt werden. Jedes Element ist ein «Knoten», der auf Suchpfaden (Gedankengängen) zu anderen Verzeichnissen führen kann. Je besser sie untereinander vernetzt sind, um so besser beherrschen wir eine Sprache. Moderne Enzyklopädien auf CD-ROM versuchen dies – wenn auch nur annähernd – nachzuahmen. Veranschaulichen wir dies am Beispiel «Kaufen und Verkaufen». Von dem Knoten *«to pay by credit card»* sollten wir je nach Situation zu den Verzeichnissen «Zahlungsmittel» oder «Reisen» gelangen können.

2. Der Wortschatz muß angewendet oder in richtigen Zeitabständen wiederholt werden, andernfalls sinkt er in den passiven Speicher des Langzeitgedächtnisses ab. Wir sprechen dann von unserem passiven Wortschatz. Er steht zwar noch beim Lesen, aber nicht mehr beim Sprechen zur Verfügung. Ständiger Gebrauch verhindert, daß die Abrufmechanismen rosten. Je öfter eine Redewendung abgerufen wird, desto sicherer wird unser Zugriff.

3. Die Wiederholungen des Wortschatzes dürfen nicht nach demselben Schema erfolgen, sonst kommt es weder zu der Vernetzung mit anderen Wortschatzverzeichnissen noch zur Anlage neuer Suchpfade. Deshalb wird im nächsten Teil eine Reihe von Lerntechniken vorgestellt, die das Wiederholen effektiv und abwechslungsreich gestalten.

Die Leistung steigt mit dem Lernen. Je größer unser Wortschatz ist, je mehr Felder wir anlegen und vernetzen, um so leichter fällt es uns, neuen Wortschatz einzuordnen. Je dichter das Netz wird, desto besser wird Wortschatz erinnert, desto schneller wird er abgerufen. Wollen wir über ein Thema sprechen, findet in unserem Gehirn unbewußt bereits eine Voraktivierung der vernetzten Verzeichnisse statt, und ein Wort gibt das andere.

> *Time for a smile*
>
> ```
> The young and pretty student of linguis-
> tics said to her professor, "I would do
> anything to pass my exams."
> "Anything?", he asked.
> "Yes, anything."
> "Well, try studying," he said.
> ```

Beide Gehirnhälften wollen lernen

Nachdem wir eine Vokabel auf ihrem Weg in das Langzeitgedächtnis verfolgt haben, betrachten wir nun das Zusammenspiel von linker und rechter Hirnhälfte beim Sprachenlernen.

Zwar ist auch unser Gehirn wie so viele Körperteile und Organe symmetrisch gebaut, doch sind die Aufgaben so auf beide Hälften verteilt, daß sie sich ergänzen. Die linke Hälfte denkt logisch, abstrakt und analytisch, die rechte bildhaft, gefühlsbetont und schöpferisch. Das folgende Schema gibt einen Überblick, wie man sich die Verteilung der Aufgaben vorstellt.

TEIL 2 | SEIN GEHIRN VERSTEHEN

Die rechte Hemisphäre ist spezialisiert auf:	Die linke Hemisphäre ist spezialisiert auf:
gefühlsmäßiges Denken	logisches Denken
konkretes Denken	abstraktes Denken
Anfassen und Begreifen	Bildung von Begriffen
Musik, Geräusche	Buchstaben, Zahlen
Farben, Gerüche	Schriftbilder
Formen, Bilder	Einzelheiten, Fakten
räumliches Nebeneinander	zeitliches Nacheinander
Sehen, Fühlen, Deuten und Verstehen	Hören, Sprechen, Schreiben und Lesen
Intuition, Kreativität	Befolgung von Regeln und Anweisungen
ganzheitliches Arbeiten Integrieren	analytisches Arbeiten Analysieren

Für einen Menschen, der seinen Schwerpunkt mehr rechts hat, ist ein Bett «etwas, worin er liegt». Er denkt räumlich, bildlich und konkret. Für den rationalen, «linkslastigen» Menschen ist ein Bett ein abstrakter Begriff, «ein Möbelstück». Da die linke Hirnhälfte Zahlen und Symbole verarbeitet, würde sie die Zeit lieber von einer modernen Digitaluhr ablesen. Die rechte Hälfte tut sich mit einer Sanduhr oder einer Uhr mit Zeigern und Zifferblatt leichter. Mit der linken Hälfte lernen wir die abstrakte Arithmetik, die rechte Hälfte brauchen wir für die bildhafte Geometrie der Flächen und Körper. In Wirklichkeit gibt es den linken und rechten Gehirntyp natürlich nicht in Reinkultur, genausowenig wie den rein auditiven oder visuellen Lerntyp.

Für das Sprachenlernen hat das Hemisphärenmodell weitreichende Konsequenzen. Das Sprachzentrum befindet sich in der linken Hirnhälfte. Linksseitig Gehirnverletzte verlieren ihre Sprechfähigkeit, während sie rechtsseitig hirnverletzten Patienten weitgehend erhalten bleibt. Dies führte zu dem Fehlschluß, beim Sprachenlernen seien wie beim Sprechen nur diese Gehirnzellen beteiligt. Die Wissenschaft hat jedoch durch Untersuchungen an Hirnpatienten herausgefunden, daß wir eine Art passives Sprachzentrum haben. Das rechte Zentrum läßt uns erst die volle Bedeutung von Sätzen – nicht nur das Gesagte, sondern das Gemeinte – verstehen. Nehmen wir einen Satz wie «Das ist mir aber eine schöne Bescherung». Die linke Hirnhälfte nimmt den Satz wörtlich, als Ausdruck der Freude. Die rechte Hemisphäre versteht den ärgerlichen Vorwurf. Die Tabelle zur Verteilung der Gehirnfunktionen kann man mit Blick auf das Sprachenlernen so interpretieren:

die linke Hemisphäre	die rechte Hemisphäre
versteht, deutet, gestaltet	
Laute	Tonfall, Mimik, Gestik
die wörtliche Bedeutung	das Gemeinte (Ironie, Spaß)
einfache Situationen	komplexe Situationen
grammatische Regeln	sprachliche Konventionen

Konsequenzen für das Sprachenlernen

Die Informationen werden gleichzeitig rechts und links verarbeitet und über ein dickes Bündel von Nervensträngen, den sogenannten Balken (corpus callosum, er besteht aus etwa 200 Millionen Nervenfasern), ausgetauscht. Weil unser Gedächtnis Informationen in den «Sprachen» beider Hirnhälften speichern kann, sollten wir eine Fremdsprache unter Ausschöpfung der Fähigkeiten beider Hemisphären lernen. Also benötigen wir statt mechanischer, repetitiver Lerntechniken *kreative* Formen des Lernens, die unser *ganzes* Wesen aktivieren.

Vermutlich bleiben intensive Erlebnisse deshalb ein Leben lang in unserem aktiven Langzeitgedächtnis, weil sie die linke und die rechte Hirnhälfte ansprechen. Texte, Grammatik und Wortschatz können nur unter bestimmten Voraussetzungen zu einem ganzheitlichen Erlebnis werden. Um so wichtiger sind deshalb Methoden, die unserem Gehirn den Stoff so servieren, daß beide Hemisphären aktiviert werden.

Dem menschlichen Gehirn ist es noch lange nicht gelungen, alle seine Geheimnisse zu lüften. Es ist dabei in der Situation des Barons von Münchhausen, der sich am eigenen Zopf aus dem Sumpf ziehen mußte. Aber allein durch die Nichtbeachtung bereits gesicherter Erkenntnisse über die Art und Weise, wie unser Gehirn lernt, kommt es in deutschen Schulstuben und Hörsälen zu einer gigantischen Zeitverschwendung, die ihre Fortsetzung in den häuslichen Arbeitszimmern findet.

TEIL 3: Wortschatz lernen

Im dritten Teil des Buches erfahren Sie,

- wie viele Wörter einer Sprache Sie nur lernen müssen,
- wie Sie Wörter in sinnvolle Zusammenhänge stellen,
- warum man Wortschatz statt Wörter lernen sollte,
- wie man seinen Wortschatz gehirngerecht aufbereitet,
- wie man mit der Visualisierungstechnik, dem mehrkanaligen Lernen und dem mentalen Training effektiver lernt,
- wie man falsch und wie man richtig wiederholt.

Ein Rat vorweg: Abwarten und zuhören! Hören Sie sich vor dem ersten Lernen neuer Wendungen den Lektionstext von Kassette oder CD *mehrmals* an. Versuchen Sie gar nicht, alles zu verstehen. Lassen Sie die Klangbilder auf sich wirken, und lesen Sie still mit. Auch den Wortschatz lernen Sie zuerst still. Für das Imitieren der Aussprache ist in den Wiederholungsphasen noch Zeit.

Time for a smile

> By the time a man learns to read women like a book, he's too old to start a library.

TEIL 3 | WORTSCHATZ LERNEN

Lernziele und Zahlenspiele oder «Wie viele Wörter müssen wir lernen?»

Eine Sprache besteht aus vielen hunderttausend Wörtern. Wie viele müssen wir lernen? Keine Angst, selbst gute und umfangreiche Wörterbücher enthalten lediglich einen Bruchteil, nämlich *nur* etwa 50 000. Auch diese brauchen Sie längst nicht alle zu können, denn um eine Fremdsprache zu beherrschen, benötigen Sie nur einen kleinen Ausschnitt des Gesamtwortschatzes. Lehrbücher und Sprachkurse sind so angelegt, daß Sie die wichtigsten Wörter mit dem höchsten Gebrauchswert lernen.

Generationen fleißiger Lexikologen haben in mühevoller Kleinarbeit einen Grundstock von etwa 2500 Wörtern und Redewendungen ermittelt. Mit ihnen können Sie etwa 80 bis 85 Prozent eines normalen (nicht wissenschaftlichen oder literarischen) Textes lesen und Alltagsgespräche im Restaurant oder Bahnhof führen. Bundeskanzler Adenauer soll mit einem Wortschatz von wenig mehr als 800 Wörtern ausgekommen sein – behaupten seine Gegner. Ein aktiver Grundwortschatz von 2500 Wörtern könnte also genügen, um eine Republik zu regieren.

Mit zusätzlichen 2000 Wörtern und Redewendungen, dem Aufbauwortschatz, versteht man weitere 10 Prozent, also etwa 95 Prozent eines allgemeinen Textes. Mit je 1000 Wörtern mehr nähert man sich nur noch in kleinsten Schritten von ein bis zwei Prozent der Kenntnis aller Wörter eines Normaltextes. Auf diesen Bruchteil können Sie die ersten Jahre getrost verzichten. Verschaffen wir uns einen Überblick am Beispiel des englischen Wortschatzes:

TEIL 3 | WORTSCHATZ LERNEN

Wortschätze	
Gesamtwortschatz	ca. 900 000 Wörter
Großwörterbuch	450 000 Wörter
Wörterbücher	50 000 Wörter
Unser Lernziel	
Grundwortschatz	2500 Wörter
Aufbauwortschatz	2000 Wörter
eigener Lektürewortschatz	1500 Wörter

Unser Lernziel umfaßt also etwas mehr als ein halbes Prozent des Gesamtwortschatzes. Dieses halbe Prozent unterteilen wir in zwei Etappen. In einem ersten Schritt erwerben wir den Grundwortschatz, in einem zweiten den Aufbauwortschatz.

Sie werden vielleicht nachgerechnet haben: 2500 Wörter und Redewendungen, das erscheint auf den ersten Blick nicht allzuviel. Wenn man sich pro Wochentag nur 15 Wörter einprägt, hat man in einem halben Jahr den Grundwortschatz bewältigt. In Büchern über Lernpsychologie kann man lesen, daß der Mensch imstande ist, bis zu 30 neue Wörter und mehr auf einmal zu lernen. Doch der Mensch vergißt auch wieder. Schon vor 100 Jahren hat der Psychologe Ebbinghaus seine berühmte Vergessenskurve aufgestellt.

Ein Trost: Ebbinghaus hatte seine Versuchspersonen sinnlose Silben lernen lassen. Aber zusammenhanglose Einzelwörter führen zu keiner wesentlich günstigeren Kurve. Wir haben nach einer Woche einen großen Teil des Lernstoffs wieder vergessen. Schüler des Gymnasiums benötigen deshalb für den Grund- und Aufbauwortschatz etwa sechs Jahre. Sie lernen etwa 500 bis 700 Wörter pro Schuljahr (also statistisch gesehen nur etwa fünfzehn pro Schulwoche oder drei pro Schultag – und das auch nur auf dem Papier, sprich Lehrplan). Man muß allerdings berücksichtigen, daß Sprachenlernen mehr ist als Wörterlernen

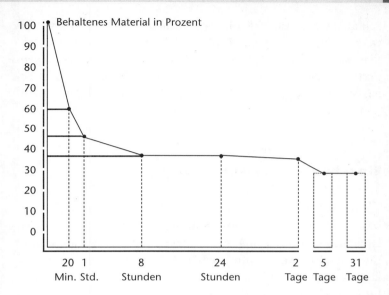

und daß es in der Schule auch um Literatur und Landeskunde geht. (Wer den gesamten Wortschatz des Gymnasiums wiederholen möchte, dem empfehle ich das nach sachlogischen und lernpsychologischen Prinzipien aufgebaute *English Lexicon* von Franz Vettel, Cornelsen Verlag).

Erwachsene können in Intensivkursen das Wortschatzpensum in zwei bis drei Jahren schaffen, also in ungefähr einem Drittel der Schulzeit eines Gymnasiasten. Motivierte Selbstlerner schaffen es in einem Jahr, vorausgesetzt,

- sie lernen Wörter methodisch,
- in der ihrem Gehirn genehmen «Verpackung»,
- sie wiederholen in den richtigen Abständen und nach verschiedenen Methoden.

Geschäftstüchtige Gurus verheißen ein Sprachenlernen «ganz ohne Mühe» und «in nur 30 Tagen» oder «Wörterlernen im

Schlaf». Sicher ist, daß die unerbittliche Vergessenskurve für wache wie für schlafende Lerner gilt. Richtig ist aber auch, daß man seine persönliche Vergessenskurve durch Lerntechniken und Strategien günstig beeinflussen kann. Der erste Schritt ist das Vermeiden von falschem Lernen, zum Beispiel das Lernen von Einzelwörtern.

Einzelwort – schweres Wort

Warum werden Einzelwörter und Wörtergleichungen beinahe so schnell wieder vergessen wie sinnlose Silben? Die Antwort ist einfach: weil sie aus einer Reihe von Gründen linguistisch und psychologisch wenig Sinn machen. Wörter sind Verwandlungskünstler. Je nach Situation und Thema wechseln sie ihre Bedeutung. Das Wort «Stuhl» bedeutet im Wohnzimmer etwas anderes als in der Klinik oder in der Universität. Bei Zeitwörtern wird das besonders deutlich. Was heißt *to run*? Das läßt sich nicht in einem Atemzug beantworten. Das Verb erhält seine Bedeutung erst durch das begleitende Hauptwort:

a passport runs out	ein Paß wird ungültig
run out of money	kein Geld mehr haben
run a business	ein Geschäft leiten
run an experiment	ein Experiment machen

run into problems	Schwierigkeiten bekommen
run into Peter	Peter zufällig treffen
running water	fließendes Wasser
a running nose	eine tropfende Nase

Und dies ist nur ein kleiner Ausschnitt aus den etwa 100 Bedeutungen, die das Verb *to run* haben kann. Als Einzelwort ist es fast so unnütz wie eine ebbinghaussche Silbe und hat darum nur eine kurze Verweildauer in unserem Gedächtnis. Lernen Sie also nach Möglichkeit immer nur ganze Ausdrücke.

Und es gibt noch gewichtigere lernpsychologische Gründe, Einzelwörter zu meiden. Wer sie lernt, verfährt unökonomisch. Er verschenkt den begrenzten Speicherplatz unseres Kurzzeitgedächtnisses, das nur Raum für eine bestimmte Anzahl von Elementen hat (nämlich etwa sieben plus / minus zwei). Es macht jedoch keinen Unterschied, ob ein Element aus einem Wort oder einer längeren Sinneinheit aus mehreren Wörtern besteht. Darin unterscheidet sich das Gehirn vom Computer. Wir nutzen also die Kapazität unseres Kurzzeitgedächtnisses nur dann voll aus, wenn wir einzelne Wörter zu Wortbündeln kombinieren. Wir fassen also Einzelwörter zu ganzen Ausdrücken, Sätzen oder Strukturen zusammen und erhöhen dadurch ihren Sinngehalt und ihre «Merkwürdigkeit».

Wie umfangreich dürfen die Lernhappen sein, damit sie die vorhandenen Speicherplätze sinnvoll nutzen? Eine allgemeingültige Antwort läßt sich nicht geben. Unser Gedächtnis rechnet nicht in Buchstaben oder *bits* und *bytes*, sondern in Sinneinheiten und Sekunden. Es hängt davon ab,

1. ob Sie einen Sachverhalt so komprimieren oder strukturieren, daß er gerade einen Speicherplatz belegt. Solche Sinneinheiten nennt man in der Lernpsychologie *chunks*. Wir brauchen also Techniken, um Wörter zu solchen gedächtnisfreundlichen *chunks* zusammenzufassen;
2. wie groß Ihre Gedächtnisspanne ist. Die Sinneinheit sollte nicht länger sein, als Sie in 1,5 Sekunden still (!) lesen können. Da die Lesegeschwindigkeit von der Leseerfahrung und dem Alter abhängt, ist die ideale Länge eines Merksätzchens individuell verschieden.

TEIL 3 | WORTSCHATZ LERNEN

Es gibt Methoden, mit denen man die Kapazität des Gedächtnisses vergrößern kann. *Chunks* können umfangreich und dennoch sehr einprägsam sein, wenn sie durch das geistige Band einer Struktur, eines Prinzips oder einer Gesetzmäßigkeit zusammengehalten werden. Versuche haben gezeigt, wie entscheidend die Verarbeitung des Stoffs für das Behalten ist. Verschiedene Gruppen lernten jeweils Texte, Gedichte, logische Strukturen und Gesetze auswendig. Man verglich die Vergessenskurven mit denen von Ebbinghaus, der seine Versuche mit sinnlosen Silben durchgeführt hatte.

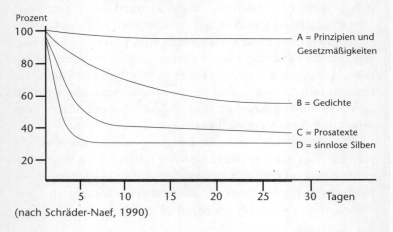

(nach Schräder-Naef, 1990)

Wie zu erwarten war, lernt man einen Zusammenhang besser als sinnlose Silben oder Einzelwörter. Daß Gereimtes besser behalten wird als Ungereimtes, ist ebenfalls nicht überraschend. Beeindruckend aber ist, daß logisch strukturierter und kategorisierter Lernstoff noch nach 30 Tagen zu fast 100 Prozent präsent war. Für das Wörterlernen ergeben sich also drei Folgerungen:

1. Wir lernen am besten in Sinneinheiten.
2. Einzelwörter ordnen und strukturieren wir nach bestimmten Prinzipien und Gesetzmäßigkeiten.

3. Am effektivsten ist die Struktur oder Ordnung, die wir selbst entdeckt haben.

Wer diesen Überlegungen folgen kann, muß Abschied nehmen vom traditionellen Vokabelheft und dem Lernen von Vokabelgleichungen durch abwechselndes Abdecken der linken und rechten Spalte.

Wortschatz statt Wörter

Wir lernen also sprachliche Zusammenhänge, logische Strukturen und ganze Sinneinheiten, kurz: Wortschatz statt Wörter. Was ist darunter zu verstehen? Der folgende Überblick ist ein Katalog bewährter Lernstrategien für effektives Wortschatzlernen (Wortschatz zu den Beispielen im Anhang). Ich lerne Wörter

1. in einem ganzen Ausdruck, einer typischen Wortumgebung (Kollokation), die ich der Lektion, dem Text, der Grammatik oder dem Wörterverzeichnis entnehme:

   Tu as bien fait.
   Tu as eu de la chance.
   Good luck in your test.
   I'm looking forward to seeing you again.

   Einmal gelernt, setzen wir solche Ausdrücke nicht mehr mühsam mit Hilfe von Regeln zusammen, wir holen sie als Ganzes aus der Erinnerung;
2. in einem Zitat, das mich beeindruckt hat und deshalb in der Erinnerung haftet (für fortgeschrittene Lerner):

TEIL 3 | WORTSCHATZ LERNEN

Show me a normal man and I will <u>cure</u> him.
   (C. G. Jung)
Nothing that is <u>worth learning</u> can be taught.
   (G. B. Shaw)

3. in Witzen und Graffiti, die ich weitererzähle, weil sie mir gefallen:

*Italians make the <u>best</u> lovers – but the Japanese
make them <u>smaller</u> and <u>cheaper</u>.
Doctor to lady: And if these pills don't <u>cure</u> your kleptomania, please try and get me a video recorder.
Des <u>professionnels</u> ont <u>construit</u> le Titanic.
Des <u>amateurs</u> ont <u>construit</u> l'Arche de Noé.*

Zitate, Graffiti und Witze überschreiten unsere Gedächtnisspannen, weil meist mehr als 1,5 Sekunden stiller Lesezeit erforderlich sind. Dies wird jedoch kompensiert durch ihre Originalität, die Pointe und das starke geistige Band des Zusammenhangs;

4. in Sachgruppen und Wortfeldern. In Vokabelverzeichnissen guter Lehrbücher und Computerprogramme ist diese Forderung verwirklicht.

	birds	mammals	fish
where?	air	land	water
how?	fly	run / walk	swim
what with?	wings	legs	fin

Sachgruppen und Wortfelder sind ideale Auffangbecken für Einzelwörter. Man schreibt sie auf Karteikärtchen und sammelt sie in der entsprechenden Abteilung der Lernkartei

5. in logischen, hierarchischen oder assoziativen Zusammenhängen:

TEIL 3 | WORTSCHATZ LERNEN

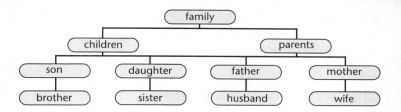

6. in Aktionsketten und Handlungsabläufen, die man sich mit modernen Lerntechniken einprägt (siehe: Mentales Wortschatztraining, Seite 64),
7. in einer Gesprächssituation beziehungsweise in Reiz-Reaktions-Paaren, die ein schnelles sprachliches Reagieren in Standardsituationen erlauben.

Reiz	Reaktion
How do you do?	How do you do?
I'm Bob Miller.	Pleased to meet you.
How are you?	Fine. Thank you.
Can I help you?	Yes, please.
May I borrow your biro?	Here you are.
May I use your phone?	Of course. Go ahead.
Thank you very much.	You're welcome.

Wer eine Sprache lernt, muß Sammler werden – zu einem systematischen Sammler, der Ordnung in das Wörterchaos bringt. Gewiß, das ist mit Arbeit verbunden, aber Sammeln, Ordnen und Ergänzen sind Tätigkeiten, nach denen unser Gehirn verlangt, auf die es spezialisiert ist und die zur Leidenschaft werden können. Wie sonst würden Menschen freiwillig Jahre damit verbringen, Briefmarken, Bierdeckel und Telefonkarten zu sammeln? Mit wachsendem Wortschatz werden Sie andere Gesetzmäßigkeiten und eigene Methoden entdecken, Ihren Wortschatz gedächtnisfreundlich zu verpacken und am Leben zu halten (siehe Kreative Logeleien, Seite 82).

Die Technik des Visualisierens

Die Technik der inneren Bildverarbeitung, die «Visualisierungstechnik», war schon in der Antike bekannt. Darunter verstehen wir die Verarbeitung von Wortschatz, Sätzen und Regeln in den zwei «Sprachen» unserer beiden Gehirnhälften: links in Buchstaben, Wörtern, Lauten und Begriffen – rechts in Form von Bildern und Schemata.

Nach der Tabelle auf Seite 61 behalten wir durch das Sehen lediglich etwa 30 Prozent des Gelernten. Dies gilt allerdings nur für das rein optische Sehen von geschriebenen Wörtern, nämlich für das Lesen – eine Tätigkeit, die vorwiegend unsere linke Gehirnhälfte beschäftigt (siehe Seite 45). Es gibt aber noch ein anderes, ein bildhaftes Sehen, das auch die rechte Gehirnhälfte einbezieht. Erinnern Sie sich an die Vergessenskurve von Ebbinghaus? Für bildhaftes Lernen gilt eine für uns erheblich günstigere Vergessenskurve, da unser aktives Langzeitgedächtnis eine größere Kapazität für bildhafte Vorstellungen besitzt als für Wörter. Unser Gedächtnis bevorzugt Lernstoff, den wir im wahrsten Sinn des Wortes «begreifen», von dem wir uns Bilder machen können.

Die Abrufmechanismen für Bilder sind schneller und dauerhafter als für Lernstoff, den wir nur linkshemisphärisch speichern. So konnten Versuchspersonen Bilder, die ihnen gezeigt wurden, später aus einer Menge von bis zu 10000 Bildern herausfinden. Visuelle Vorstellungen sind also besonders wirksame Gedächtnishilfen. Weil das Gehirn verbale und bildhafte Information parallel verarbeiten kann, speichern wir den Wortschatz in zwei «Sprachen» ab: in der Sprache des Alphabets und in der Sprache von Vorstellungsbildern.

TEIL 3 | WORTSCHATZ LERNEN

Beim Lernen von Wortschatz werden wir in der Regel nicht durch Bilder unterstützt. Erzeugen wir sie also in unserer Phantasie, dem «dritten Auge»! Die innere Anschauung ist effektiver als vorgegebene Bilder. Machen wir uns vom Wortschatz Gedankenbilder und kombinieren so verbales und bildhaftes Lernen! Sätze wie

*We were playing tennis. It was a lovely day
and my partner was the prettiest girl I had ever met.*

laufen dabei wie ein farbenfroher Film ab. Je bizarrer oder absurder unsere Bilder sind, desto größer der Lerneffekt.

Das gleichzeitige Lernen mit unseren «drei Augen» haben die meisten Menschen im Laufe ihrer Schulzeit verlernt, doch man bringt sich schnell wieder in Übung. Versuchen Sie es mit dem Ausdruck

I'm watching a football match:
Ich schaue mir ein Fußballspiel an.

So sehen meine Bilder aus: Ich schließe die Augen und sehe mich auf der Tribüne im Stadion; das Spiel ist in vollem Gange. Auf die Anzeigetafel schreibe ich in Riesenbuchstaben *I'm watching a football match*. Der leuchtende Schriftzug blinkt mehrmals sekundenschnell auf. Ich halte das Bild kurz wie in einem Dia fest, um es dann wieder loszulassen. Das Loslassen ist sehr wichtig, um für den nächsten Ausdruck offen zu sein.

Doch vorher kommt noch ein entscheidender Schritt: das Eingraben der Wort- und Satzbilder in unser Gedächtnis. Bei der Wiederholung stellen sich die mitgelernten Bilder viel schneller und leichter ein als die zugehörigen Redewendungen. Darum können Sie sich mehr als vorher auf die Schriftbilder konzentrieren. Stellen Sie die Schrift wie mit einer Kamera schärfer ein. Fahren Sie den Schriftzug mit den inneren Augen nach. Ziel ist es, Bilder und Sprache so eng wie möglich zu verkoppeln. Eine weitere Vertiefung erreichen Sie, wenn Sie dabei «still», nur für Ihr inneres Ohr hörbar sprechen.

Anschauliche Ausdrücke lernen sich leichter als abstrakte

Ausdrücke, weil sie «begreifbar» sind. Wir lernen also nicht die Gleichungen

liberty	Freiheit	*punctuality*	Pünktlichkeit
favour	begünstigen	*politeness*	Höflichkeit
honesty	Ehrlichkeit	*opportunity*	Gelegenheit
charity	Nächstenliebe	*fortune*	Glück

sondern sehen die Freiheitsstatue von New York, aus deren Fackel das Banner *The Statue of Liberty* herausflattert. Wie steht es aber mit *punctuality*? Die Menschheit arbeitet seit Jahrtausenden daran, sich von Charaktereigenschaften, Tugenden und Lastern Gedächtnisbilder zu machen. Da wir ohnehin versuchen, keine Wörter, sondern Wortverbindungen zu lernen, liegt es nahe, uns den abstrakten Wortschatz in der Verpackung eingängiger, bildhafter Weisheiten und Sprichwörter zu merken. In ihnen verbinden sich Abstrakta mit tiefem Sinn und einprägsamen Bildern. Die Präzision der Aussage, der Rhythmus und die Kürze sind weitere Hilfen für das Gedächtnis.

Wir lernen diese unanschaulichen Wörter in prägnanten Sprichwörtern, zu denen Sie unschwer die deutschen idiomatischen Entsprechungen finden werden:

Punctuality is the politeness of princes.
Opportunity makes the thief.
Honesty is the best policy.
Charity begins at home.
Every man is the architect of his own *fortune*.

Beim Blättern in einem Lexikon der Sprichwörter und Redensarten lernen Sie zugleich die jahrhundertealten Lebensweisheiten eines Kulturkreises. Auch kurze bildliche Redensarten eignen sich für das parallele verbale und bildhafte Einspeichern von schwer lernbaren Abstrakta:

Zank	the apple of *discord*
Streit	the bone of *contention*
Sinn	out of sight, out of *mind*
Wissen	*knowledge* is power

Mehrkanaliges Lernen

Unser Bewußtsein hat viele Tore, durch die der Wortschatz Eingang in unser Gedächtnis findet. Die Tore oder Eingangskanäle sind unsere Sinne, in erster Linie Auge und Ohr. Betrachten wir zunächst, welchen Anteil unsere Sinne an der Wahrnehmung der Umwelt haben.

Sinnesorgan	Informationsaufnahme
Auge	10 000 000 Bits/sec
Ohr	1 500 000 Bits/sec
Hände, Tastsinn	400 000 Bits/sec

Ein Bit ist die kleinste Informationseinheit

Wir nehmen unsere Umwelt also zu etwa 90 Prozent über das Auge wahr. Man könnte daraus folgern, die anderen Kanäle seien für das Lernen von untergeordneter Bedeutung. Dies ist nicht der Fall.

Beim Lernen mit	behalten wir	vergessen wir
Ohr: Hören	20 Prozent	80 Prozent
Auge: Sehen	30 Prozent	70 Prozent
Mund: Sprechen	70 Prozent	30 Prozent
Hände: eigenes Tun	90 Prozent	10 Prozent

TEIL 3 | WORTSCHATZ LERNEN

Obwohl die Welt überwiegend durch Auge und Ohr wahrgenommen wird, sollten wir uns beim Lernen nicht allein auf diese Kanäle verlassen. Der Lerneffekt ist besonders gering, wenn wir nur über das Ohr oder nur über das Auge lernen. Bereits durch die Kombination zweier Kanäle – Hören und Sehen – kann man den Lerneffekt fast verdoppeln. Noch wirkungsvoller lernen wir durch eigenes Tun, wenn wir zum Beispiel über ein Thema referieren oder es anderen erklären. Am besten aber lernen wir mit unseren Händen, durch Anwenden des Gelernten in möglichst wirklichkeitsnahen Situationen.

Es liegt auf der Hand, daß wir einen optimalen Lerneffekt erzielen, wenn wir mehrkanalig lernen, wenn wir alle Sinne für das Sprachenlernen einspannen. Viele Lehrer raten ihren Schülern, den Wortschatz zu lesen, zu schreiben, zu sprechen und zu hören. Sie haben damit noch nicht das eigentliche mehrkanalige Lernen, sondern nur eine flache Vorstufe empfohlen, die auch Nachteile hat. Halblautes Sprechen beim Lernen mag für bedächtige Lerntypen die richtige Technik sein, aber gerade Menschen mit schneller Auffassungsgabe fällt es schwer, diesen Rat zu befolgen, weil Auge und Gedanke um vieles behender sind als das Mundwerk. Das laute Sprechen bremst das Lerntempo und macht ungeduldig. Da unser Kurzzeitgedächtnis Sinneinheiten bevorzugt, die wir innerhalb von etwa einer Sekunde lesen können, sollte auf das langsamere, laute Sprechen bei längeren Redewendungen verzichtet werden. Wir wissen ja, daß «inneres, leises Sprechen» den gleichen Zweck erfüllt.

Unter mehrkanaligem Lernen verstehen wir einen mentalen Prozeß, der mehr ist als die Kombination von Lesen, Sprechen, Hören und Schreiben. Wir aktivieren dazu unsere Vorstellung von Klängen, Rhythmen, Melodien, Farben, Formen, Gerüchen, Geschmacks- und Tastempfindungen, Mimik und Gestik. Wir können sie dank unserer Einbildungskraft lebhaft wahrnehmen. Auf der Palette unserer Phantasie mischen wir sogar

Eindrücke, die es in der Realität nicht gibt. Wir sprechen von kalten und warmen Farben, von weichen und harten Stimmen, von süßer und saurer Miene, von dunklen und hellen Klängen. Diese kreativen Fähigkeiten mit Sitz in der rechten Hälfte unseres Gehirns verbinden wir mit den Funktionen der linken Hemisphäre, dem Lesen, Gruppieren und Ordnen. Das ist mehrkanaliges Lernen. Nehmen wir als Beispiel ausnahmsweise eine Wortgleichung:

an open fire: ein Kaminfeuer

Auf dem Papier besitzt das Wort allenfalls ein Schriftbild. Auf unserer inneren Bühne verleiht ihm unsere Phantasie einen persönlichen Erlebniswert. Was können Sie fühlen, sehen, hören, riechen? Mit geschlossenen Augen sehe ich das Sprühen der Funken des *open fire*, höre durch das Prasseln des Holzes deutlich die Worte *an open fire* und sehe, wie der leuchtende Schriftzug *an open fire* aufflackert. Ich stelle mir die Wärme auf der Haut, den Duft des Buchenholzes vor und erinnere mich an die Stimmung, die ein *open fire* verbreiten kann. *The open fire* wird so für mich zu einem intensiven Erlebnis. Ich habe dem Begriff ein hohes Maß an Lernenergie auf seinem Weg in das Langzeitgedächtnis mitgegeben. Die heraufbeschworenen Sinneseindrücke sind Assoziationen, die mit dem Ausdruck fest verschmelzen. Sie sind Abrufmechanismen, Suchpfade zu dem gelernten Ausdruck. Wenn mir das englische Wort für «Kaminfeuer» nicht gleich einfällt, bekomme ich sicher erst eine, dann alle anderen Assoziationen zu fassen, und schließlich stellt sich auch das gesuchte Wort mit dem Schriftbild ein. Je plastischer die Bilder, je vielfältiger die Eindrücke, desto leichter wird der Ausdruck erinnerbar. Mit einiger Übung verankert man einen Ausdruck auf diese Weise sekundenschnell tief im Langzeitgedächtnis. Viel mehr als eine Sekunde muß es nicht dauern, weil sich bei stillem Lernen die verschiedenen Sinneseindrücke mit der Schnelligkeit des Gedankens gleichzeitig einstellen.

Mehrkanaliges Lernen am Computer

Beim Lernen kommt es auf die Tiefe der Verarbeitung, auf die Qualität der Verknüpfung von Vorstellung und Sprache an. Die Klang-, Duft-, Farb- und Bildassoziationen graben sich in unserem Gedächtnis besonders tief ein, wenn sie

- selbsterzeugt,
- bizarr,
- gefühlsgeladen,
- dramatisch,
- lebhaft,
- konkret und
- untereinander verknüpft sind.

Selbsterzeugte Bilder oder Situationen sind wirksamer als vorgegebene Photos oder Grafiken auf dem Monitor. Deshalb ist das Lernen mit vielen Programmen flacher als mit eigenen Bildern (Metzig, Schuster, 1998). Doch es gibt Ausnahmen.

Es gibt phantasiebegabte und weniger phantasiebegabte Lerntypen. Letzteren fällt das mehrkanalige Lernen schwerer. Deshalb werden vor allem junge Schüler, alte Menschen und geistig Behinderte, die geeignete Assoziationen nicht selber erzeugen können, von den vorgegebenen Bildern auf dem Monitor profitieren.

Mentales Wortschatztraining

Je vielfältiger wir unseren Wortschatz verarbeiten, desto einprägsamer ist er. Darum stelle ich Ihnen in diesem Kapitel eine Kombination dreier Lerntechniken vor, mit denen wir ganze sprachliche Situationen verinnerlichen. Jede hat bereits für sich allein ihre Wirksamkeit unter Beweis gestellt:

1. das Einbinden von Wortschatz und grammatischen Strukturen in Aktionsketten,
2. das mentale Training, das auch aus dem Hochleistungssport nicht mehr wegzudenken ist,
3. das mentale mehrkanalige Lernen, das wir soeben kennengelernt haben.

Zuerst betrachten wir die Verpackung des Wortschatzes, anschließend die Techniken des Einprägens. Für das Französische und für das Englische haben Methodiker (Gouin, 1880; Palmer, 1925) den Wortschatz bereits vor vielen Jahrzehnten in sinnvolle Zusammenhänge besonderer Art gestellt: in Aktionsketten beziehungsweise Handlungsabläufe des Alltags.

Aktionsketten

Was versteht man unter Aktionsketten? Tätigkeiten des täglichen Lebens werden in kleine und kleinste Schritte zerlegt und in kurze Sätze gefaßt. Die Sätze stehen in einer uns vertrauten und logischen Reihenfolge, deshalb kann man sie sich fast mühelos merken, vor allem wenn man sie wie einen Film in der Vorstellung ablaufen läßt. Hier einige gekürzte klassische Beispiele (Wortschatz siehe Anhang):

JE FAIS MA TOILETTE.

   Je prends une éponge.
      Je plonge l'éponge dans l'eau.
         Puis, je me frotte la figure.
            Après, je prends une serviette.
               Et je m'essuie la figure etc.

Ein Vorgang wird in Blöcke von etwa sieben kleinen Schritten aufgelöst und in kurze Sätze von sechs bis acht Wörtern gekleidet. Kein Satz sollte die bereits erwähnte Gedächtnisspanne von 1,5 Sekunden überschreiten, also nicht mehr Wörter enthalten, als wir bei schnellem und stillem innerem Sprechen in dieser Zeit lesen können. Bei Gouin findet der Lerner mehrere hundert französische Aktionsketten, die, nach Sachgebieten geordnet, insgesamt 50 000 Sätze umfassen. Für das Englische gibt es mehrere Sammlungen (zum Beispiel Palmer, 1925; Rominij/Seely, 1979). Die englische Kette zeigt, daß man durchaus auch gefühlsbetonte und dramatische Elemente mit einbauen kann. Der Lerneffekt wird dadurch verstärkt.

A CAR RIDE – EINE AUTOFAHRT

Take the keys.
Go to the garage.
Open the door.
Unlock the car door.

Release the hand brake.
Start the engine.
Push the clutch.
Put the car into first gear.
Release the clutch slowly.
Drive away.
Change to second gear.
Speed up.
Shift into third.

Mind the speed limit.
Too late! Here comes a policeman.
Pull over to the side of the street.
Stop the car.
Roll down the window.
Say, "I'm sorry, officer."

Viel effektiver lernen Sie, wenn Sie eigene Handlungsketten in Ihrem Ringbuch anlegen. Drei Wege bieten sich an:

1. Sie entnehmen die Sätze Ihrer Lektion. Viele Anfängerlektionen haben die Struktur eines Handlungsablaufs.
2. Sie legen den Abschnitt eines «Lernwörterbuches in Sachgruppen» zugrunde. Dort finden Sie schon vorformulierte Sätze und den Situationsrahmen. Nachteil: Die Ketten sind trocken.
3. Nehmen Sie Gebrauchsanweisungen aus Ihrem Arbeitsgebiet oder Ihrem Hobby. Sie haben bereits die Form von Handlungsketten, und sie sind meist mehrsprachig.

Handlungskette und mehrkanaliges Sprachtraining

Das mentale Training ist die Wiederentdeckung einer Technik, die sicher schon die Sieger der ersten Olympischen Spiele unbewußt angewendet hatten. Der Westen wurde darauf unter dem Schock der Erfolge von Athleten des Ostblocks (insbesondere der ehemaligen DDR und später der österreichischen Skispringer) aufmerksam. Heute trainieren Leistungssportler nicht mehr nur mit den Armen und Beinen, sondern auch mit dem Kopf. Sie zergliedern die Bewegungsabläufe in kleinschrittige Handlungsketten und versprachlichen sie zu griffigen Formeln. Vor ihrem geistigen Auge sehen sie, wie sie die Bewegungsabläufe ausführen (Visualisierungstechnik), suggerieren sich in einer Art Selbsthypnose die Formeln und aktivieren dabei die geforderten Muskelpartien, bis sie alles automatisch wie im Schlaf beherrschen. Die Parallele zu unseren Aktionsketten liegt auf der Hand.

Wir kombinieren nun die Methode des mentalen Trainings mit dem mehrkanaligen Lernen und nehmen alle Eingangskanäle hinzu, die eine Handlungskette anbietet. Wir visualisieren *und* simulieren den fremdsprachigen Handlungsablauf, sprechen dabei in unserer Vorstellung und führen alle Bewegungen (des Waschens oder Autofahrens) in Gedanken aus. Wir assoziieren den Wortschatz mit vertrauten Bewegungen und Bildern. In unserem französischen Beispiel hören wir das Plätschern des Wassers, fühlen den nassen Schwamm auf der Haut und riechen die gute Seife. Auf unserer englischen Autofahrt führen wir nicht nur alle Bewegungen aus, wir fühlen den Schlüssel, das Steuerrad in unseren Händen, wir sehen die Straße und hören die wechselnden Geräusche des Motors. Dabei «sprechen» wir die Sätze unhörbar, aber eindringlich und «hören» sie dennoch in unserer akustischen Vorstellung. Gleichzeitig sehen wir die Schriftzüge in den Vorstellungsbildern wiederholt aufblinken. Die Wiederholungen erfolgen nach der gleichen Methode durch freien Abruf aus dem Gedächtnis. Nach jedem Durchgang konzentrieren wir uns stärker auf die Schriftbilder und begleiten sie durch inneres Sprechen.

Welche Rolle spielt das Ausführen der Bewegungen beim Sprachenlernen? Die Lernpsychologie gibt darauf zwei einleuchtende Antworten.

1. Während unser Kurzzeitgedächtnis in erster Linie durch die innere Akustik, das unhörbare Mitsprechen beim Lesen, unterstützt wird, ist das Langzeitgedächtnis das Gedächtnis für Wortbedeutungen. Die typischen Handbewegungen sind nichts anderes als das Erklären der Wortbedeutung mit den Händen. Fragen Sie jemanden, was eine Wendeltreppe ist, und er wird eine Spirale in die Luft malen.
2. Durch das Einbeziehen der Gestik und der Mimik wird Wortschatzlernen zu einem *learning by doing*. Das Lernen mit dem Körper öffnet den Kanal, der für das Behalten am wichtigsten ist (siehe Tabelle Seite 61). Die Bewegung wird zum Abrufmechanismus für den Satz, der mit ihr verkoppelt wurde.

Mit dieser Technik kann man sich auch auf Gesprächssituationen vorbereiten, indem man sie mit dem imaginären Partner in mehreren Variationen durchspielt und sich Rede und Gegenrede lebhaft vorstellt.

Wiederholen, aber richtig

Wer nicht wiederholt, vergißt und hat umsonst gelernt. Und Wiederholen fällt schwer, weil es nichts Neues bringt. Deshalb wollen wir so wenig wie nötig und so effizient wie möglich wiederholen. Dazu müssen diese Fragen geklärt sein:
- Welche Ursachen des Vergessens sind vermeidbar?
- Wann muß ich den Wortschatz wiederholen?
- Welchen Wortschatz muß ich nicht wiederholen?
- Wie muß ich Wortschatz wiederholen?

Die Ursachen des Vergessens

«Und dabei habe ich mich stundenlang auf diese Arbeit vorbereitet!» Diese Versicherung enttäuschter Schüler ist Lehrern wohl bekannt. Sie ist auch durchaus glaubhaft, wenn man an die Vergessenskurve von Ebbinghaus denkt. Obwohl Schüler anders als der berühmte Forscher keine sinnlosen Silben lernen, ist Gedächtnisschwund bei isolierten Vokabeln nicht minder entmutigend.

Verstrichene Zeit	Vergessen wird
20 Minuten	30 – 45 Prozent
1 Tag	50 – 65 Prozent
1 Woche	70 – 75 Prozent
1 Monat	80 Prozent

Wir versuchen, den Gedächtnisschwund so klein wie möglich zu halten. Erinnern wir uns an die vermeidbaren Ursachen des Vergessens:

1. Eine Vokabel gelangt in das Ultrakurzzeitgedächtnis und wird dort nach rund 20 Sekunden wieder gelöscht, weil ihr nicht genug «Lernenergie» mit auf den Weg gegeben wurde.
2. Das Wort gelangt in das Kurzzeitgedächtnis und wird nach 20 Minuten wieder gelöscht, weil wir falsch lernen. Falsches Wortschatzlernen heißt:
   - nicht in sinnvollen Zusammenhängen lernen,
   - einkanalig statt mehrkanalig lernen,
   - den Lernstoff nicht strukturieren.
3. Ein Ausdruck wird unsystematisch ohne Abrufmechanismen im Langzeitgedächtnis gespeichert und deshalb nicht gefunden. Wenn er selten gebraucht wird, sinkt er in das passive Langzeitgedächtnis ab.
4. Wir vergessen, weil wir falsch wiederholen, zum Beispiel
   - zuviel auf einmal wiederholen,
   - in falschen Abständen wiederholen,
   - mechanisch nach derselben Methode wiederholen,
   - Wortschatz, der schon sitzt, überlernen.

Wann müssen wir wiederholen?

Für das Wiederholen gilt wie für das Lernen: nicht klotzen, sondern kleckern, nicht massiert, sondern gestaffelt wiederholen. Also lieber acht Tage jeden Tag eine Viertelstunde üben als zwei Stunden an einem Tag. Eine Faustregel lautet:

TEIL 3 | WORTSCHATZ LERNEN

Wiederholung nach	
1. ein paar Stunden	3. einer Woche
2. einem Tag	4. einem Monat
5. spätestens einem halben Jahr	

Die Vergessenskurven für sinnvoll verteiltes Lernen sehen dann bereits wesentlich günstiger aus.

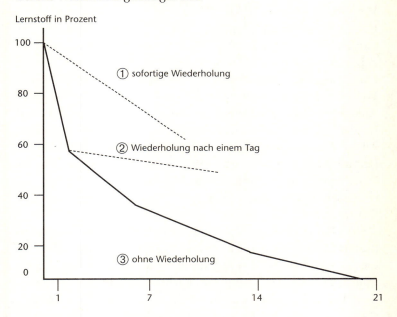

«Wie kann ich bei täglich anfallendem Wortschatz den Überblick behalten und wissen, wann eine Wiederholung fällig ist?» werden Sie fragen. Systematisch läßt sich das Time-Management selbst mit der Lernkartei nur beschränkt zu leisten. Mit dem Computer ist es ein Kinderspiel (siehe Seite 122).

Das Wiederholen geht von Mal zu Mal schneller. Bei der dritten Wiederholung braucht man nur noch einen Bruchteil der

Zeit. Oft genügt bereits ein kurzes Durchlesen. Wer zusätzlich mit Pinnwand, Lernposter und Haftzettel arbeitet, wiederholt sekundenschnell im Vorbeigehen (Seite 111). Mit den richtigen Techniken werden Sie Ihre Vergessenskurve noch erheblich günstiger gestalten. Vermutlich benötigen Sie dann auch nicht mehr fünf, sondern nur noch drei oder vier Wiederholungsphasen.

Was müssen wir wiederholen?

Doppelt genäht hält nicht immer besser. Wortschatz soll nur so lange gelernt werden, bis er sitzt. Jedes weitere Lernen wäre Zeitverschwendung. Die Gefahr des Überlernens ist groß, wenn man nach der Abdeckmethode verfährt. Bereits gekonnter Wortschatz wird immer mit wiederholt. Auch das traditionelle Ankreuzen der harten Nüsse im Wörterheft hilft da nicht, weil nach dem vierten Wiederholen jedes dritte Wort angekreuzt ist. Allein die Lernkartei (Seite 116), besser noch das Computerprogramm (Seite 125), gibt zuverlässig Auskunft, welcher Teil des Wortschatzes zu wiederholen ist. Gelernt werden soll nur, was vergessen wurde. Dadurch reduziert sich der Lernstoff von Schritt zu Schritt.

Eine Variante ist die gezielte Wiederholung von Schwachpunkten. Dazu müssen wir aber unsere Schwächen kennen und die harten Nüsse in einer Abteilung der Kartei sammeln. Dies ist freilich leichter gesagt als getan. Nicht jeder bringt die erforderliche Disziplin dafür mit. Ein Computerprogramm nimmt uns diese Arbeit ab. Nicht gekonnter Wortschatz wird sofort nach dem ersten Lernen wieder vorgelegt und rot markiert. Wortschatz, für den wir Hilfen benötigten, erhält eine gelbe, auf Anhieb gekonnter Wortschatz eine grüne Markierung. Wir brauchen also nur noch die gelben und die roten zu wiederholen. Die Problemfälle drucken wir aus und hängen sie sichtbar an einem Ort auf, an dem wir täglich vorbeigehen. Sekunden und Minuten reichen für das tägliche Wiederholen *en passant*.

Wie müssen wir wiederholen?

Die weitaus meisten Schüler und erwachsenen Lerner verstoßen gegen die Grundgesetze des Wiederholens.

WAS SIE VERMEIDEN SOLLTEN

1. Auswendiglernen und mechanisches Wiederholen nach ein und demselben Rezept sind nur für einfache Informationen (zum Beispiel Jahreszahlen) sinnvoll. Für das Sprachenlernen ist diese Methode so erfolglos wie das alte Vokabelbüffeln.
2. Wortschatz, der mehrmals nach derselben Methode wiederholt wird, ist beschränkt einsetzbar, weil er nur auf dem einen ausgetrampelten Suchpfad erreicht wird. Wir müssen nicht nur verschiedene Suchpfade gehen, sondern auch neue anlegen. Dadurch wird der Wortschatz immer engmaschiger vernetzt, vielseitiger verwendbar, und die Abrufmechanismen werden «frisch geölt».

WAS SIE BEACHTEN SOLLTEN

1. Je öfter wir den Lernstoff verändern und verarbeiten, desto besser prägt er sich ein. Kreatives Wiederholen unter verschiedenen Gesichtspunkten kann auf vielfältige Art geschehen. Die wichtigsten Arbeitsformen sind:

Ordnen	Strukturieren
Gruppieren	Kategorisieren
Schematisieren	Hierarchisieren

Was darunter zu verstehen ist, wird in den folgenden Kapiteln behandelt. Dabei werden die gleichen Techniken angewendet wie beim ersten Lernen: vom Zusammenhang des Texts ausgehen; den Wortschatz mehrkanalig lernen; Visualisierungstechnik und mentales Training einsetzen.

2. In jeden Lerndurchgang muß eine Form der Erfolgskontrolle eingebaut werden. Mit der Lernkartei (Seite 117 ff.) oder dem Computer ist das problemlos.
3. Das Wiederholen eines Pensums unter verschiedenen Gesichtspunkten ist mit Computerprogrammen nur begrenzt möglich. Wir sind auf das Übungsangebot des Programms angewiesen.
4. Besitzern eines Diktaphons empfehle ich das Abhören durch ein selbstbesprochenes Tonband.

Wiederholungstechniken

Mit größer werdendem Wortschatz brauchen Sie ein abwechslungsreiches Repertoire an Formen des Übens und Wiederholens. Denn nicht das Lernen von neuem Stoff, sondern das Wiederholen des alten fällt lästig, wenn es ohne Abwechslung geschieht. Für die Methoden, die Sie hier kennenlernen, brauchen Sie nur Papier und Bleistift. Und Sie sollen auch nicht Ihre Freizeit opfern. Tun Sie es in den Stunden, die Sie bei unnötigen Konferenzen und langweiligen Vorträgen, in Vorzimmern, Bahnhöfen und Verkehrsmitteln verlieren müssen.

Wiederholen aus dem Kopf

Wiederholen aus dem Kopf – darunter verstehe ich das Abrufen von Wortschatz aus dem Gedächtnis. Wir spazieren ohne festes Ziel auf den Suchpfaden, die den Wortschatz im Langzeitgedächtnis vernetzen. Je öfter wir auf den «Gedankengängen» beziehungsweise Suchpfaden wandeln, desto geläufiger wird der Wortschatz. Unsere Sprechfertigkeit hängt davon ab, wie sicher wir uns auf diesen Pfaden bewegen. In der Fremdsprache müssen wir dies üben, und es fällt uns am leichtesten durch freies Assoziieren, eine der effektivsten Formen der Wiederholung.

Setzen Sie sich bequem hin, entspannen Sie sich, schließen Sie die Augen, und denken Sie an ein Wort. Nehmen Sie der Einfachheit halber das deutsche Wort *Haus*. Welche Bilder und Wörter tauchen vor Ihrem geistigen Auge auf? Tasten Sie sich von einem Wort zum nächsten. Logik und Reihenfolge spielen keine Rolle. Ohne Anstrengung sollen Ihnen die Wörter «einfallen». Es ist ein halbbewußter Vorgang, den Sie willentlich nicht zu steuern brauchen. Gelangen Sie an das Ende eines «Gedankenganges», schlagen Sie eine Abzweigung ein oder kehren zum Ausgangswort zurück und beginnen aufs neue. Versuchen Sie es, bevor Sie weiterlesen. Auf einem Blatt Papier erhalten unsere Gedankengänge die Form eines Assoziogramms. Das englische Wort *house* löst in meinem Gedächtnis eine Kettenreaktion aus, die sich entlang der Gedankenbahnen, der Neuronen, in viele Richtungen ausbreitet (siehe Seite 76).

Die Striche, die meine Wörter verbinden, sind echte «Gedankenstriche». Für andere mögen sie unlogisch erscheinen, für mein Gehirn stellen sie sinnvolle Bezüge dar. Das Assoziogramm spiegelt die Vernetzung der Begriffe in den Verzeichnissen meines Gedächtnisses wider. Es ist das vereinfachte zweidimensionale Schema meiner Gehirnwindungen, durch die mir die Wörter zum Thema *house* ganz von selbst, ohne bewußtes Zutun, einfielen. Dabei tauchen auch Wörter auf, die in andere Sachgebiete gehören; mein Gedächtnis hatte sie früher einmal dort eingeordnet und sich bei dieser Übung wieder erinnert.

Manchmal fällt mir auch ein deutsches Wort ein, weil ich die englische Entsprechung nicht weiß. Nehmen wir an, es ist das Wort *Satellitenantenne*. Ich schreibe es deutsch hin, um es später nachzuschlagen. Ich habe eine Leerstelle entdeckt, die mein Gehirn gerne gefüllt hätte. Ich baue das neue Wort in die bereits vorhandene Architektur meines Wissens ein. Das Wort *dish* werde ich nicht so schnell vergessen.

TEIL 3 | WORTSCHATZ LERNEN

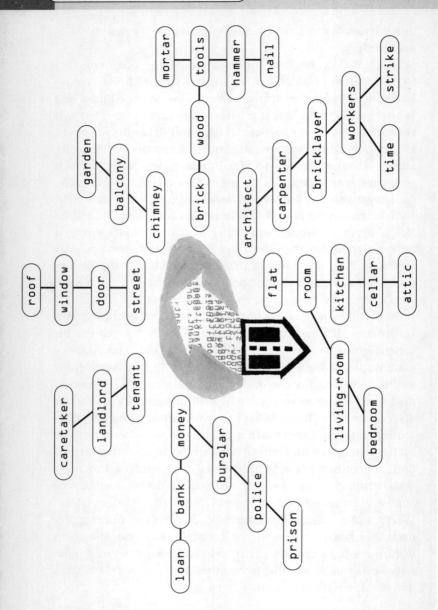

76

Lassen Sie das Assoziogramm nicht ausufern. Brechen Sie rechtzeitig ab, und nehmen Sie lieber eines der Wörter, die Sie schon zu Papier gebracht haben, als neuen Ausgangspunkt.

In der Regel fallen uns zuerst Dinge, Hauptwörter, ein. Sie haben einen höheren Erinnerungswert. Versuchen Sie es auch mit Tätigkeiten und Verben.

MIND MAPPING

Nicht jedem ist es gegeben, ein gelungenes, vielfarbiges Assoziogramm zu Papier zu bringen, das es wert ist, eine Pinnwand zu zieren. Es ist zeitraubend, es zu ändern oder nachträglich neuen Wortschatz zu integrieren. Mit einem geeigneten Computerprogramm können Sie in kürzester Zeit ein Poster ergänzen oder ändern.

Auf dem Papier entstehen auf diese Weise graphische Strukturen, Landkarten Ihres Gedächtnisses. Die Engländer gebrauchen dafür den Ausdruck *mind mapping*.

Jeder wird auf andere Art durch sein Langzeitgedächtnis streifen, ganz individuell, nach seinen Erfahrungen und seinem Lerntyp. Dies ist für das Behalten von größter Bedeutung. Denn die so gewonnenen Wortschatzstrukturen sind nicht von einem fremden Lehrergehirn für das Schülergehirn entworfen worden, sondern von ihm selbst nach den Denkmustern, die seinem Lerntyp gemäß sind.

Das Kartographieren unserer geistigen Verzeichnisse kommt der Arbeitsweise der rechten Gehirnhälfte entgegen. Ein Indiz dafür ist die spielerische Leichtigkeit, mit der es in der Muttersprache geschieht. Die Lernpsychologie hat nachgewiesen, daß die freie Wiederholung aus dem Gedächtnis eine der gründlichsten Formen des Wiederholens und des Vernetzens von neuem mit altem Wortschatz ist.

Wer das zweite, dritte und vierte Mal den Stoff nach demselben Schema wiederholt, wird des Lernens schnell überdrüssig.

Es ist nicht nur monoton und demotivierend, sondern lernpsychologisch falsch. Darum gestalten wir das freie Assoziogramm bei der nächsten Wiederholung nach den Gesetzen der Logik. Auch Wiederholen kann abwechslungsreich sein.

Wiederholen durch Ordnen

Zurück zu unserem Haus-Assoziogramm. Sieht man genauer hin, so erkennt man, daß die Wörter sich zu Gruppen ordnen lassen: Bauleute, Hausbewohner oder Gebäudetypen. Es herrschen Ordnungsprinzipien, nach denen wir das Wortgeflecht strukturieren können. Ich verarbeite also mein Wortgeflecht «Haus» zu einer graphischen Struktur, die mir persönlich logisch erscheint. Dies ist eine zweite sehr intensive Form der Wiederholung.

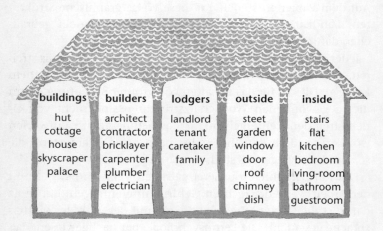

Das Ordnen ist eine logische Tätigkeit, an der vor allem meine linke Gehirnhälfte beteiligt ist. Deshalb sind die neuen Wörter, die mir einfallen, meist abstrakte Oberbegriffe. Sie fallen mir ein, weil sich in meinem Schema Lücken ergeben haben, die mein Gedächtnis ergänzt, ohne daß ich viel dazu tun muß. Wörter, die nicht in das Schema passen *(burglar, police)*, werden ausgeschieden. Mit solchen Irrläufern kann man ein neues Assoziogramm beginnen. Alle Wörter, die Sie bei dem Wiederholen aus dem Kopf und dem Wiederholen durch Ordnen zu Papier bringen, brauchen Sie sich so schnell nicht mehr vorzunehmen. Wem solche Grafiken zu komplex und unhandlich erscheinen, teilt Wortfelder besser in mehrere kleine Strukturen auf, wie zum Beispiel die folgende:

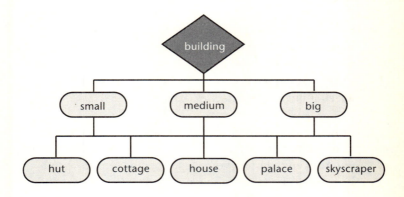

Maßgebend ist nicht die Logik des Lehrers, sondern allein die Kreativität des Lernenden. Beim freien Assoziieren laufen in unserem Gehirn Kettenreaktionen ab, die von Mensch zu Mensch sehr unterschiedlich ausfallen. Beim Strukturieren greifen wir dagegen meist auf Schemata zurück, die uns gemeinsam sind, weil unsere logische linke Gehirnhemisphäre von der abendländischen Kultur geprägt wurde. Wir brauchen eine

Struktur nicht neu zu erfinden, sondern nur wiederzuerkennen. Das Gebilde spiegelt unsere individuelle Weltsicht in den Grenzen des verfügbaren Wortschatzes.

Vorteile des Wiederholens durch Ordnen

1. Sie wiederholen unter verschiedenen Aspekten. Der Wechsel der Arbeitsform ist Voraussetzung für den Lernerfolg.

2. Das organisierte Ganze merkt man sich besser als die Summe der Einzelelemente. Das System wirkt wie ein geistiges Band. Ein Element erinnert uns an das ganze System, umgekehrt erinnert uns das System an seine Elemente.

3. Ihr Kurzzeitgedächtnis kann eine begrenzte Anzahl von Elementen aufnehmen. Es behandelt jedoch ein System aus mehreren Wörtern wie ein Einzelwort. Durch Lernen von Wortsystemen erweitern Sie daher Ihre Gedächtniskapazität um ein Mehrfaches (Baddeley, 1988).

4. Ordnen erfolgt nach einer Gesetzmäßigkeit. In einem Experiment hatte man zwei Studentengruppen Zahlenreihen zum Auswendiglernen vorgelegt. Die eine Gruppe lernte ohne Anleitung mechanisch auswendig, die andere sollte versuchen, Gesetzmäßigkeiten zu erkennen. Nach drei Wochen konnte diese Gruppe noch 23 Prozent der Zahlenreihen wiedergeben, die erste Gruppe hatte alles vergessen (Maddox, 1963).

5. Die zeichnerische Darstellung von Rangordnungen (Hierarchisierung) oder Verwandtschaftsgraden (Kategorisierung) prägt sich Ihrem leistungsfähigen visuellen Gedächtnis stärker ein als irgendeine Wortliste.

6. Das selbstgezeichnete Schema wird zu einer wertvollen Gedächtnisstütze, weil Ihr Gehirn darauf programmiert ist, Leerstellen in einem System oder Schema zu füllen. Mühelos ergänzen Sie die fehlenden Unter- oder Oberbegriffe eines Systems. Es ist schwer, eine Liste von 30 Wörtern aus dem Gedächtnis aufzusagen. Es ist leicht, 30 Elemente in Gedanken in eine Struktur einzutragen, deren Gerüst wir vor Augen haben.

Komplexe Strukturen kann man allerdings nur dann spontan ergänzen, wenn sie persönlich erstellt wurden. Deshalb handelt es sich hier um erstklassige Selbstlernmethoden, aber nur um zweitklassige Lehrmethoden. Anregungen, mit denen Sie das Wortschatzlernen und -wiederholen weiter variieren können, finden Sie im nächsten Kapitel.

Die Autoren des bereits erwähnten *Multimedia English Course* (Hueber Verlag, siehe Seite 185 und 223) sind meines Wissens die ersten, deren Programm mehr bietet als Wortschatzlernen durch Klicken und Ziehen mit der Maus – was nur zu einer flachen Verarbeitungstiefe führt. Sie haben «Wiederholen aus dem Kopf» und «Wiederholen durch Ordnen» zu Programmpunkten erhoben. In Aufgabe 2 der Bildschirmseite soll man in Gedanken zu thematischen Schlüsselwörtern jeweils zwei weitere Ausdrücke finden und diese in die «Wordbank» einordnen.

TEIL 3 | WORTSCHATZ LERNEN

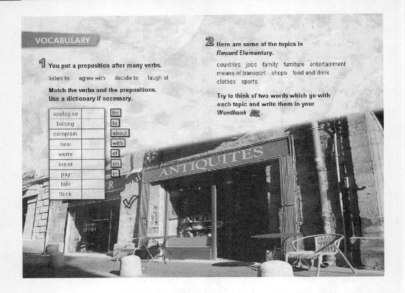

Was assozieren Sie mit dem Schlüsselwort *countries*? Ich denke dabei an *capital, government, travels, go on holiday* usw. Das Programm bietet bereits 30 Sachgruppen an, die man durch eigene erweitern kann.

Kreative Logeleien

Nicht immer fallen einem ganze Wortschatzsysteme und Felder durch freies Assoziieren in den Schoß. In der Regel wird man bei der Arbeit mit Vokabelverzeichnissen Beziehungen in kleineren Maßstäben entdecken. Sie müssen Ihren Blick für die Bezüge der Wörter Ihres Vokabelverzeichnisses natürlich ein wenig schulen. Dabei helfen die folgenden Kategorien.

TEIL 3 | WORTSCHATZ LERNEN

1_Hierarchische Strukturen

Unterbegriff	Oberbegriff
Teil	Ganzes
Rohstoff	Endprodukte
Vertreter	Gattung
Beispiel	Regel
Inhalt	Verpackung

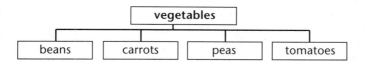

superiors	deal with	inferiors
parents	bring up	children
teachers	educate	pupils
employers	hire	employees
generals	command	soldiers

Where are they kept?			How are they packaged?		
dogs	in	baskets	peas	in	tins
lions	in	cages	beer	in	bottles
fish	in	tanks	cigarettes	in	packets
flowers	in	vases	letters	in	envelopes

2_Kausale Strukturen

Ursache	Wirkung
Reiz	Reaktion
Tätigkeit	Ergebnis
Produzent	Produkt

cause	effect	producer	product
virus	illness	farmer	food
lightning	thunder	baker	bread
carelessness	accident	butcher	meat
joke	laughter	author	book

3_Gemeinsamkeiten, Gegensätze

gemeinsame Merkmale	Gegensatzpaare
Assoziationspaare	Analogien
Wort – Symbol	Klischees
Pärchen	Vergleiche

Day and night		What do they cut?		Comparisons	
wake	sleep	scissors	paper	white as	snow
work	rest	saw	wood	red as	blood
light	darkness	knife	bread	blue as	the sky
sun	moon	axe	tree	green as	grass

They belong together	Symbols
father and mother	rose love
knife and fork	lion force
hammer and nail	baby innocence

Transport		
By train	**By air**	**By boat**
railway	airways	line
journey	flight	cruise / voyage
station	airport	sea port / harbour
platform	gate	quay
driver	pilot	captain

4_Graduelle Abstufung

Geschwindigkeit	Größe
Reihenfolge	Stufung
Stärke	Intensität

THERMOMETER

- 30° hot
- 25° warm
- 20° mild
- 15° lukewarm
- 8° fresh
- 6° cool
- 0° chilly

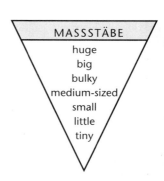

MASSSTÄBE
- huge
- big
- bulky
- medium-sized
- small
- little
- tiny

TEIL 3 | WORTSCHATZ LERNEN

DINING OUT – STEP BY STEP

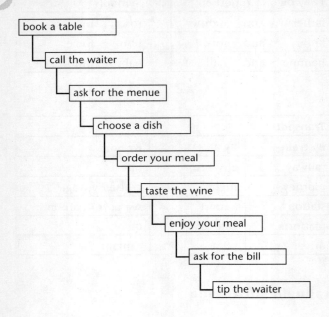

SPEED

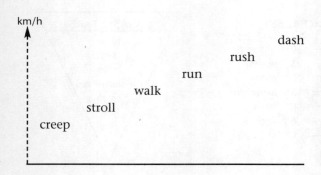

TEIL 3 | WORTSCHATZ LERNEN

ABSTRAKTE ADJEKTIVE

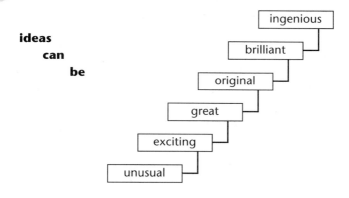

Fassen wir die Lernvorteile dieser Wortschatzarbeit zusammen:

1. Anstatt uns Wortgleichungen in sinnloser Reihenfolge einzuprägen, bauen wir den Wortschatz in unsere individuellen Denkmuster ein. Wo das englische Wort noch nicht zur Verfügung steht, setzen wir vorläufig das deutsche Wort ein.
2. Die intellektuelle Herausforderung und das Aha-Erlebnis des Erkennens von Beziehungen bewirken eine zusätzliche Verarbeitungstiefe.
3. Bei jeder Entdeckung von Bezügen lernen wir mehr als die Einzelwörter. Wir lernen mit den Ordnungsprinzipien zugleich einen Abrufmechanismus.
4. Durch das Zusammenfassen von Wörtern zu Systemen komprimiert sich der Lernstoff in unserem Gedächtnis zu sogenannten Superzeichen. Erinnere ich das System, fällt mir ein Großteil der Elemente ein.
5. Die Graphik unterstützt unser visuelles Gedächtnis für Schemata und Bilder. Wir lernen mit beiden Gehirnhälften.

TEIL 3 | WORTSCHATZ LERNEN

Gute Unterhaltung mit Wörterbüchern

Die Wörterbücher auf den silbernen Scheiben sind nützlich und unterhaltsam zugleich. Sie sind mehr als Nachschlagewerke. Ton, Schrift, Bild und Film wachsen zusammen. Sie sind Bildwörterbuch, Aussprachewörterbuch, Lernwörterbuch mit Animationen und unterhaltsames audiovisuelles Arbeitsbuch in einem. Das *Longman's Interactive Dictionary* ist eines der nützlichen Werkzeuge, das zum Blättern verleitet. Hunderte von Bildtafeln enthalten Wortschatz nach Sachgebieten geordnet.

TEIL 3 | WORTSCHATZ LERNEN

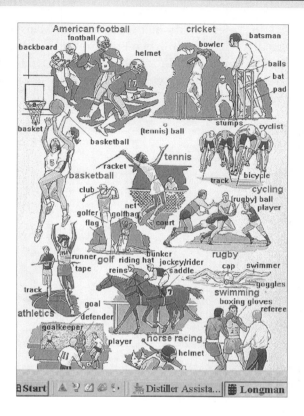

Es bietet außerdem kleine Videofilme zu typischen Sprechsituationen, die man sich mit und ohne Textstütze anschauen kann. Solche Wörterbücher für den Computer gibt es heute für jede Altersstufe. Allen Schülern empfehle ich das multimediale NOPD *(New Oxford Picture Dictionary)*.

Wer sich für Wissenschaft und Technik interessiert, erweitert seinen Fachwortschatz mit *The Way Things Work*, das auf dem gleichnamigen Bestseller von David Macauly beruht und auch in deutscher Sprache im Buchhandel erhältlich ist. In den vielen lustigen Animationen hören und sehen Sie, wie ein Elektromagnet oder ein Laser funktioniert. Mit einem Mausklick springt man zu den wissenschaftlichen Erklärungen, auf denen die Technik beruht, und zu den Biographien der Erfinder. Ihren mühsamen Weg bis zum technischen Durchbruch illustrieren die lustigen Mammutfilme.

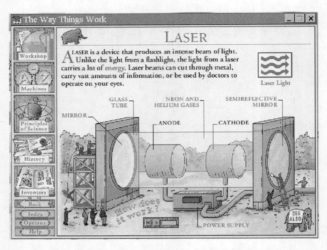

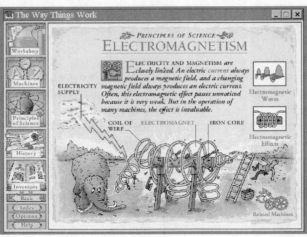

TEIL 3 | WORTSCHATZ LERNEN

In den Nachschlagewerken für den Computer findet ein jeder etwas für sein Interessengebiet oder Hobby. Was interessiert, wird registriert! Diese Bilderbuchseiten lassen sich ausdrucken, einkleben oder aufhängen. Darin liegt ihr Wert für das Wortschatzlernen.

In einem späteren Kapitel lernen Sie Wörterbücher für den Computer kennen, mit denen Sie Ihren Stil verbessern und Sicherheit beim Schreiben gewinnen.

TEIL 4: Wortschatz verwalten und behalten — das Handwerkszeug

In diesem Teil erfahren Sie,
- wie man mit einem modernen Vokabelverzeichnis arbeitet,
- welche Alternativen sich zum Vokabelheft bieten,
- wie Sie mit der Lernkartei arbeiten,
- wie Sie Ihren Computer zum Sprachenlernen einsetzen können,
- wie Sie zeitsparend «im Vorbeigehen» lernen können.

Time for a smile

In a small school in Dublin the teacher told the class she would give 10 pence to whoever could name the holiest man in history.

One hand went up like a shot, that of little Levy Cohen. "That would be St Patrick, Miss." The teacher handed over the money and said, "Levy, how come the only boy to know the answer is Jewish?" To which Levy replied, "In my heart of hearts I know it was Moses, but business is business."

***

A teacher is a man whose job it is to tell students how to solve the problems of life which he himself has tried to avoid by becoming a teacher.

TEIL 4 | WORTSCHATZ VERWALTEN

Umgang mit Wörterverzeichnissen

Es gibt gute und weniger gute Vokabelverzeichnisse. Viele Lehrwerke begnügen sich mit zweisprachigen Wortschatzlisten. Eine Verbesserung sind die zweispaltigen Verzeichnisse, die das Wort zusätzlich in einen Satzzusammenhang stellen.

> *habiter [abite]* wohnen
> *ils habitent à Paris [ilzabitapari]* sie wohnen in Paris

Ein weiteres Qualitätsmerkmal sind Übersichten, in denen Wortschatz zu Feldern oder Sprechabsichten zusammengefaßt wird.

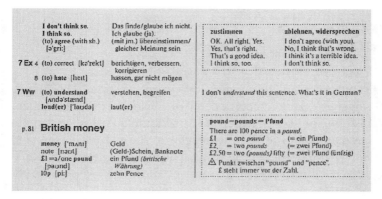

English G, Bd. 1, Cornelsen Verlag

Dem Stand der Pädagogik entsprechen dreispaltige Verzeichnisse nach dem Muster:

fremdsprachiges Wort – deutsches Wort –
typischer Beispielsatz.

TEIL 4 | WORTSCHATZ VERWALTEN

washroom ['woʃruːm]	Waschraum	At Beacon Park you wash in a ~.
main [meɪn]	Haupt-	M~ means most important.
		There's a lot of traffic on ~ roads.
building ['bɪldɪŋ]	Gebäude	Houses and churches, for example, are ~s.
(to) describe sth. to sb. [dɪ'skraɪb]	jm. etwas beschreiben	What does your room look like? Can you ~ it ~ me?
outdoors [ˌaʊt'dɔːz]	(nach) draußen, im Freien	O~ is another word for outside.
outdoor (activity) ['--]	(Tätigkeit) im Freien	Football is an ~ game.
indoors [ˌɪn'dɔːz]	(nach) drinnen, im Haus	I~ is another word for inside.
indoor (activity) ['--]	(Tätigkeit) im Haus	Table tennis is usually an ~ game. But you can also play it outdoors.

English G, A 3, Cornelsen Verlag

Die dritte Spalte erfüllt einen wichtigen lernpsychologischen Zweck, weil sie noch vor jeder Schreibarbeit eine erste Wiederholung dessen ermöglicht, was im Unterricht eingeführt wurde. Wie lernt man mit einem solchen didaktischen Verzeichnis?

ERSTER SCHRITT
Vom Zusammenhang ausgehen

Nehmen wir an, die Wörter wurden im Kurs oder in der Schule eingeführt. Hören Sie vor der Wortschatzarbeit die Lehrbuchkassette, und lesen Sie den Text (still) mit. So rufen Sie den Zusammenhang und die Aussprache in Erinnerung. Lesen und Hören sind wichtig, weil Aussprache und Satzmelodie im Kurzzeitgedächtnis gespeichert werden (Baddeley, 1966, und Conrad, 1964). Eine häusliche Wiederholung der Klangbilder ist also notwendig.

ZWEITER SCHRITT
Vom Wort zum Satz

Lesen Sie etwa sieben Zeilen durch, decken Sie anschließend die linke englische Spalte ab, und kontrollieren Sie sich.

Englisch	Deutsch	Satzbeispiel
outdoors	im Freien	Football is an ~ game
main	Haupt-	There's a lot of traffic on ~ roads

Bevor Sie zu der nächsten Gruppe übergehen, arbeiten Sie mit der rechten Spalte, den Beispielsätzen, in denen das zu lernende Wort durch eine Tilde (~) ersetzt ist, und decken den Rest ab.

Englisch	Deutsch	Satzbeispiel
outdoors	im Freien	Football is an ~ game
main	Haupt-	There's a lot of traffic on ~ roads

Sie lesen die Sätze still durch und versuchen, die Lücken aus der Erinnerung zu ergänzen. Dies ist ein Selbsttest und eine erste sinnvolle Wiederholung. Sind Sie unsicher, schauen Sie auf die mittlere Spalte und suchen Hilfe beim deutschen Wort. Erst wenn Sie den Satz immer noch nicht erinnern können, holen Sie sich das fremdsprachige Wort in der linken Spalte. Können Sie alle Sätze ohne Hilfen ergänzen, beherrschen Sie die Lektion.

Das stille Lernen in dieser Phase hat lernpsychologische Gründe:

1. Beim stillen Lesen bleiben wir innerhalb der Gedächtnisspanne von 1,5 Sekunden.
2. Lernversuche haben gezeigt, daß stilles Lesen ebenso günstig ist wie lautes Lesen. Es ist eine Art inneres Sprechen, das wir mit unserem «geistigen Ohr» wahrnehmen.

DRITTER SCHRITT
Vom Satz zum Wort
Bei der nächsten Wiederholung – möglichst nach einer Stunde – gehen wir von der linken Spalte mit den englischen Wörtern

aus. Die Spalte mit den Satzbeispielen ist verdeckt. Wir versuchen nun, uns an die Sätze zu erinnern.

Englisch	Deutsch	Satzbeispiel
outdoors	im Freien	Football is an ~ game
main	Haupt-	There's a lot of traffic on ~ roads

Zwei Lerntips für ökonomisches Lernen

1. Eine Portion von 35 Vokabeln auf einen Sitz lernen zu wollen hieße den Mund zu voll nehmen. Das Kurzzeitgedächtnis ist wie eine Pinnwand, auf der ungefähr sieben Merkzettel Platz haben. Wollen Sie einen mehr anpinnen, müssen alte Zettel dafür verschwinden. Darum teilen wir den Wortschatz mittels eines Bleistiftstrichs in Lernhappen von sieben bis neun Elementen ein. Bevor wir uns die nächste Siebenergruppe vornehmen, sichern wir das Gelernte durch eine Blitzwiederholung, am besten ohne Buch, aus dem Kopf.

Versuche haben gezeigt, daß wir uns das jeweils erste und letzte Element einer Gruppe besser merken als die Zwischenelemente. Randelemente erfahren durch ihre hervorgehobene Stellung offenbar größere Aufmerksamkeit. Lernen Sie 35 Ausdrücke am Stück, haben Sie nur zwei Randelemente. Teilen Sie die 35 Wörter dagegen in fünf Gruppen mit je sieben Ausdrücken auf, so ergeben sich zehn Randelemente, die durch diese einfache Lerntechnik leichter lernbar sind.

Warum aber nicht gleich Gruppen von drei oder vier Elementen? Wir würden dadurch zwar mehr Randelemente gewinnen, aber sie würden durch ihre Vermehrung die Sonderstellung einbüßen.

2. Bei jedem Wort geben Sie sich den stillen Befehl «Abfotografieren und – loslassen». Abfotografieren bedeutet Schriftbild einprägen. Durch das Loslassen wird Ihr Gedächtnis wieder aufnahmebereit für das nächste Wortpaar. Besonders effektiv lernen Sie, wenn Sie Schrift, Klang und Bedeutung mit einer bildhaften Vorstellung verbinden. Ist dies bei abstrakten Begriffen nicht möglich, versuchen Sie den Kontext des Wortes in der Lektion in Erinnerung zu rufen. Mit einiger Übung wird Ihnen dies mit der Schnelligkeit des Gedankens gelingen.

Jede weitere Wiederholung nach der Abdeckmethode ist weniger wirksam, weil Sie sich Reihenfolge und Layout der Seite mit einprägen. Dies ist für das freie Sprechen eher hinderlich. Außerdem soll man beim Wiederholen die Methode wechseln. Für 25 bis 35 Vokabeln dürften Sie nach einigem Training etwa fünf, maximal zehn Minuten benötigen.

Vokabelgräber

Wohin mit neuem Wortschatz? Neue Wörter müssen geschrieben, gelernt und wiederholt werden. Untersuchungen haben ergeben, daß fast alle Schüler Vokabeln als Gleichungen abschreiben und lernen, und zwar in der Reihenfolge ihres Auftretens im Vokabelverzeichnis (Mahnert, 1986). Wenn sie später im Vokabelheft wiederholen, geschieht dies immer nur durch Abdecken erst der einen und dann der anderen Seite. Nach zwei bis drei Durchgängen glauben sie, die neuen Wörter zu beherrschen. Und richtig, beim Abhören durch den Lehrer wird das auch bestätigt. Warum ist diese Methode lernpsychologisch problematisch?

TEIL 4 | WORTSCHATZ VERWALTEN

1. Man nennt dieses Lernen Paar-Assoziationslernen, weil Wortpaare gelernt werden. Auf die Frage «Was heißt ‹Adler›?» reagieren wir richtig mit *«eagle»* und umgekehrt. Wir haben die linke Seite der Wortgleichung mit der rechten assoziiert. Dieser Abrufmechanismus verleitet zu falschen sprachlichen Reaktionen. Stellen Sie sich vor, ein Engländer ruft Ihnen zu *«An eagle!»*, und Sie rufen zurück «Ein Adler!». Eine angemessene Reaktion wäre vielleicht die erstaunte Frage *«An eagle? Where? Unbelievable!»*. Diese Assoziation aber wird nicht eingeübt. Die Frage *«Comment allez-vous?»* beantwortet man nicht mit «Wie geht es Ihnen?», sondern mit *«Très bien, et vous?»*. Die Beispiele zeigen, daß man mit dem Lernen von Wortgleichungen einen untauglichen Abrufmechanismus mitlernt. Er ist Ballast für das Gehirn!

2. So sinnvoll die Abdeckmethode beim ersten Lernen auch ist, bei der Wiederholung ist sie nicht angebracht. Wir prägen uns die zufällige Reihenfolge mit ein, in der die Wörter auftreten. Fällt dem Schüler zum Beispiel das Wort für «Annahme» nicht ein, so erinnert er sich doch oft daran, daß es das erste Wort auf der linken Seite war. Auch dies ist Ballast für unser Gehirn!
Selbst einfachste Vokabelprogramme haben den Vorteil, daß der Computer die Vokabeln sowohl in der Reihenfolge des Auftretens im Text, in willkürlicher Reihenfolge und in Sachgruppen abhören kann.

3. Vokabelverzeichnis und Vokabelheft sind unpraktisch. Man sieht beim Wiederholen nicht, welche Vokabeln bereits beherrscht werden und welche nicht. Man wiederholt also überflüssigerweise sowohl das Gekonnte als auch das Nichtgekonnte. Wortschatz, der bereits sitzt, wird «überlernt». Überlernen bedeutet Zeitverlust und beeinträchtigt das Behalten.

4. Wortschatz im Heft oder Buch läßt sich nicht sinnvoll wiederholen, weil man ihn dort nicht ordnen, gruppieren und umgestalten kann. Die Wiederholungen laufen zwangsläufig immer wieder nach der «Links-rechts-Abdeckmethode» ab. Wiederholen ist aber nur sinnvoll, wenn es unter verschiedenen Gesichtspunkten geschieht.
5. Auf jede nicht sinnvolle geistige Tätigkeit reagiert der Mensch mit Lustlosigkeit und Konzentrationsschwäche. Befragungen haben ergeben, daß Schüler das mechanische Abschreiben von Vokabelgleichungen besonders lästig finden (Wahl, 1985). Um so schwerer muß erwachsenen Lernenden diese Fleißaufgabe fallen.

Obwohl die meisten Lehrer diesen Argumenten zustimmen, hat das veraltete Vokabelheft einen festen Platz im Unterricht. Besser sind Ringbuch, Kartei und Computerprogramm.

Das persönliche Ringbuch

Viele Lehrer empfehlen ihren Schülern, statt eines Vokabelhefts eine Kartei oder ein Ringbuch anzulegen. Am besten tun Sie beides, denn beide haben spezifische Vorzüge, die es zu nutzen gilt. Wenden wir uns zuerst der Wortschatzarbeit zu, für die sich das Ringbuch eignet.

Da Lernprozesse bei den Menschen unterschiedlich ablaufen, ist nur der Lernstoff wirklich gehirngerecht, den wir selber aufbereitet haben. Der Lerneffekt vervielfacht sich, wenn wir dabei den Wortschatz zu unserer eigenen Person, unseren Interessen und unserer Umgebung in Beziehung bringen. Die Seiten des Ringbuchs sollen ein Spiegel Ihrer Persönlichkeit werden.

In der ersten Abteilung des Ringbuches legen wir den Wortschatz an, der uns existentiell berührt (affektives Lernen). Jedes

Thema soll gerade eine DIN-A4-Seite füllen. Sie werden feststellen, daß sich dieser Wortschatz besser einprägt als jeder andere, denn für niemanden interessieren wir uns so sehr wie für uns selbst. Die folgenden Vorschläge kann jeder seiner Lebenssituation anpassen. Die meisten Lehrbücher bringen den erforderlichen Wortschatz schon sehr früh. Gestalten Sie damit Ihr ganz persönliches Lernbuch.

That's me	
May I introduce myself?	*I am Paula Richter*
I was born in	*Berlin*
After school I studied	*architecture in Italy*
I took my final exams	*in June 1985*
I live in	*Heidelberg*
It's a town of	*120 000 inhabitants*
It's near	*Mannheim*
Our town is known for	*its castle*
My telephone number is	*67 07 09*

Mit solchen Seiten ist das Lernen durch Abdecken sinnvoll. Beim Wiederholen halten Sie die linke Spalte zu und rufen den Wortschatz der rechten ab. Ihr Lehrer wird Ihnen gerne bei der Anfertigung ähnlicher Steckbriefe helfen. Neben Lebenslauf gehören die Wortfelder Wohnort, Familie und Beruf zu dem Ich-Wortschatz, den Sie bei Kontakten mit dem Ausland benötigen. Eine Arbeitsplatzbeschreibung wie die folgende wird Ihnen bei ersten Gesprächen mit Geschäftspartnern gute Dienste leisten. Bei der Erstbegegnung mit einem Geschäftsfreund oder einem Austauschpartner werden wir zuerst über uns sprechen, uns vorstellen und später, bei näherer Bekanntschaft, weitere persönliche Daten austauschen (Vokabular siehe Anhang):

TEIL 4 | WORTSCHATZ VERWALTEN

Qui suis-je?	
Permettez que je me présente,	*je suis Hans Katz*
Je suis né à	*Munich*
Après l'école j'ai fait des études de	*sciences naturelles*
J'habite à	*Pforzheim*
C'est une ville près de	*Karlsruhe*
Notre ville est célèbre pour ses	*bijoutiers*
Je travaille pour	*un laboratoire*
Nos produits principaux sont des	*médicaments*
Je suis responsable pour	*la recherche*

Schreiben Sie alle Einfälle, die Sie noch nicht in die Fremdsprache umsetzen können, zunächst mit Bleistift. Ihr Unterbewußtsein wird nach diesen Ausdrücken Ausschau halten. So sammeln Sie einen Wortschatz, der Ihnen Sicherheit in Standardsituationen gibt. Die Seiten müssen nicht in einer Woche oder einem Monat entstehen. Sie werden wachsen von Lektion zu Lektion. Der Nachteil der Ringbuchseite oder der Karteikarte: Durch Ergänzungen und Änderungen werden sie unübersichtlich und müßten neu geschrieben werden. Das ist lästig. Die Alternative ist das Textverarbeitungsprogramm, mit dem Sie Ihren Ich-Wortschatz sauber verwalten und jederzeit neu ausdrucken können.

Auch das Lernen von Eigenschaftswörtern machen wir zum persönlichen Erlebnis, indem wir sie mit nahestehenden Personen assoziieren. Fangen wir am besten wieder mit uns selber an.

My positive qualities: I am	
loyal to my friends	a *loving* husband
polite to my colleagues	a *reliable* friend
honest to my clients	a *hard* worker
optimistic about the future	a *successful* lawyer

TEIL 4 | WORTSCHATZ VERWALTEN

My negative qualities: I am	
gloomy when I get up	a *poor* sportsman
careless with money	a *bad* driver
impatient with my students	a *heavy* smoker

Die schwer lernbaren abstrakten Haupt- und Eigenschaftswörter werden konkret, wenn wir sie in kurze «Charakterstudien» unserer Freunde und Feinde eintragen. Was wir lieben und hassen, nistet sich besonders dauerhaft im Langzeitgedächtnis ein. Affektives Lernen ist effektives Lernen. Wir aktivieren eine Paarassoziation aus Person und Eigenschaft, die bereits tief in uns emotional verankert ist.

J'aime		
mon oncle	pour	*sa générosité*
mon amie	pour	*sa douceur*
notre professeur	pour	*sa patience*
mon chef	pour	*son ingéniosité*

I dislike my		
boss	because	he is *bossy*
neighbour	because	he is *arrogant*
secretary	because	she is so *forgetful*
colleague	because	he is so *ambitious*

Diese Seiten müssen Sie selber erstellen. Nur zu Ihrem persönlichen Ich-Wortschatz haben Sie den nötigen affektiven Bezug. Die Ringbuchabteilung «Ich-Wortschatz» könnte unter anderem folgende Blätter enthalten:

TEIL 4 | WORTSCHATZ VERWALTEN

- Ich sehe mich so
- Meine Familie
- Urlaub und Freizeit
- Meine Wertetabelle
- Meine Hobbies

- Wegbeschreibung für Besucher

- Meine Wohnung
- Mein Wohnort
- Mein Beruf
- Meine Lebensphilosophie
- So sehe ich meine Nächsten
- Meine Leibgerichte

Fassen wir die Vorzüge solcher Ringbuchseiten zusammen. Wir lernen den «Ich-Wortschatz besser,

1. weil er in sinnvollen Zusammenhängen steht,
2. weil er Anknüpfungspunkte in unserem Gedächtnis vorfindet,
3. weil er uns interessiert oder emotional berührt,
4. weil wir ihn selbst wählen, sammeln, ordnen und gruppieren,
5. weil wir anwendungsbezogen arbeiten und Sprechsituationen vorbereiten.

Les Français en rient

Un monsieur, la figure couverte de cicatrices, entre chez un coiffeur. Celui-ci le regarde un bon moment puis lui demande: On s'est déjà rencontrés quelque part? Pas que je sache, répond le monsieur, ce sont des souvenirs de guerre.

Das Bildwörterheft für den Scribbler

Schüler, die sich den Wortschatz mit seinen sichtbaren Merkmalen wie Größe, Farben und Formen vorstellen, lernen effektiver als Schüler, die diese Hilfen nicht zu nutzen verstehen (Baddeley, 1988). Deshalb sollten Sie *scribbler*, das heißt Kritzler, werden und Ihr ausgezeichnetes Gedächtnis für Bilder und Grafiken nutzen. Versuchen Sie, möglichst schon bei der ersten Begegnung dem Wortschatz auf einer Ringbuchseite mit dem Bleistift Form und Gestalt zu verleihen. Schreiben und lernen Sie nicht so:

round	rund	*rectangular*	rechteckig
square	quadratisch	*triangular*	dreieckig

Viele Dinge besitzt man erst, wenn man sich ein Bild von ihnen gemacht hat. Darum ist derselbe Wortschatz, graphisch verpackt, viel einprägsamer:

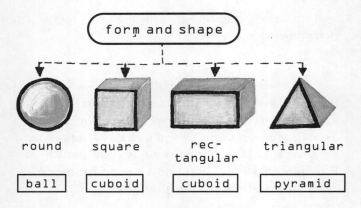

Natürlich könnten Sie sich auch eines der schönen handelsüblichen Bildwörterbücher zulegen, aber Ihre spontanen Eigenproduktionen bleiben im Gedächtnis besser haften als die anderer Künstler. Schaffen Sie sich lieber ein Bildwörterheft

TEIL 4 | WORTSCHATZ VERWALTEN

TEIL 4 | WORTSCHATZ VERWALTEN

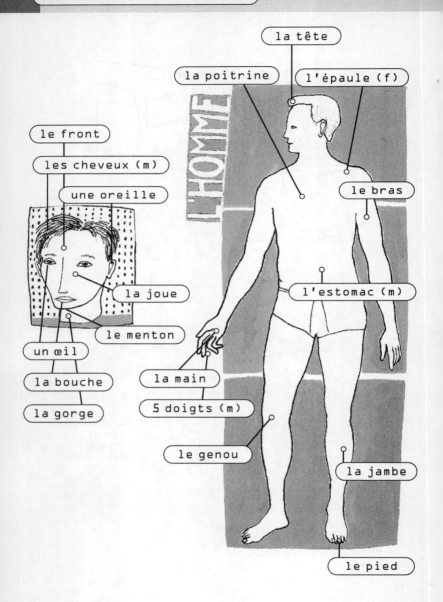

«Marke Eigenbau». Lesen Sie Texte und Wortschatzverzeichnisse mit den Augen des Zeichners (auch wenn Ihre Zeichenkünste amateurhaft sind). Kritzeln Sie soviel wie möglich. Originalität ist wichtiger als künstlerische Vollendung. Es kommt nur darauf an, daß Sie Ihren Lernstoff selbst gestalten. Ein großer Teil des Wortschatzes läßt sich mit wenigen Strichen veranschaulichen:

Vermutlich werden Sie noch nicht alle Teile Ihrer Zeichnungen in der Fremdsprache beschriften können (Nase, Daumen, Fuß). Allein die Tatsache, daß Sie sich dieser «Leerstellen» in einem System bewußt geworden sind, ist von Gewinn. Begegnet Ihnen das Wort später, wird es in Ihrem Langzeitgedächtnis einen Platz mit Abrufmechanismus vorfinden.

Und so lernen Sie in Ihrem Bildwörterheft

1. Schreiben Sie den Wortschatz im Uhrzeigersinn um die Skizze, und kennzeichnen Sie das Ausgangswort.
2. Sie wandern mit den Augen um die Skizze und prägen sich den Wortschatz ein.
3. Jetzt schließen Sie die Augen und sehen das Bild vor Ihrem geistigen Auge.
4. Sie gehen den Weg nun in Gedanken noch einmal und rufen die Wörter ab. Sie können ein übriges tun, wenn Sie gleichzeitig mit dem Zeigefinger den Schriftzug in Gedanken nachfahren.

Wo uns das Talent Grenzen setzt, machen wir Anleihen beim Fachmann. Blättern Sie hin und wieder in Illustrierten oder Warenhauskatalogen? Bilder, die für Sie von Bedeutung sind, deren fremdsprachige Bezeichnung Sie kennen oder gerne wüßten, schneiden Sie aus und kleben sie mit der fremdsprachigen Bezeichnung in das Ringbuch. Dies ist eine Form der Wortschatzarbeit, die vor allem jüngere Sammler anspricht.

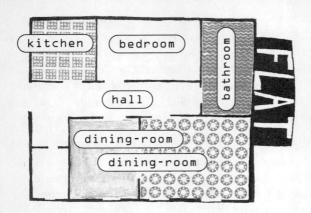
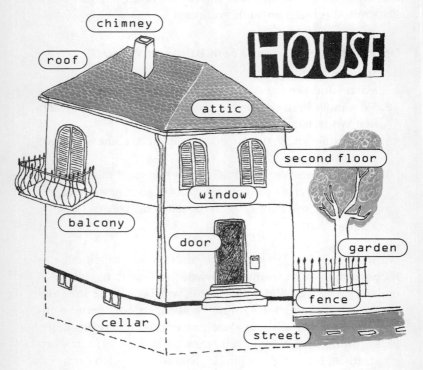

TEIL 4 | WORTSCHATZ VERWALTEN

In dieser Skizze wandern Sie vom Gipfel in das Tal, durch die Ebene, am Dorf vorbei in die Stadt:

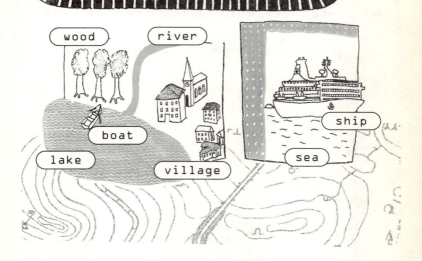

Bildwörterbuch versus Computer

«Sind diese Techniken im Zeitalter des Computers nicht überholt?» könnten Sie fragen. Tatsächlich bietet ein gutes Programm wie *English Coach 2000* von Cornelsen eine Reihe von Vorteilen. Sie sehen, schreiben, hören und sprechen:

1. Der Computer gibt das Bild vor.
2. Sie ordnen dem Bild die fremdsprachige Bezeichnung zu.
3. Sie werden korrigiert.
4. Sie lassen sich das Wort vorsprechen.
5. Sie sprechen es nach.
6. Sie erhalten ein Lob und auf Wunsch einen Lerntip.

Kann sich Ihr Bildwörterheft mit dem Computerprogramm messen? Die Arbeit mit einem guten Programm ist ohne Zweifel empfehlenswert für die Wiederholung und Festigung bekannten Vokabulars. Wir werden in einem späteren Kapitel noch näher darauf eingehen (Seite 122). Für das Erarbeiten und

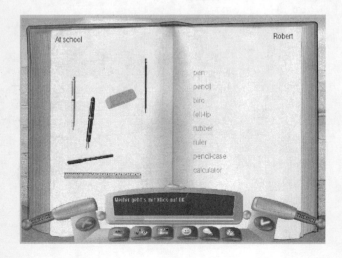

Behalten neuen Wortschatzes kommt es auf die Tiefe der Verarbeitung des Vokabulars an. Dazu gibt es noch keine überzeugenden Untersuchungen für das Lernen mit Programmen. Zwei Nachteile hat das Programm:

1. Die Bildseiten des Lernprogramms lassen sich nicht ausdrucken und mitnehmen. Die Seiten Ihres persönlichen Bildwörterbuchs sind jederzeit präsent, sei es als Lesezeichen in Ihrem Roman oder als Lernposter an der Pinnwand.
2. Die Verarbeitungstiefe hängt von der Art der Lernaktivität ab. Durch die persönliche Bildverarbeitung – sei es mit Bleistift und Papier oder durch mentale Visualisierungstechniken – erreichen Sie eine bessere Verarbeitungs- und Eindruckstiefe des Vokabulars, als wenn Sie sich mit der Maus durch ein Programm klicken.

Lernen im Vorbeigehen

Eine Sprache «schnell» lernen und «ganz ohne Mühe»? Dies ist ein werbewirksames, aber leider leeres Versprechen. Zum Trost schlage ich Ihnen vier Techniken vor, die tatsächlich nur einen minimalen Zeit- und Arbeitsaufwand erfordern. Sie benötigen dafür

1. eine Pinnwand und Karteikarten,
2. DIN-A3-Blätter für Lernposter,
3. Haftzettel für die sogenannte Locitechnik,
4. Klebeetiketten für die «Lernlandschaft».

1_Die Pinnwand – das externe Gedächtnis

Es gibt Wortschatz, der will einfach nicht in den Kopf. Sie schreiben die «harten Nüsse» auf eine Karte und heften sie an die Pinnwand, so daß die fremdsprachige Seite sichtbar ist. Jedesmal, wenn Sie vorbeigehen, werfen Sie einen Blick darauf. Erinnern Sie sich, was auf der Rückseite steht? Drehen Sie das Kärtchen zur Kontrolle um, und heften Sie es so an, daß Ihnen jetzt die deutsche Seite zugekehrt ist. Beim nächsten Vorbeigehen versuchen Sie, den fremdsprachigen Ausdruck zu finden. Es genügt, wenn Ihnen jedesmal nur eine Karte auffällt. Nach einigen Tagen werden Sie wissen, was da an der Wand hängt. So lernen Sie im Vorbeigehen ohne großen Zeitaufwand. Die Pinnwand ist vorübergehend Ihr externes Gedächtnis.

Mit den Seiten Ihres Ringbuches verfahren Sie ähnlich. Sie befestigen sie an Türen oder Tapeten. Ein schneller Blick im Vorbeigehen, und Sie haben etwas wiederholt. Lassen Sie die Seiten nie zu lange hängen, wechseln Sie den Wandschmuck regelmäßig. Das ist die einzige Disziplin, die man sich dabei auferlegen muß.

2_Das Lernposter – Lernen in Sekunden

Das Lernposter ist ein handelsübliches DIN-A3-Format, ein großer Bogen aus dem Zeichenblock oder ein Tapetenrest, auf dessen Rückseite man mit dicken Filzstiften oder Markern schreiben kann. Darauf schreiben Sie immer nur fünf bis sieben kurze Zeilen, die aber die ganze Fläche ausfüllen dürfen.

Das Lernposter eignet sich vorzüglich für Wortschatz und Grammatikarbeit. Schreiben Sie eine neue Grammatikregel in großer roter Schrift als Titel in die erste Zeile. Darunter kommen in anderer Farbe die Beispiele. Die neue Struktur, auf die es ankommt, wird im Satz ebenfalls rot markiert. Immer wenn Sie an dem Poster vorbeigehen, prägen Sie sich die Regel und ein Beispiel ein. Es hat ausgedient, wenn Ihnen die Sätze in Fleisch und Blut übergegangen sind. Werfen Sie die Bögen aber nicht in den Papierkorb. Haben Sie etwa zehn Poster beschrieben, werden sie geheftet und an einem passenden Ort wie ein Abreißkalender aufgehängt. Zur Wiederholung trennen Sie jede Woche ein Blatt ab.

Bevor Sie diesen Tip als grotesk abtun, sollten Sie die Vorteile bedenken. Sie brauchen keine extra Arbeitszeiten einzuplanen, Sie müssen sich nicht erst zum Grammatiklernen überwinden, ein Heft oder Buch hervorholen und nach dem Kapitel suchen. Sind es nicht diese Vorbedingungen, die uns vom Lernen abhalten? Mit Poster und Pinnwand ist die Fremdsprache ständig präsent. Sie umgibt uns, und wir nehmen sie sowohl bewußt als auch unbewußt auf. Wir lernen nur für Sekunden, aber das mehrmals an jedem Tag im Jahr. Das Wichtigste: Diese Minuten gehen nicht von der Freizeit ab.

3_Haftzettel und Locitechnik

Sie kennen die kleinen Blöcke mit Haftzetteln, die man überall ankleben kann. Man findet sie heute in beinahe jedem Büro. Wir brauchen sie, um eine Lerntechnik zu verbessern, die seit den alten Griechen zur Standardmethode von Gedächtniskünstlern gehört.

ERSTER SCHRITT
Schreiben Sie während der Lektionsarbeit die neuen, schweren Ausdrücke mit der Übersetzung auf jeweils einen Haftzettel. Reißen Sie die Zettel aber noch nicht vom Block.

ZWEITER SCHRITT
In Ihrem Haus oder Ihrer Wohnung gibt es Wege, die Sie mehrmals am Tag gehen, zum Beispiel von der Haustür in das Arbeitszimmer im ersten Stock. Heften Sie nun an markante Punkte dieses «Trampelpfades» je einen Merkzettel in Augen-

höhe. Jedesmal, wenn Sie den Weg gehen, soll Ihr Blick auf einigen dieser Zettel verweilen. Sie werden im Vorbeigehen lernen, ob Sie wollen oder nicht, ohne eine Minute Ihrer Freizeit opfern zu müssen. Mit dem nächsten Schritt verbinden wir die Zettelarbeit mit der sogenannten «Locitechnik», deren Lerneffekt in vielen Versuchen nachgewiesen wurde.

DRITTER SCHRITT

Ihre so ausgeschilderte Lernstrecke kennen Sie im Schlaf. Sie finden Ihren Weg also auch mühelos in Gedanken und können sich an die markanten Punkte erinnern. Der Ausdruck und der markante Punkt werden assoziativ miteinander verkoppelt. Die wohlbekannten Landmarken werden die «Mauerhaken» in Ihrem Gedächtnis, an denen Sie den Wortschatz festmachen. Wortschatz und markanter Punkt fließen zu einem Gedächtnisbild zusammen. Man nennt dies eine bildhafte Verknüpfung.

Wie lernt und wiederholt man nach dieser Technik? Gleichgültig, wo Sie sich befinden, können Sie den vertrauten Weg in Ihrer Wohnung jederzeit in Gedanken abschreiten. Jedesmal, wenn Sie einen Punkt abrufen, wird sich auch der mit ihm verknüpfte Ausdruck einstellen. Gehen Sie den Weg abwechselnd vorwärts und rückwärts. Für ein Pensum von 30 Wörtern benötigen Sie etwa eine Minute. Nützen Sie dazu die «toten Zeiten» in Warteschlangen und Verkehrsstaus.

4_Die Lernlandschaft: Wortschatz zum Anfassen

Sollten Sie dieses Kapitel gerade an Ihrem Schreibtisch lesen, dann lassen Sie Ihren Blick einmal durch Ihr Zimmer schweifen. Welche Gegenstände können Sie in der Fremdsprache benennen? Diese Wörter haben Sie damit wiederholt. Es wird aber eine ganze Reihe von Dingen geben, deren Bezeichnung Sie noch nicht kennen, aber trotzdem wissen möchten.

Legen Sie ein Päckchen mit Klebeetiketten oder Haftzettel auf

TEIL 4 | WORTSCHATZ VERWALTEN

Ihren Schreibtisch. Wenn Sie ein Wort lernen, das Sie in Ihrer Umgebung sehen, schreiben Sie es auf und kleben es an den betreffenden Gegenstand – am besten mit einem passenden Verb. Sehen Sie einen Gegenstand, den Sie in der Fremdsprache wissen sollten, schlagen Sie ihn nach, nehmen den Gegenstand in die Hand und taufen ihn auf seinen fremdsprachigen Namen. Das ist *Learning by doing*, Wortschatz zum Anfassen. Bald tragen die Dinge, die Sie täglich umgeben, ihren englischen oder französischen Namen. Verfahren Sie so mit dem, was auf Ihrem Schreibtisch liegt. Wenn Sie nach Vollständigkeit streben, finden Sie den Wortschatz geordnet in den «Lernwörterbüchern in Sachgruppen». Vielleicht finden Sie dort auch ein Satzbeispiel. So holen Sie die Sprache aus den Büchern in Ihren Alltag:

lamp; switch on a lamp
file; file a document
paper clip; clip letters together

Bevor Sie diese Technik auf das ganze Haus ausdehnen, sollten Sie sich allerdings vorher mit Ihren Lebensgefährten abstimmen, ob sie einverstanden sind, daß sich die Wohnung in eine Lernlandschaft zum Anfassen verwandelt. Sagen Sie ihnen, daß unsere Hände jeden anderen Eingangskanal zu unserem Gedächtnis um ein Vielfaches übertreffen, und dies eine der seltenen Gelegenheiten ist, die Sprache mit den Händen zu lernen.

Time for a smile

A Glasgow wife arrived home from shopping and put six bottles of whisky and one bread on the table. Her husband saw this and shouted at her angrily: "What on earth did you bring all that bread for, woman?"

Wortschatztraining mit der Lernkartei

Mit welchen Techniken arbeiten Dolmetscher, die fünf, zehn und noch mehr Sprachen fließend beherrschen? Chefdolmetscher Paul Schmidt hat vor fast 40 Jahren in seinem Buch «Sprachenlernen, warum und wie?» die Karteikartenmethode empfohlen. Ein Karteikasten zum Selberbasteln wurde etwa zwei Jahrzehnte später durch Sebastian Leitners Bestseller «So lernt man lernen» unter dem Namen «Leitnerkasten» bekannt. Nur sehr zögernd hält diese lernpsychologisch so wirksame Technik in den Schulen Einzug, wohl weil sie sich der Kontrolle durch den Lehrer entzieht und ein gewisses Maß an Ordnungsliebe und Selbstdisziplin voraussetzt. Mehr Disziplin, als sich Bierdeckel- oder Briefmarkensammler freiwillig auferlegen, wird allerdings nicht gefordert.

Beschaffung der Karteikarten

Karteikarten zu kaufen lohnt nicht; man läßt sie kostenlos schneiden oder macht es selber. Bevor Sie auch nur eine Mark investieren, fragen Sie einmal bei bekannten Firmen an, ob dort nicht Papier in Karteikartenstärke als Abfall anfällt. Sind Ihnen diese Quellen verschlossen, tut es auch dickes Brief- oder besser Zeichenblockpapier. Es wird mit der Schlagschere, wie man sie für das Schneiden von Fotos in jedem Fachgeschäft erhält, oder auf der Schneidemaschine des nächsten Copyshops millimetergenau zugeschnitten. Das Material wird je nach Schriftgröße und Geschmack auf das Format einer halben oder viertel Postkarte (10,5 × 7,5 cm beziehungsweise die Hälfte) zugeschnitten.

Die Arbeit mit den Lernkarten

ERSTER SCHRITT

Übertragen Sie die fremdsprachige Wendung aus Ihrem Lehrbuch auf die Vorderseiten der Karten. Während Sie beim Lernen leise lesen, sprechen Sie beim Schreiben die kurzen Sätze laut, zumal Sie in vielen Fällen die Lautschrift eines Vokabelverzeichnisses vor Augen haben. Die Karten legen Sie (beschriftete Seite nach oben) auf einen Stapel.

```
┌─────────────────────────┐
│      Vorderseite        │
│                         │
│    I'm in the picture   │
│                         │
└─────────────────────────┘
```

ZWEITER SCHRITT

Nach der siebten Karte versuchen Sie ohne Zuhilfenahme des Buches, die deutschen Entsprechungen auf die Rückseiten zu schreiben. Wenn nötig, werfen Sie dabei einen Blick auf das Buch. Schon während der Schreibarbeit haben Sie auf diese Weise eine *erste Selbstkontrolle* eingebaut. Die Karten kommen nach dem Beschriften nicht gleich auf einen Stapel oder in den Kasten, sondern werden in Siebenerkolonnen mit der deutschen Bezeichnung nach oben auf dem Schreibtisch verteilt.

```
┌─────────────────────────┐
│       Rückseite         │
│                         │
│    Ich bin im Bilde     │
│                         │
└─────────────────────────┘
```

DRITTER SCHRITT

Sammeln Sie die ersten sieben Karten ein. Mit einem kurzen Blick überprüfen Sie, ob Sie sich noch an die Übersetzung erinnern. Dies ist die *zweite Selbstkontrolle*. Karten, die Sie noch nicht beherrschen, legen Sie nach rechts auf den Tisch, die anderen kommen in das erste Fach des Karteikastens (siehe unten). Diese drei Schritte kosten nicht mehr Zeit, als man auf die Übertragung in ein Wörterheft verwenden müßte. Nun beginnen Sie mit den nächsten sieben Karten wie oben beschrieben.

VIERTER SCHRITT

Auf dem Tisch liegen nur noch die Karten, die Sie nicht auf Anhieb gewußt haben. Sie verfahren mit ihnen wie vorher, nehmen sie auf, übersetzen, kontrollieren mit einem Blick auf die Rückseite und stecken sie, wenn sie gekonnt wurden, in das erste Fach des Kastens. Dies ist schon eine *dritte Selbstkontrolle*, die mit der geringen Anzahl Karten schon wesentlich schneller geht. Unsere Hände sind dabei wie beim Patiencenlegen ständig beschäftigt, was besonders zappeligen Lernern wohltut. Die nun noch verbliebenen hartnäckigen Fälle stecken Sie in die Tasche oder an die Pinnwand, um später einen Blick darauf zu werfen. Dafür benötigen Sie nur noch wenige Minuten.

Der Karteikasten als «Wiederholungsmaschine»

Als «Leitnerkasten» nehmen Sie eine passende Pappschachtel. Sie unterteilen den Karton von etwa 30 Zentimeter Länge in verschieden große Abteilungen. Die Breite richtet sich nach dem Format Ihrer Kärtchen.

TEIL 4 | WORTSCHATZ VERWALTEN

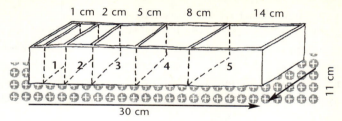

Die Karten der eben behandelten Lektion wandern nach dem Lernen in das erste Fach. In ihm haben nur etwa 30 bis 40 Karten Platz. Nach kurzer Zeit wird es in dem Fach zu eng. Wir müssen Platz schaffen. Dies ist das Signal für die nächste, größere Wiederholung. Wir nehmen den Packen heraus und wiederholen ihn: deutsche Seite anschauen und fremdsprachigen Ausdruck ins Gedächtnis rufen.

Gekonnten Wortschatz legen wir wie gehabt auf die linke, Karten, die wir noch nicht können, auf die rechte Seite des Tisches mit der Fremdsprache nach oben. Den Wortschatz auf der linken Seite beherrschen wir: einsammeln, Blick auf die Rückseite und in die *zweite*, größere Abteilung des Kastens ablegen. Dort wird er längere Zeit ruhen. Die Karten auf der rechten Seite schauen wir uns beim Einsammeln ebenfalls noch mal an und stecken sie zurück in das *erste* Fach, hinter etwaige neu angefallene, noch nicht wiederholte Karten. Sie nehmen wir uns beim nächsten Mal zusammen mit dem neuen Wortschatz wieder vor.

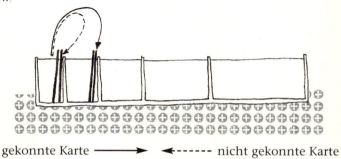

gekonnte Karte ⟶   ◀------ nicht gekonnte Karte

Nach einigen Wochen wird es auch im zweiten Fach zu eng. Platzmangel bedeutet Wiederholen. Wir müssen Raum schaffen, indem wir die gewußten Karten in die dritte, noch größere Abteilung befördern. Auf die gleiche Art und Weise füllen sich im Laufe von Monaten Abteilung drei, vier und fünf. Der vergessene Wortschatz dagegen wandert zurück an den Anfang des Hürdenlaufs.

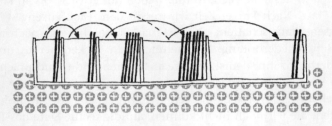

gekonnte Karte ⟶   ◀------ nicht gekonnte Karte

Die Aufteilung des Kastens in verschieden große Fächer beruht auf dem Prinzip des Intervalltrainings. Je größer die Fächer werden, desto länger ist die Verweildauer der Karten. Die Abstände zwischen den einzelnen Wiederholungen werden auf diese Weise immer größer. Wortschatzkarten, deren Inhalt vergessen wurde, nehmen den umgekehrten Weg nach vorn, in das erste Fach. Sie werden öfter wiederholt. Unser Ziel ist es, die Karten vom ersten über die folgenden in das fünfte und letzte Fach zu transportieren. Dort angekommen, sind sie dauerhaft in unserem Langzeitgedächtnis gespeichert.

TEIL 4 | WORTSCHATZ VERWALTEN

Warum lernt man mit der Kartei besser als mit dem Vokabelheft?

1. Wo immer wir das Lernen unterbrechen, wir nehmen es genau dort auf, wo wir stehengeblieben sind. Wir machen weiter mit der ersten Karte der jeweiligen Abteilung.
2. Die Kartei gibt uns Rückmeldungen über unsere Fortschritte. Der Lernerfolg ist optisch sofort sichtbar. Er läßt sich in Zentimetern abschätzen.
3. Die Lernkartei meldet automatisch, wann es für uns Zeit zum Wiederholen wird. Wiederholung ist angesagt, sobald in einem Fach kein Platz für neue Karten ist.
4. Durch die Abmessungen der einzelnen Fächer wiederholen wir in sinnvollen, immer größer werdenden Abständen.
5. Mit der Kartei arbeiten wir rationell. Es wird immer nur der Wortschatz wiederholt, der vergessen wurde. Das Überlernen des bereits gekonnten Stoffes wird vermieden.
6. Das Einprägen einer Reihenfolge und der Position des Wortes auf der Buchseite wird vermieden.
7. Schwerer Wortschatz, den wir leicht vergessen, wird so oft wieder vorgelegt, bis auch er beherrscht wird. Dies ist vielleicht einer der größten Vorteile der Kartei.
8. Karteikarten sind klein und handlich. Die harten Brocken, die nur schwer in den Kopf wollen, können wir in der Tasche überall mitnehmen.
9. Wiederholen heißt den Lernstoff verändern. Karteikarten lassen sich zu Sachgruppen zusammenstellen, wenn sie die letzte Abteilung erreicht haben. Sie werden abgepackt und aus der Kartei genommen. Durch gezieltes Ordnen entsteht beispielsweise die «On-the-job-Kartei» für den Schreibtisch Ihres Arbeitsplatzes. Hier sammeln Sie die Fachausdrücke Ihrer Branche, die immer wiederkehrenden Floskeln für die englischen Geschäftsbriefe oder den Wortschatz, den man beim Telefonieren benötigt.

Wortschatzlernen mit dem Computer

Tatsächlich ist die richtig geführte Kartei manchen schwachen Programmen vorzuziehen. Ein gutes Wortschatzprogramm kann jedoch die Vorteile des Leitnerkastens mit den Möglichkeiten des Computers vereinen.

1. Schüler arbeiten erfahrungsgemäß lieber am Computer als mit Karteikarten (Medienwirkung siehe Seite 29). Die Arbeit mit Karten erfordert schon nach wenigen Monaten eine gewisse Disziplin und Sorgfalt, über die Schüler der Unter- und Mittelstufe nicht immer verfügen.
2. Von der Kartei geht nicht der bereits erwähnte Schrittmachereffekt eines Programms aus.
3. Wie im Vokabelheft bleiben Übertragungsfehler unkorrigiert. Der Computer hingegen läßt nur die richtige Eingabe zu.
4. Umfaßt eine Kartei erst einmal einige hundert Kärtchen, ist man sich nie sicher, ob für ein Wort bereits eine Karte existiert, ob man es bereits einer Sachgruppe zugeordnet hat und unter welcher der möglichen Wortbedeutungen es abgelegt ist. Die Suchfunktion des Programms gibt schnelle Antwort auf diese Fragen.
5. Weil die elektronische Karteikarte schnell auffindbar ist, kann sie bequem ergänzt und korrigiert werden.
6. Der Wortschatz der Lernkartei wandert chronologisch und nicht sachlogisch von den engeren zu den breiteren Fächern. Eine Vokabel kann nicht in einer Sachgruppe und in einem der Fächer des Leitnerkastens zugleich sein, es sei denn, man schreibt für jedes Wort mehrere Kärtchen. Dem Computer bereitet es kein Problem, eine Karte gleichzeitig in ein Fach des elektronischen Leitnerkastens und in verschiedene Sachgruppen abzulegen.

7. Gute Programme bieten abwechslungsreiche Übungs- und Testformen, neben denen Buch, Heft und Kartei nicht bestehen können. Sie entlasten Eltern oder Freunde beim Abhören (was diese auch gar nicht mit der Effektivität eines didaktischen Programms leisten können) und bereiten auf die Vokabeltests der Schule vor.

Ein Lernprogramm zum Lehrwerk

English Coach 2000 ist ein mehrfach mit Preisen ausgezeichnetes Lernprogramm, das manchen Computermuffel unter den Lehrern und manchen Lernmuffel unter den Schülern überzeugen wird. Es begleitet die Bände des Lehrwerks *English G* von Cornelsen. Es ist kein Lehrprogramm, sondern ein Lernprogramm, das den in der Schule behandelten Lektionsteil in einer Fülle unterschiedlicher Aufgaben und Spiele übt und wiederholt.

Time for a smile

```
After the horse race the trainer was very
angry at his jockey.
Trainer: Couldn't you have gone faster?
Jockey: Sure, but the rules say I must
stay with the horse.
```

TEIL 4 | WORTSCHATZ VERWALTEN

Wir klicken uns in die CD-ROM zum ersten Band ein und sind in einer Landschaft mit acht Ortschaften, eine für jede Lektion des Lehrbuchs. Vor uns der Lern-Lenker eines Motorrads, mit dem wir zu den Units fahren. Auf ihm ein Monitor und die Be-

dienungsknöpfe – keine langweiligen Schaltflächen wie bei anderen Programmen. Fahren wir zur Unit 7. Die drei Bewohner des Ortes bieten Vokabel- und Grammatikübungen an, das Kind trägt den Action-Koffer mit besonders attraktiven Aufgaben.

DER LERNBEREICH WORTSCHATZ

Man merkt sehr bald, daß hier erfahrene Lehrer und kreative Programmierer am Werk waren. Die Vokabeln kann man nach den Seiten im Lehrbuch, nach Wortfeldern und nach Themen in drei Stufen lernen: «Training» für den ersten Durchgang, «Memo», wenn man sie zu beherrschen glaubt, und «Test» für alle, die wissen wollen, wie gut sie sind. Die Lernhappen von etwa zehn Vokabeln werden in einfallsreichen Wiederholungsschleifen erneut abgefragt. Da gilt es, Bilder und Vokabeln einander zuzuordnen, Wörter von einem laufenden Fließband zu pflücken oder Vokabeln in einem Wortgitter zu suchen.

Die «mind maps» gehören zu den lernpsychologisch besten Übungen (siehe Abbildung Seite 77). Aus einer Wortliste sind passende Wörter zu wählen und mit der Maus in ein Netzwerk

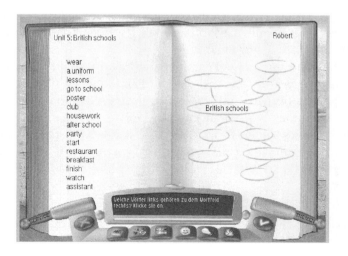

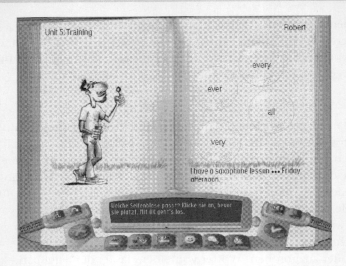

einzuordnen. Anschließend erscheint das leere Netzwerk erneut. Die benutzten Wörter müssen jetzt aus dem Gedächtnis (siehe «Wiederholen aus dem Kopf», Seite 74) in das Netz eingefügt werden.

Eine andere Übung nutzt den Schrittmachereffekt des Computers. Seifenblasen werden über die Buchseite gepustet. Bevor sie zerplatzen, muß das Wort angeklickt werden, das den vorgegebenen Satz richtig ergänzt.

Dies sind nur einige Kostproben aus dem vielseitigen Wortschatzteil des Programms, das die Bände des gleichnamigen Lehrwerks begleitet und zu den wenigen Programmen gehört, in denen viele Vorstellungen vom Wortschatzlernen in Teil 3 und 4 dieses Buches verwirklicht sind. Auf die anderen Lernbereiche, Grammatik, Hörverstehen und Lesen, gehen wir in den folgenden Teilen ein.

TEIL 5: Grammatik lernen

Die nächsten Seiten könnten unter dem Motto stehen: «von der Unmöglichkeit, Grammatik zu lernen». In den ersten Kapiteln geht es um folgende Fragen:

1. Heißt Grammatik kennen auch Grammatik können?
2. Warum sind Grammatikregeln so schwer lernbar?
3. Helfen Grammatikregeln beim freien Sprechen?
4. Haben wir ein Gedächtnis für Grammatik?

In den folgenden Kapiteln finden alle Trost, denen Grammatik nicht in den Kopf wollte und die daraus den Schluß zogen, es liege an ihrem Kopf. Zunächst werden zwei traditionelle Wege zur Erarbeitung von grammatischen Regeln vorgestellt. Sie sollen Ihnen lediglich helfen, die Methode Ihres Lehrers und Ihres Lehrbuches besser zu verstehen:

1. Grammatik im Unterricht: vom Beispiel zur Regel
2. Grammatik zu Hause: von der Regel zum Beispiel

Anschließend machen wir dort weiter, wo diese beiden Wege enden. Es geht darum, Grammatik zu verinnerlichen und ein Gefühl für die Struktur der Sprache zu gewinnen:

1. Wortschatzgrammatik statt Regeln lernen
2. Sprachgefühl über die Muttersprache erwerben
3. Signale statt Regeln lernen
4. sich Grammatik bildhaft einprägen
5. grammatische Eselsbrücken bauen
6. eigene gehirngerechte Mustersätze finden
7. mit einem Lernpartner Grammatik trainieren
8. Grammatik während Ihrer Lektüre lernen

TEIL 5 | GRAMMATIK LERNEN

Dies ist kein Programm, das Sie der Reihenfolge nach durchlaufen müssen. Betrachten Sie das Angebot als eine Art Werkzeugkasten, aus dem Sie je nach Lernstoff das passende Instrument wählen.

Grammatik kennen – Grammatik können?

DIE SCHLECHTE NACHRICHT ZUERST

1. Das Beherrschen von Grammatikregeln bewirkt nur ein Können auf unterem Niveau und kann Fehler beim Schreiben und Sprechen nicht verhindern.
2. Das Lernen der Regeln mit anschließendem Üben, Testen und Korrigieren bringt keinen Erfolg, wenn ein Sprachproblem noch keinen geeigneten Platz in der Architektur des neu entstehenden Sprachgebäudes findet. Dies gilt auch für die Muttersprache, wie dieser Witz illustriert.

> A girl kept writing "I gone to Germany last summer" instead of "I went to Germany last summer". So the teacher told the girl to write "I went to Germany last summer" fifty times after school. When the girl had finished she left a note for the teacher: "I done my lines and gone home."

DIE GUTE NACHRICHT

Gute Grammatikkenntnisse sind keine Voraussetzung für gute Sprachkenntnisse. Bereits als Vorschulkind sprachen Sie ver-

TEIL 5 | GRAMMATIK LERNEN

mutlich gutes Deutsch. Sie konnten die Grammatik, lange bevor Sie die Regeln kennenlernten. In der Fremdsprache ist es genau umgekehrt. Sie lernen Regeln kennen, bevor Sie die Sprache können. Mit der Kindheit verlieren wir die Fähigkeit, Fremdsprachen wie die Muttersprache zu lernen. Deshalb unterscheidet sich auch Grammatik im Deutschunterricht grundlegend von der Grammatikarbeit in der Fremdsprache. Wir lernen Grammatik, um Fehler zu vermeiden, und beschränken uns deshalb auf Bereiche, in denen Muttersprache und Fremdsprache voneinander abweichen. Bei einem guten Lehrwerk wachsen unsere Grammatikkenntnisse allmählich mit der Arbeit am Wortschatz und an den Texten. Wir müssen beides, Wortschatz und Regeln, anwenden, während wir die ersten 20 Wörter lernen.

Die «komplette Grammatik» einer europäischen Fremdsprache hat bequem auf 200 Buchseiten Platz – ein Bruchteil der Seitenzahl eines mittleren Wörterbuchs und dennoch ausreichend für neun Jahre Gymnasium und die ersten Semester Sprachstudium. Von diesen 200 Seiten brauchen Sie nur gut die Hälfte aktiv zu beherrschen. Lernenswert sind grammatische Erscheinungen, die häufig vorkommen und sich stark vom deutschen Sprachgebrauch unterscheiden. Verglichen mit dem Wortschatz einer Sprache, ist die Grammatik also kein sehr umfangreiches Pensum. Während ein Gymnasiast jedes Jahr ein neues Lehrbuch erhält, bräuchte er nur eine gute Grammatik für die gesamte Schulzeit. Und weil darüber hinaus ein großer Teil des Grammatikunterrichts sinnvollerweise in der Muttersprache erfolgt, könnte man meinen, die Grammatik sei in ein, zwei Jahren in den Griff zu bekommen. Leider ist das nicht der Fall.

Wenn Sie ein Gymnasium besucht haben, so haben Ihre Lehrer Ihnen 40 bis 60 Prozent der gesamten Unterrichtszeit nur Grammatik vermittelt. Dies geht aus einer Umfrage unter Fremdsprachenlehrern hervor. Über die Hälfte der Lehrer unterrichtet häufig sogar ein bis zwei Stunden hintereinander ausschließlich Grammatik (Zimmermann, 1984). Mit welchem Erfolg? Die geschätzte persönliche Sprechzeit eines Schülers beträgt während der neun Jahre im günstigen Fall zwischen fünf und fünfzehn Stunden. Die Leistungen der großen Mehrheit der Schüler in der Oberstufe sind trotz oder gerade wegen des erheblichen Zeitaufwands für den Grammatikunterricht so bescheiden, daß sich Fachleute in aller Welt fragen, ob Grammatikunterricht noch sinnvoll ist (Quetz, 1989). Sie stellen sich übrigens diese Frage seit vielen hundert Jahren in regelmäßigen Abständen und in den letzten Jahrzehnten wieder besonders intensiv.

Warum bereitet Grammatik vielen Lernenden Probleme? Einige Ursachen dafür haben nichts mit der Materie zu tun:

1. Viele Schüler verstehen die Sprache der Grammatiker nicht.
2. Die meisten Menschen lernen Grammatik so, wie sie Gedichte lernen. Doch Lernen ist nicht gleich Lernen. Für Grammatik gelten besondere biologische und lernpsychologische Gesetze.
3. Viele erwarten von der Grammatik eine Antwort auf die Frage: «Warum ist das so und nicht anders?» Doch Grammatik liefert keine Gründe, sie beschreibt einen Zustand.
4. Wenn eine Grammatik einfach nicht in Ihren Kopf will, kann es an der Machart des Grammatikbuches liegen. Einige Beispiele sollen zeigen, wie selbst vorzügliche Grammatiken das Lernen manchmal behindern können.

Regelsprache – schwere Sprache

Die Phänomene einer Sprache sind nicht eindeutig und sauber voneinander zu trennen. Die Grammatiker versuchen die Sprache nach subjektiven Gesichtspunkten mehr oder weniger einleuchtend zu beschreiben und verwenden dabei für dieselben

Phänomene eine unterschiedliche Terminologie. Fremdsprachenlehrer haben sich an die Lektüre von Grammatiken «für die Hand des Schülers» gewöhnt. Dennoch werden auch die Fachleute bei Regeln mit scheinbar philosophischen Widersprüchen kurz überlegen müssen:

> «Ist das Nomen näher *bestimmt*,
> so steht der *unbestimmte* Artikel»
> oder
> «Die *Fragekonstruktion* in *Nichtfragesätzen*[1]»

Zwar sollen die Regeln einer guten Grammatik für die Oberstufe kurz, genau und umfassend sein, darum fällt die Sprache wissenschaftlich und abstrakt aus. Aber selbst Schülern von Leistungskursen muß man eine Kapitelüberschrift wie

> «Formale Kongruenz und Sinnkongruenz
> bei nichtzählbaren Nomen»

erst ins Deutsche übersetzen. Versuchen Sie gar nicht, solche Sätze zu behalten. Auch Regeln wie die folgende (aus einer sonst vorzüglichen Grammatik) sind nur schwer lernbar:

> «Die bestimmten Artikel *le* und *la* bezeichnen
> 1. die Gesamtheit einer Menge, die unzählbar ist.
> 2. die Gesamtheit einer Menge, die auf ein einziges Element reduziert ist.
> 3. die Gesamtheit einer zählbaren Menge, ... wobei ein Element als Vertreter für die gesamte Menge fungiert.»

---

[1] *Autoren und Titel werden nur bei Werken angegeben, die hier positive Erwähnung finden.*

TEIL 5 | GRAMMATIK LERNEN

Die Beispiele ließen sich beliebig vermehren. Es muß also nicht am Lernerhirn liegen, wenn Grammatik einfach nicht hineinwill. Aus lernpsychologischer Sicht kann die Regelsprache für viele Lernende zur Sprachbarriere werden. Sind Spezialisten für Sprache nicht in der Lage, einfache und verständliche Regeln nach dem Schema «Wenn – dann» zu schreiben, die eine, höchstens zwei Zeilen nicht überschreiten? Die empfehlenswerte *Schulgrammatik Französisch* von Diethard Lübke (Langenscheidt) zeigt, daß es möglich ist:

« Wenn aimer und préférer verneint werden,
steht der bestimmte Artikel. »

Grammatiker sollten sich nicht scheuen, beim Formulieren von Regeln und Beispielen Anleihen bei Werbetexten zu machen, die so trockene Sachen wie Waschpulver und Zigaretten an den Adressaten bringen. Das Bemühen, Wissen in rhythmisierter oder gereimter Sprache zu vermitteln, ist so alt wie der Beruf des Erziehers. Selbst mit dem Satzungetüm «Wer brauchen ohne ZU gebraucht, braucht brauchen gar nicht zu gebrauchen» hat ein anonymer Kollege bei ganzen Schülergenerationen einen unauslöschlichen Eindruck hinterlassen. Es geht nicht um Ästhetik, sondern um die Merkbarkeit von Regeln. Sie werden später lernen, eigene Regeln zu finden oder umständliche Regeln in die Sprache Ihres Langzeitgedächtnisses zu übersetzen.

Time for a smile

```
The upstairs tenant called to the down-
stairs tenant:
"Must you play the trumpet all day long?
If you don't stop I'll go crazy!"
"I'm afraid it's too late," was the reply.
"I stopped an hour ago."
```

Helfen Regeln beim Sprechen?

Sie können wahrscheinlich Gespräche korrekt in der indirekten Rede wiedergeben. Aber wer außer Deutschlehrern hat schon solch eine schwere Gebrauchsanweisung im Kopf?

> Die indirekte Rede wird in der Regel durch ein Verb des Sagens, Fragens oder Denkens eingeleitet. In der Rede selbst wird ohne Rücksicht auf die Zeit des einleitenden Verbs für ein Präsens der direkten Rede der Konjunktiv des Präsens, für eine Vergangenheit der des Perfekts, für einen künftigen Vorgang der des Futur I gesetzt. Ist die Konjunktivform nicht deutlich erkennbar, weicht man auf den Konjunktiv des Präteritums, des Plusquamperfekts oder des Konditionals I aus. *(Wahrig: Deutsches Wörterbuch)*

Selbst in unserer Muttersprache versagen Grammatikregeln. Stellen Sie bitte dazu drei kleine Selbstversuche an. Übertragen Sie als ersten Versuch die folgenden Sätze leise oder laut in die indirekte Rede, indem Sie gleichzeitig an die entsprechende Regel denken.

> Er sagte: «Mein Anwalt kommt morgen zu uns. Ich hoffe, wir werden den Prozeß gewinnen.»

Sie merken, daß Sie nicht an den Wortlaut der Regel denken und gleichzeitig die zwei Sätze in indirekter Rede und normalem Tempo laut oder in Gedanken sprechen können. Es gelingt erst recht nicht in der Fremdsprache, wo wir bei jedem Satz mehrere Regeln gleichzeitig zu beachten haben. Wir können nur sehr schwer an den Text und zugleich an die Regel denken.

Machen Sie einen weiteren kleinen Selbstversuch. Lesen Sie bitte noch einmal den letzten Absatz, und zählen Sie dabei gleichzeitig zügig von eins bis zehn, so lange, bis Sie fertig gelesen haben. Sie werden feststellen, wie sehr Sie diese kleine «Denkaufgabe» ablenkt. Dabei handelt es sich nicht um eine längere Regel, sondern lediglich um einfache Zahlen, und es geht nicht einmal um freies Sprechen, sondern um das Lesen bekannter Sätze. Unsere linke Gehirnhälfte kann eben nur schwer zwei Texte simultan verarbeiten. Noch weniger können wir während des Sprechens Regeln anwenden. Regeln verhüten deshalb nur selten Fehler beim Sprechen. Sie machen uns höchstens Fehler bewußt, nachdem sie uns bereits unterlaufen sind. Beim Schreiben und Korrigieren hingegen leisten uns Regeln durchaus gute Dienste.

Ein letzter Versuch: Selbst wenn uns Sätze schriftlich vorliegen, ist das Anwenden einer Regel nicht einfach. Lesen Sie in Ruhe vier Versionen unserer beiden Sätze in indirekter Rede durch. Entscheiden Sie, welche Variante richtig ist.

A Er sagte, sein Anwalt werde morgen zu ihm kommen und er hoffe, sie werden den Prozeß gewinnen.

B Er sagte, sein Anwalt komme morgen zu ihm und er hoffe, sie würden den Prozeß gewinnen.

C Er sagte, sein Anwalt würde morgen zu ihm kommen und er hoffte, sie gewinnen den Prozeß.

D Er sagte, sein Anwalt käme morgen zu ihm und er hoffe, sie gewönnen den Prozeß.

Haben Sie die Regel zu Hilfe nehmen können? Die meisten Leser haben dies wahrscheinlich nicht getan, weil die Regel zu kompliziert ist. Sie haben sich auf ihr Sprachgefühl verlassen und Variante B als korrektes Schriftdeutsch erkannt.

Beim letzten Selbstversuch hatten Sie lediglich die Aufgabe des Wiedererkennens von Strukturen. Unser Gedächtnis leistet beim Wiedererkennen ein Vielfaches mehr als beim Abrufen, weil wir keine Suchmechanismen in Gang setzen müssen (Rohrer, 1990). Beim freien Abruf aus dem Gedächtnis, beim Sprechen also, sind die Schwierigkeiten ungleich größer. Das bereits Gesagte und das, was wir noch sagen wollen, beeinflussen die Worte, die wir gerade sprechen.

«Ich habe die Regel verstanden und kann sie auswendig. Trotzdem mache ich beim Sprechen immer wieder Fehler», klagen viele junge und alte Sprachschüler. Sie erwarten etwas von ihrem Gehirn, das dieses nicht so ohne weiteres leisten kann. Es ist für das bewußte Anwenden von Regeln und für das Behalten von grammatischen Strukturen nicht gerüstet, weil Grammatik im Verlauf der Evolution nie zu den Überlebenskünsten zählte. Hier liegt der tiefere Grund, warum Grammatikwissen nicht automatisch zur Sprachbeherrschung führt. Wer das nicht berücksichtigt, arbeitet gegen sein Gehirn, und es rächt sich mit Gefühlen der Unlust.

Das soll nicht heißen, die Anwendung von Grammatik sei beim Sprechen unmöglich. Doch müssen wir uns Grammatik so aneignen, daß unser Gedächtnis weitgehend von langen verbalen Regeln entlastet wird. Wir können zum Beispiel sprechen und lesen, während wir gleichzeitig Bilder vor Augen haben, weil diese Aktivitäten auf die rechte und linke Gehirnhälfte verteilt sind. Diese Fähigkeit werden wir später beim Grammatiklernen nutzen.

Gibt es das grammatische Gedächtnis?

Wir haben gesehen, daß Regeln nur begrenzten Gebrauchswert haben. In unserer Grammatik stehen neben den Regeln auch Beispielsätze. Kann uns das Einprägen dieser Mustersätze dem begehrten Sprachgefühl näherbringen?

Viele Lehrer und Schüler ziehen den schwer verständlichen und schwer anwendbaren Regeln die kurzen Mustersätze vor.

TEIL 5 | GRAMMATIK LERNEN

Sie lehren und lernen «Beispielgrammatik». Doch leider kann unser Gehirn auch mit den meisten Mustersätzen der Grammatiken relativ wenig anfangen, denn der typische Grammatiksatz ist nichtssagend und ohne Zusammenhang. Unser Langzeitgedächtnis ist aber nicht geschaffen, Belanglosigkeiten zu speichern. Man muß den Autoren von Grammatiken zugute halten, daß sie vielen Zwängen unterliegen. Doch was wir für die Regelprosa forderten, gilt auch für die Beispielsätze:

1. Sie dürfen keine Sprachbarrieren aufbauen.
2. Sie sollten kurz und einfach sein.
3. Sie sollten möglichst nur das eine grammatische Problem enthalten.

Es nicht leicht, mehrere hundert geistreiche Beispiele zu finden. Aber müssen sie immer so banal sein wie die folgenden, die im Vergleich zur anspruchsvollen Regelsprache in das andere Extrem fallen? Hier einige authentische Kostproben aus bekannten Grammatiken:

> Pat Walker is a taxidriver.
> I met Peter on Sunday.
> Poor George has cut his knee.
> My suitcase has been stolen.

> Le chat est mort.
> Le chat est intelligent.
> Il n'y a plus de bière.
> Il boit de la bière.

Es geht wohlgemerkt nicht um eine Geschmacksfrage, sondern um ein lernpsychologisches Problem. Banalitäten werden nur schwer verinnerlicht. Auch die blühendste Phantasie wird es irgendwann leid, Sachverhalte vom Typ «Die Katze ist tot» auf der geistigen Bühne zu inszenieren. Motivation und Konzen-

TEIL 5 | GRAMMATIK LERNEN

tration, die so wichtig für das Lernen sind, müssen bei solch schmaler Dauerkost verkümmern. Da hilft auch guter Wille nicht, denn der klassische Grammatiksatz ist der Natur unseres auf Sinn und Gehalt programmierten Langzeitgedächtnisses zuwider. Es ist gewohnt, Informationen, die uns wichtig erscheinen, von unwichtigen Informationen zu trennen. Was nicht interessiert, wird nicht registriert. In einem der folgenden Kapitel finden Sie Anregungen, wie und wo Sie Grammatiksätze finden, die so einprägsam und merkenswert sind, daß sie leichter in Ihren geistigen Besitz übergehen.

Grammatiklernen stellt uns noch vor ein zweites, grundsätzliches Problem: Wir haben kein natürliches Gedächtnis für Satzstrukturen. Wenn wir grammatische Mustersätze so lesen, wie wir normalerweise Texte finden, dann werden sie nur für wenige Minuten strukturgetreu in unserem Kurzzeitgedächtnis gespeichert. Das Langzeitgedächtnis hingegen taugt nicht für das Behalten von Satzbaumustern, es speichert Inhalte und Bedeutungen, nicht aber grammatische Strukturen (Rohrer, 1990). Nehmen wir als Beispiel den folgenden Satz:

> Ein zweijähriges Kind wurde heute morgen von einem Hund gebissen, während die Mutter einkaufte.

Den Sachverhalt können wir nach Monaten noch abrufen, an die genaue Satzstruktur jedoch werden wir uns vermutlich nicht mehr erinnern. Vermischungen wie die folgenden sind wahrscheinlich:

zwei Jahre alt	*statt*	zweijährig
seine Mutter	*statt*	die Mutter
am Morgen	*statt*	heute morgen
Baby	*statt*	Kind
beim Einkaufen war	*statt*	einkaufte

Wir könnten den Satz wahrheitsgetreu vielleicht so reproduzieren:

> Ein zwei Jahre altes Kleinkind wurde heute früh von einem Hund gebissen, während seine Mutter beim Einkaufen war.

Wollen wir diesen Sachverhalt nach längerer Zeit erneut versprachlichen, wählen wir mit größter Wahrscheinlichkeit wieder eine andere Struktur. Und noch später wird der Vorfall zwar immer noch inhaltsgetreu, aber nur in sprachlicher Verkürzung erinnert werden:

> Mutter kauft ein – Hund beißt Baby.

Das Langzeitgedächtnis abstrahiert von der grammatischen Struktur des Satzes. Er wird bis auf seinen Bedeutungskern eingeschmolzen. Anders ausgedrückt: Das Ereignis ist nichtsprachlich in Form von Vorstellungsbildern gespeichert. Das Wesentliche am Grammatiksatz ist aber gerade seine Struktur. Doch bei der Wiedergabe wählen wir meist nur eine ähnliche sprachliche Form, die von der aktuellen Gesprächssituation bestimmt wird. Die ursprüngliche Struktur aber geht verloren. Fazit: Wir haben kein grammatisches Gedächtnis. Soll das nun heißen, daß es sinnlos ist, Regeln und Grammatiksätze zu lernen? Keineswegs! Zum Ziel führen viele Wege, über deren Gangbarkeit die Fachleute sich durchaus noch nicht einig sind.

In den beiden folgenden Kapiteln werden zunächst zwei Wege geschildert, wie sie in Schulen und Kursen seit Jahrzehnten üblich sind. Das soll Ihnen helfen, Unterrichts- und Lehrbuchmethode zu durchschauen. Dort, wo diese traditionellen Wege enden, halten wir anschließend Ausschau nach flankierenden und weiterführenden Methoden.

> **Les Français en rient**
>
> Prise de contact à l'anglaise:
> Après un naufrage, deux Anglais se sont réfugiés sur une petite île. Au bout de trois jours, le premier essaie de prendre contact: «Excusez-moi, sir, vous êtes Anglais?» «Yes, sir.»
> Deux jours plus tard, le deuxième s'approche du premier, «Excusez-moi, sir, vous êtes homosexuel?» «Yes, sir.»
> Ainsi encouragé, il revient le lendemain pour poser la question décisive:
> «Oxford?»
> «No, Cambridge.»
> Et l'autre, poussant un soupir, dit:
> «Sorry, et il s'en va.»

Im Unterricht: Vom Beispiel zur Regel

Wenn Sie sich zutrauen, ein Kartenspiel wie Skat oder Bridge zu erlernen, sind Sie auch fähig, sich die notwendigen Grammatikkenntnisse mit oder ohne Lehrer anzueignen. Grammatik und Spielanleitung enthalten Regeln und Beispiele. Sie können beim Lernen entweder von der Theorie (deduktiv) oder von der Praxis (induktiv) ausgehen. Wenn Sie ein Spiel lieber durch Zuschauen und Mitmachen lernen, anstatt sich zuerst mit der Beschreibung und den Regeln der Spielanleitung zu befassen, gehen Sie den induktiven Weg. Wenn Sie es vorziehen, ein kompliziertes Kartenspiel mit Hilfe der Spielregeln zu erlernen, um von Beginn an keine Fehler zu machen, verfahren Sie deduktiv.

TEIL 5 | GRAMMATIK LERNEN

Beide Wege führen nur bedingt zum Ziel, wobei in Kursen und Schulen der erste Weg für praktischer gehalten wird. Erarbeiten wir uns also eine Regel zuerst induktiv, so wie es der Lehrer im Unterricht tut. Das folgende Beispiel soll Ihnen helfen, das Vorgehen Ihres Lehrers (oder die Methode Ihres Selbstlernkurses) besser zu verstehen. Natürlich können Sie die Unterrichtsmethode wie alle anderen Techniken in diesem Buch auf weitere Fremdsprachen übertragen.

ERSTER SCHRITT
Sammeln

Er läßt Sätze sammeln, die der Lektion entnommen werden, und fordert uns auf, sie auf Gemeinsamkeiten zu untersuchen und die Regeln selbständig zu finden. Dazu drei typische (nicht gehirngerechte) Beispielsätze, die einer gängigen Grammatik entnommen sind:

> I saw Liz Taylor last night.
> We watched TV from 8 o'clock until midnight.
> Peter had an accident when he was a boy.

ZWEITER SCHRITT
Ordnen

Wir schreiben die Sätze so untereinander, daß die zu erklärende Struktur – es geht um das *past tense* – und gleiche Satzteile spaltenweise untereinander stehen. Subjekt, Prädikat, Objekt und Zeitangaben heben wir zusätzlich mit unterschiedlichen Farben hervor.

Subjekt	Verb	Objekt	Zeitangabe
I	saw	Liz Taylor	last night.
We	watched	TV	from 8 o'clock until midnight.
Peter	had	an accident	when he was a boy.

DRITTER SCHRITT
Vergleichen

Wir untersuchen, ob die Sätze etwas gemeinsam haben, das ihre Struktur beziehungsweise das grammatische Phänomen auslöst. Wir suchen nach den Auslösern, den sogenannten Schlüssel- oder Signalwörtern. Wir stellen folgendes fest:

Verb	Zeitangabe
saw	last night
watched	from 8 o'clock until midnight
had	when he was a boy

Was sind das für Zeitangaben? Es handelt sich um Situationen, die in der Vergangenheit abgeschlossen wurden.

VIERTER SCHRITT
Die Regel formulieren

Wir halten das Ergebnis unserer Untersuchung in einem kurzen Satz vom Typ «Wenn..., dann...» fest und vergleichen unsere Regel mit der einer Grammatik.

1. Ist die Situation in der Vergangenheit abgeschlossen, *dann* steht das Verb im *past tense*.
2. Wir erkennen es an Signalwörtern (Auslösern) wie:
last night, last week, yesterday, the other day (neulich)
two days / a week / two months ago
when he was a boy; *when* still at school.

Stimmt Ihr Ergebnis mit der Regel im Buch inhaltlich in etwa überein, dürfen Sie stolz sein. Sie haben eine Regel selbständig gefunden. Es ist Ihre Regel, die besser haften bleibt als eine auswendig gelernte Regel, die jemand anderes für Sie verfaßt hat.

Sie könnten noch versuchen, eine merkwürdige Formulierung zu finden. Für alle, die etwas für Merkverse und Eselsbrücken übrighaben, habe ich die englische und die französische Grammatik auf meine Weise umformuliert und sie in kurze Reime gefaßt (*Joke your Way through English Grammar*, rororo sprachen 18527, und *La Grammaire en s'amusant*, rororo sprachen 18714). Die Regel für das *past tense* sieht dort so aus:

> Das *past tense* ist die Zeit
> Für Dinge der Vergangenheit.
> Entscheidend ist allein,
> Sie müssen abgeschlossen sein.

FÜNFTER SCHRITT
Üben

Zwar haben Sie sich die Grammatikregel erarbeitet, aber die Grammatik der Muttersprache wird immer wieder durchschlagen und Sie in Versuchung führen, einen Satz wie

> Ich habe ihn neulich gesehen,
> falsch mit:
> *I have seen him the other day
> zu übersetzen statt mit:
> I saw him the other day.

Einsicht alleine hilft nicht. Die Grammatik muß Ihnen durch Einschleifen kleiner Minisituationen und kurzer Dialoge in Fleisch und Blut übergehen. Dies ist eine Erkenntnis, die sich heute langsam wieder durchzusetzen beginnt, nachdem man den Drill grammatischer Strukturen vor Jahren über Bord geworfen hatte, weil er Erwartungen nicht erfüllte, die von vornherein falsch waren.

TEIL 5 | GRAMMATIK LERNEN

> *Les Français en rient*
>
> Un monsieur arrête une passante sur un pont de la Seine: «Excusez-moi, mademoiselle, pourriez-vous me raccompagner à mon hôtel? J'ai laissé tomber mes lunettes dans la Loire.» — «Mais nous sommes à Paris, monsieur, c'est la Seine.» «Oh, vous savez, moi, sans mes lunettes, je ne fais plus la différence.»

Heimarbeit: Von der Regel zum Beispiel

Sollten Sie allein, ohne Lehrer, arbeiten, ist die deduktive Methode (erst Regel, dann Beispiel) einfacher und zeitsparender. Das Erkennen einer Gesetzmäßigkeit ist nicht immer so leicht wie im letzten Kapitel dargestellt. Schwieriger wird es, wenn die Struktur nicht von einem Signalwort ausgelöst wird, sondern von einer der Zielsprache typischen Sichtweise, die unserer Muttersprache fremd ist. Als Alleinlernender stoßen Sie hier an die Grenzen der induktiven Methode.

Folgen Sie den sieben Schritten von der Regel zum Beispiel. Es sind kurze Schritte, die sich auf dem Papier länger ausnehmen, als sie in Wirklichkeit sind.

ERSTER SCHRITT
Nachschlagen

Wenn Sie mit einer lehrbuchunabhängigen Grammatik arbeiten, ist es oft nicht einfach, eine Regel nachzuschlagen. Schauen Sie zuerst im Inhaltsverzeichnis zu Ihrem Lehrbuch nach. Dort finden Sie Hinweise, unter welchem Kapitel Sie nachlesen müssen. Nun kann es Ihnen passieren, daß die Terminologie des Lehrbuchs mit der Terminologie der Grammatik nicht übereinstimmt. In diesem Fall hilft Ihnen wahrscheinlich der Index auf den letzten Seiten des Grammatikbuches weiter. Moderne Grammatiken geben Ihnen heute sowohl einen Überblick über die eigenen grammatischen Ausdrücke als auch über die der Konkurrenz.

ZWEITER SCHRITT
Regel lesen

Eine der Regeln, mit denen eine gute Grammatik (*English G*, 1981) den Gebrauch des englischen *present perfect* beschreibt, lautet so:

> Das *present perfect* wird verwendet, um auszudrücken, daß etwas vor dem Zeitpunkt des Sprechens geschehen oder nicht geschehen ist. Genauer Zeitpunkt und weitere Umstände sind unwichtig. Wichtig dagegen ist, daß jetzt ein Ergebnis vorliegt. Dieses Ergebnis kann «greifbar» sein (Beispiele 1–4) oder auch in einem Wissen oder einer Erfahrung bestehen (Beispiel 5).

DRITTER SCHRITT
Vergleich Regel – Beispiele

Wahrscheinlich wird Ihnen die Regel erst verständlich, nachdem Sie die dazugehörigen Beispiele mehrfach gelesen haben. Ich entnehme die wichtigsten wortgetreu derselben Grammatik:

1. Andy *has cleaned* his moped. It looks like new.
2. I'*ve read* the paper. You can have it if you like.
3. Can I watch TV now? I'*ve finished* my homework.
4. Martin *has driven* a ten-ton lorry. I'm sure he'll be able to drive a van.
5. I'*ve tasted* that new marmelade. It's really delicious.

Sie vergleichen nun die Regel mit den Beispielen. Sehen Sie die Zusammenhänge bereits? Wenn nicht, so empfiehlt sich in jedem Fall ein Zwischenschritt.

VIERTER SCHRITT
Regel vereinfachen

Die Regel ist zu umfangreich, als daß man sie lange im Kopf behalten könnte. Deshalb versuchen wir, sie auf die wesentlichen Begriffe zu verkürzen. Die Beispielsätze sorgen dafür, daß wir nicht über das Ziel hinausschießen.

Wenn ...	... dann
1. die Situation abgeschlossen,	steht das Verb
2. das «Wann» nicht erwähnt und	im
3. nur das Ergebnis wichtig ist,	*present perfect* (*have*-Form).

Schreiben Sie nun die Regel in eigenen Worten in die Grammatikabteilung Ihres Ringbuchs. Sie könnten auch versuchen, sich einen Reim darauf zu machen, zum Beispiel:

> Wenn Zeit egal, Ergebnis wichtig,
> Ist *present perfect simple* richtig.

Oder etwas präziser:

> *Present perfect* wird gewählt,
> Wenn einzig das Ergebnis zählt;
> Unwichtig ist das Wo und Wann
> Zustand oder Tat begann.
> (*Joke your Way through English Grammar*,
> rororo sprachen 18527)

Gleichgültig, wie Sie formulieren, die durchdachte eigene Regel ist für Sie gehirngerechter als die eines fremden Lehrerhirns.

FÜNFTER SCHRITT
Verzahnen von Regel mit Mustersätzen

Im Ringbuch oder auf dem Poster versuchen wir, Regel und Beispiel möglichst eng miteinander zu verbinden. Sie sollten sich die Mühe machen, alle Beispiele langsam zu lesen und bei den Satzteilen, auf die es ankommt, sich das Regelstichwort ins Gedächtnis zu rufen. Weil wir kein syntaktisches Gedächtnis haben, müssen sich Regel und Beispielsätze gegenseitig stützen. Wir assoziieren den Inhalt der griffigsten Mustersätze mit der Regel.

Situation ist abgeschlossen, Zeit egal		Ergebnis ist wichtig
Andy *has cleaned*	his moped.	It looks like new.
I' *ve read*	the paper.	You can have it.
I' *ve finished*	my homework.	Can I watch TV now?
They' *ve found*	the body.	No Easter this year.

SECHSTER SCHRITT
Sammeln und Üben

Wie bei der Methode «Vom Beispiel zur Regel» müssen Regel und Strukturen durch Üben eingeschliffen werden. Wenn Sie ohne Lehrer arbeiten, üben Sie am besten mit den Sprachkassetten und Computerprogrammen zu Ihrem Lehrwerk. Sammeln Sie bei Ihrer Lektüre Beispielsätze, deren Struktur sich im Langzeitgedächtnis nicht so schnell verändert, weil Sie einen persönlichen Bezug zu ihnen haben oder ihre Struktur dem Einschmelzungsprozeß im Langzeitgedächtnis widerstehen kann. Mehr über gedächtnisfreundliche, «unvergeßliche» Grammatiksätze in einem anderen Kapitel.

Reize und Gesten statt Regeln

Grammatiklernen fällt leichter, sobald wir wissen, wie unser Gehirn Grammatik serviert haben möchte. Es fällt uns schwer, während des Sprechens Regeln anzuwenden. Es fällt uns leicht, während des Sprechens an Signale zu denken oder unsere Rede mit Gesten zu begleiten. Deshalb muß es unser Ziel sein, möglichst viele Regeln auf Signale und Gesten zurückzuführen. Geben Sie den wichtigsten Regeln eine Farbe. Diese Technik eignet sich vor allem für das fehlerträchtige Gebiet der Zeiten. Nehmen wir als Beispiel die bereits bekannte Regel.

> Wenn ein Vorgang in der Vergangenheit abgeschlossen ist, steht das Verb im *past tense*.

Signal für *past tense*	begleitende Gestik	Farbe
last night from 8 o'clock until midnight when he was a boy	geschlossene Faust (für abgeschlossene Situation)	blau

Während des Lesens oder Hörens eines Texts schließen Sie Ihre Faust unmerklich bei jedem Signalwort. Mit einiger Übung können Sie es beim Schreiben und Sprechen auch in Gedanken tun.

TEIL 5 | GRAMMATIK LERNEN

Sprechabsicht	Verbform	Geste	Farbe
Ergebnisse präsentieren	He *has washed* the car.	Handfläche nach oben	gelb
Handlungsablauf kommentieren	He *is washing* the car.	Wellenlinie andeuten	rot
Vorhaben ankündigen	I'*m going* to *wash* the car.	gestreckter Zeigefinger	grün

Die Stichworte «Reaktion», «Ergebnis», «Handlungsablauf kommentieren», «Vorhaben ankündigen» etc. ersetzen die Regel. Gestik und Farbe sind Signale für die geforderte Struktur. Im Gegensatz zu Regeln kann man sie während des Sprechens im Hinterkopf haben, weil sie mit unseren Sprechabsichten identisch und bildhaft vorstellbar sind.

Unser Leitmotiv lautet «Sprachenlernen heißt aktiv sein». In diesem Sinne noch drei Tips, damit «Signal-Grammatik» zu einem Teil Ihrer aktiven Sprachpraxis im In- und Ausland wird.

1. Stellen Sie die Signale zu den wichtigsten Regeln jeweils auf einer Karteikarte zusammen. Wählen Sie für jede Regel eine Signalfarbe, die Sie mitlernen. Wenn Sie die Farben mit der Grammatik assoziieren, schaffen Sie sich einen Anker in Ihrer rechten Gehirnhälfte (siehe Seite 45).
2. Legen Sie die Karteikarten in Ihr Lehrwerk. Bevor Sie zu lesen beginnen, nehmen Sie sich eine der Karten vor und prägen sich die Signalwörter ein. Jedesmal, wenn Sie auf ein Signalwort stoßen, markieren Sie es im Text und achten darauf, ob der Autor auch die erwartete Struktur verwendet. Sollte dies nicht der Fall sein, können Sie Ihrem Lehrer eine für den ganzen Kurs fruchtbare Frage stellen. Mit der Zeit wird Ihr Auge für Strukturen und ihre Auslöser geschärft. Sie üben und lernen Grammatik beim Lesen.

3. Verfahren Sie ähnlich in Sprechsituationen. Führen Sie die Karteikarten im Urlaub oder auf Geschäftsreisen mit sich. Konzentrieren Sie sich jeden Tag nur auf die Signale zu einer Regel, und seien Sie hellhörig. Achten Sie darauf, wie die Gesprächspartner diese Signalwörter verwenden. Regeln erkennen ist leichter, als sie anzuwenden.

Die Signalwortgrammatik hat Grenzen. Leider gibt es die hilfreichen kleinen Auslöser nicht zu allen Kapiteln. Im Englischen und Französischen helfen sie uns aber auf so wichtigen Gebieten wie dem Gebrauch der Zeiten und der englischen Verlaufsform, um nur einige Kapitel zu nennen.

Ads that went wrong

```
Wonderful opportunity for young woman
to join fishing partners. Must be able to
cook, wash. Please send photo of boat.
         ※ ※ ※
Stradivarius violin for sale. Almost new.
         ※ ※ ※
Man wanted to wash dishes and two
waitresses.
```

Grammatik ohne Regeln

Da uns Regeln während des Sprechens nicht vor Fehlern bewahren, empfiehlt sich eine Lernstrategie, die es erlaubt, dem Gedächtnis eine große Zahl hinderlicher Regeln und langweiliger Mustersätze zu ersparen. Lernen Sie «Lexico-Grammatik»! Der Ausdruck läßt sich weniger gelehrt mit Wortschatz-Grammatik übersetzen. Wir produzieren Sätze nicht nach grammati-

TEIL 5 | GRAMMATIK LERNEN

schen Regeln, sondern behandeln ihre Teile wie Wortschatz *(chunks)*. Wir lernen Wörter zusammen mit ihren typischen Satzgelenken als ganze Ausdrücke, wie zum Beispiel:

1. starre grammatische Formen:	he *used to be* a teacher; *look forward to doing* something
2. Substantiv / Verb + Präposition:	take an interest *in* art; *in answer to* your letter
3. Redemittel, Sprechfunktionen:	I *wonder if* you could help me; *sorry to* interrupt you; *wouldn't it be better if* ...+ past tense
4. idiomatische Redewendungen:	be in the picture; that's chicken feed; get the lion's share
5. grammatische Strukuren:	*if* I *were* you ... I *would*; *suggest doing* something

Die kleinen Verbindungswörter wie *if, of, for, to, up* oder *sous, sur, dans* an den Gelenkstellen des Verbs fassen wir unter dem Begriff «Strukturwörter» zusammen. Sie bereiten uns besondere Schwierigkeiten. Vergleichen Sie die Unterschiede zwischen Fremdsprache und Muttersprache in folgenden Ausdrücken:

Englisch	Französisch
be interested *in*	*sur* la semaine
sich interessieren *für*	*unter* der Woche
look forward *to* doing	manger *dans* une assiette
sich freuen *auf*	*aus* einem Teller essen
be used *to*	dormir *sous* la tente
gewöhnt sein *an*	*im* Zelt schlafen

Falscher Gebrauch der Strukturwörter führt nicht zu Wortschatz-, sondern zu echten Grammatikfehlern. Nun gehören

TEIL 5 | GRAMMATIK LERNEN

Strukturwörter zu den etwa 90 bis 100 am häufigsten gebrauchten Wörtern. Es gibt kaum einen Satz, in dem nicht mindestens eines vorkommt. Über Regeln sind sie nicht in den Griff zu bekommen: ein gewichtiger Grund, sie in ganzen Wortverbindungen zu lernen. Auf diese Weise reduzieren wir Grammatikprobleme auf Wortschatzprobleme und lernen Grammatik ohne Regeln. Wir behandeln die festen Wortverbindungen, als wären sie ein einziges Wort.

Lexico-Grammatik hat den Nachteil, daß manche Ausdrücke abstrakt sind. Man könnte die Wortverbindungen gehirngerecht ergänzen. Wir lernen nicht

the chance of	die Möglichkeit zu
I've got to	ich muß
I'm looking forward to	ich freue mich auf

sondern erweitern den Ausdruck so, daß er konkrete, bildhafte Bedeutung bekommt. Erst jetzt lassen sich die Techniken des Wortschatzlernens (zum Beispiel Visualisierung) auf die Ausdrücke anwenden. In dieser Form können sie zum Beispiel in unseren Ich-Wortschatz (Seite 99 ff.) eingehen:

What are my chances of getting a top job?
I've got to stop smoking / drinking.
I'm looking forward to your party.
I'm looking forward to meeting you.

Achten Sie darauf, daß Ihre kleinen Sätze die kritische Grenze von 10, maximal 15 Silben nicht überschreiten – denken Sie an die Gedächtnisspanne von 1,5 Sekunden. Wenn Sie also Wortschatz richtig lernen, schlagen Sie zwei Fliegen mit einer Klappe. Sie lernen Grammatik ohne Regeln, sowenig Grammatik wie möglich, aber soviel Grammatik wie nötig.

Sprachgefühl durch Muttersprache

Überall, wo die Fremdsprache mit der Muttersprache deckungsgleich ist, bereitet uns Grammatik kein Kopfzerbrechen, denn wir neigen zu wörtlicher Übersetzung:

| Mein | Name | ist | Meier. |
| My | name | is | Meier. |

Strukturgleiche Bereiche sind, von wenigen Ausnahmen abgesehen, frei von Sprachfallen. Diese Gebiete dürfen wir vernachlässigen. Grammatiklernen beginnt dort, wo Mutter- und Zielsprache nach verschiedenen Bauplänen arbeiten. Besonders deutlich werden sie uns, wenn Ausländer typische Fehler machen. Engländer und Franzosen sagen

| statt: | Heute | gehe | ich | ins Kino. |
| oft: | Heute | ich | gehe | ins Kino. |

weil in ihren Sprachen die Vertauschung von Subjekt und Prädikat selten ist. Dort heißt es richtig:

Heute	gehe	ich	ins Kino.
Today	I	go	to the pictures.
Aujourd'hui	je	vais	au cinéma.

Vielleicht fällt Ihnen hier zum erstenmal auf, daß wir Deutschen zwar sagen: *Ich gehe heute...*, aber *Heute gehe ich...* Es lohnt sich, den Ausländern «aufs Maul zu schauen». Wenn sie in unserer Sprache solche Fehler machen, dann unterlaufen uns umgekehrt die Fehler sehr wahrscheinlich an genau derselben Stelle. Solche Sprachpannen, die uns auf Strukturunter-

Reimann

Lamarck/Stg

Tel : (230) 261 8222 - Fax : (230) 261 8224

schiede zwischen den Sprachen hinweisen, können wir zur Methode erheben. Will ich den Satz

«Gestern hat er mir ein blaues Heft gegeben.»

ins Französische übersetzen, muß ich drei Grammatikregeln anwenden (hier stark verkürzt):

1. keine Inversion bei vorangehendem Adverb *(hier, il a ...)*,
2. die Stellung der Objektspronomen *(il m'a donné ...)*,
3. die Stellung des Adjektivs *(cahier bleu)*.

Die «unkorrekte» wortwörtliche Übersetzung ist hilfreicher als diese Regeln, weil sie den Bauplan des französischen Satzes durchsichtig macht. Wir gehen also von einem Satz in «echtem Ausländerdeutsch» ohne großen Regelaufwand auf direktem Weg in die Zielsprache:

statt:	Gestern	hat er mir	ein blaues Heft gegeben.
wörtlich:	Gestern	er mir hat gegeben	ein Heft blau.
	Hier	il m'a donné	un cahier bleu.

Ist es möglich, ein Gefühl für das «Ausländerdeutsch» zu entwickeln, das typisch für die Zielsprache ist? Dies kann nicht so schwer sein, wie viele deutsche Bauarbeiter beweisen, die nicht nur zum Scherz, sondern fast automatisch die Sprachstruktur der ausländischen Kollegen übernehmen.

Sie haben es leichter als die Landsleute vom Bau, denn Sie gehen von den deutschen Übersetzungen der Grammatiksätze aus, die Sie nach dem fremdsprachigen Muster umstellen. Betrachten Sie noch einmal die vorangehenden Beispiele, und versuchen Sie anschließend, die folgenden Sätze in «französisches Deutsch» zu übersetzen.

TEIL 5 | GRAMMATIK LERNEN

Heute leiht er mir sein Auto.
Bald wird der Tee fertig sein.

Wenn Sie die notwendigen Wörter zur Verfügung hätten, könnten Sie keine Strukturfehler mehr machen, denn Sie haben die Wörter schon in die korrekte Reihenfolge gebracht.

Heute	er	mir leiht	sein Auto.
Aujourd'hui	il	me prête	sa voiture.
Bald	der Tee	wird sein	fertig.
Bientôt	le thé	va être	prêt.

Während Ihnen beim Regellernen das Lachen eher vergeht, kommen Sie über Ihre nützlichen «Sprachfehler» ab und zu ins Schmunzeln. Der Experte wird einwenden, daß auch bei dieser Methode die berühmten Ausnahmen zusätzlich gelernt werden müssen. Dies ist jedoch ein Nachteil, den sie mit der traditionellen Methode gemeinsam hat. Auf der anderen Seite vermeidet man Fehler, die einem trotz genauer Anwendung üblicher Regeln immer wieder passieren.

Eine Regel für die englische Frage lautet auf kürzeste Form gebracht: Vollverben werden mit *to do* umschrieben. Wir wenden die Regel auf einfache Sätze an. Trotz strikter Beachtung dieser Regel könnten wir unter dem Einfluß unserer Muttersprache auf folgende falsche Sätze kommen:

Mögen Sie Mozart?   Hat Ihnen das Konzert gefallen?
*Do you Mozart like?   *Did you the concert like?

Wir haben die Regel beachtet, aber eine zweite dabei übersehen. Haben wir aber statt auswendig gelernter Regel das Rezept *Tun Sie mögen X? Taten Sie mögen Y?* parat, vermeiden wir den Fehler, gerade weil wir zur wörtlichen Übersetzung neigen:

Do you like Mozart?   Did you like the concert?

Wer so arbeitet, ist sicher vor falscher Übernahme der muttersprachlichen Grammatik. Lernen Sie «Fremdsprachendeutsch» – der Beherrschung Ihrer Muttersprache kann diese Übung nichts mehr anhaben. Doch Sie ahnen vermutlich, warum sich diese einfache Methode im traditionellen Unterricht nicht durchsetzt, warum Grammatiker davor zurückschrecken, sie als Lernhilfe in ihre Bücher aufzunehmen. Dabei würde man mit dem Aufbrechen der übermächtigen muttersprachlichen Strukturen mehrere Fliegen mit einer Klappe schlagen, weil die Sprachen unserer Nachbarn Gemeinsamkeiten aufweisen.

Deutsch	noch	nicht
«Ausländisch»	nicht	noch
Französisch	pas	encore
Englisch	not	yet
Italienisch	non	ancora

So gehen Sie vor

1. Gute Wörterverzeichnisse haben eine dritte «Satzspalte». Sätze mit Strukturunterschieden schreiben Sie ab und setzen darunter die Wort-für-Wort-Übersetzung. Markieren Sie die Unterschiede.
2. Verfahren Sie ebenso mit ausgewählten Sätzen des Lektionstexts, die Ihnen Schwierigkeiten bereiten.
3. Schreiben Sie den besten und kürzesten Mustersatz aus Ihrer Grammatik auf ein Poster. Setzen Sie die wörtliche Übersetzung darunter. Verkürzen Sie die Regel zu einem «Wenn-dann-Satz».

Wohlgemerkt, es geht nicht darum, möglichst viele verschiedene Grammatiksätze wörtlich zu übersetzen. Es geht vielmehr um Probleme, die auch bei bester Regelkenntnis Schwierigkeiten machen.

Wie hilft uns die Muttersprache beim Grammatiklernen?

1. Der Sprachvergleich ist neben der induktiven und der deduktiven Methode ein dritter Weg, Regeln zu erkennen und zu beherrschen.
2. Durch den Vergleich beider Sprachen wird uns ihre Strukturverschiedenheit bewußt. Wir vermeiden typische Sprachfallen.
3. Mit einiger Übung imitieren wir schon sehr bald die Eigenheiten der Fremdsprache. Das Gespür für die strukturellen Unterschiede zwischen Ziel- und Muttersprache ist die Vorstufe zu dem berühmten Sprachgefühl. Lernen Sie nicht die Regel – die Beschreibung des «Tricks» –, sondern gleich den «Trick» selbst.
4. Die systematischen «Deutschfehler» sind komisch und deshalb einprägsam – je grotesker, desto «merkwürdiger» sind sie. Zwar macht die wörtliche Übersetzung typischer Grammatiksätze deren Inhalt nicht merkenswerter, doch anders als in der Fremdsprache bleiben uns die fremden «Strickmuster» in der Muttersprache eher im Gedächtnis als in der Fremdsprache.

Obwohl es logisch und natürlich ist, geriet der Rückgriff auf die eigene Sprache in Mißkredit und wurde erst in den achtziger Jahren wiederentdeckt (Beispiel Butzkamm, 1989, und Birkenbiehl, 1993).

TEIL 5 | GRAMMATIK LERNEN

Mentale Bilder statt Regeln

Abstrakter Lernstoff ist schwer verdaulich. Grammatik wird deshalb von vielen Menschen als schwer empfunden, weil sie sich kein Bild davon machen können. Wir haben zusätzlich das Problem, daß abstrakte Regeln beim Sprechen nur schwer abrufbar sind. Wenn wir sie aber in mentale Bilder verwandeln, sind sie beim Sprechen verfügbar, denn Bild und Text werden in verschiedenen Hemisphären des Gehirns verarbeitet. Zu dieser simultanen Leistung ist unser Gehirn bestens gerüstet, zumal wir ein vorzügliches Gedächtnis für Bilder haben. Einige Bereiche eignen sich besonders dafür.

Überall, wo hinter Strukturverschiedenheiten der Sprachen unterschiedliche Betrachtungsweisen der Welt stehen, versuchen wir, das muttersprachliche Welt*bild* durch das fremdsprachliche zu ersetzen. Dies ist wörtlich gemeint.

1_Symbole: die Zeitlinie t
(t wie time oder temps)

Auf einigen Gebieten hat sich in den meisten Grammatiken schon eine Zeichensprache durchgesetzt. Sie ist eine Vorstufe zu bildhaften Regeln und dient als Erklärungs- und Verständnishilfe. Gleich, ob man Englisch, Französisch, Italienisch oder Spanisch lernt, die Zeitlinie hilft, die Regeln für den Gebrauch der Zeiten besser zu verstehen.

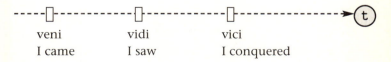

| veni | vidi | vici |
| I came | I saw | I conquered |

Für aufeinanderfolgende Ereignisse setzen wir mit dem Zeigefinger im Geiste jeweils einen Marker auf die Zeitlinie – Signale für *past tense* beziehungsweise *passé composé*. Zeiträume werden im Englischen und Französischen verschieden gesehen. Eine Wellenlinie soll bedeuten, daß man den Verlauf einer Handlung intensiv in allen Details empfindet. Das englische Verb steht dann in der Verlaufsform. Stellt man emotionslos die reine Tatsache fest, steht eine einfache Zeit. Man markiert dies durch einen Ausschnitt aus der Zeitlinie.

I *was playing* football *when* you phoned me.

I *played* football for two hours then I left.

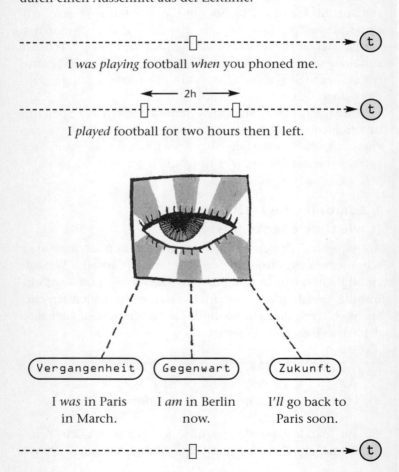

Vergangenheit	Gegenwart	Zukunft
I *was* in Paris in March.	I *am* in Berlin now.	I*'ll* go back to Paris soon.

2_Mit den Augen des Kameramannes: Past oder Perfect

Das für uns Deutsche so schwierige *present perfect* läßt sich auf der Zeitlinie durch einen imaginären Kameraschwenk veranschaulichen.

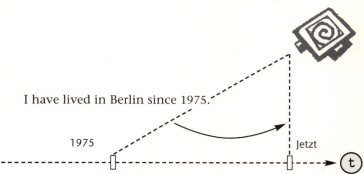

Stellen Sie sich vor, Sie würden die Veränderung Englands aus großem Abstand filmen. Schwenkt die Kamera entlang der Zeitlinie von 1945 bis zum Zeitpunkt der Aufnahme (beziehungsweise des Sprechens), entspricht das dem *present perfect*. Endet der Schwenk früher oder wird auf ein Ereignis vor dem Jetztpunkt gezoomt, steht *past tense*.

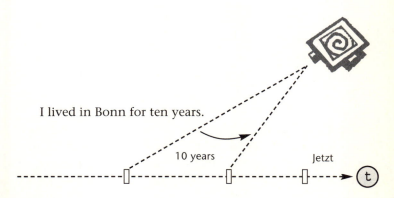

Anstelle des Kameraschwenks können Sie die gedachte Zeitlinie mit dem Zeigefinger abfahren. Immer wenn Ihr Finger (beziehungsweise die Handlung) den Jetztpunkt berührt, nehmen Sie *present perfect*. Stoppen Sie irgendwo davor, ist eine Form des *past tense* gefordert. Der Engländer hat vermutlich irgendein ähnliches Vorstellungsbild, wenn er diese Strukturen gebraucht.

3_Kinoeffekte:
Zeit und Aspekt

Mit dem englischen Zeitensystem haben wir Deutsche ein doppeltes Problem:

1. Welche Zeitstufe nehmen wir?
2. Welche Sichtweise (Aspekt) wählen wir?
   Nehmen wir die einfache Zeit oder ihre Verlaufsform?

Und die Auswahl ist groß, wie dieser unvollständige Ausschnitt der Aktivformen zeigt. Die Wahl hängt davon ab, wie der Engländer eine Handlung betrachtet.

Zeitstufe	einfache Zeit	Verlaufsform
present tense	I write	I am writing
past tense	I wrote	I was writing
present perfect	I have written	I have been writing
past perfect	I had written	I had been writing
future I	I will write	I will be writing

Eine der führenden englischen Grammatiken (Lamprecht, 1986) macht ebenfalls eine Anleihe beim Film, um den Wechsel von den einfachen Verbformen und ihren Verlaufsformen zu veranschaulichen. Die Wahl hängt davon ab, wie der Engländer eine Handlung betrachtet. Lamprecht wählt ein Modell, das jedem Kinogänger vertraut ist. Der Film bedient sich bekanntlich mehrerer Aufnahmetechniken:

1. Die Technik der normalen Bildfolge gibt aufeinanderfolgende Ereignisse in der chronologischen Reihenfolge wieder: Das Augenmerk richtet sich auf das «Was geschieht erstens, zweitens, drittens?». Diese Sichtweise entspricht den einfachen Zeiten, dem inneren Aufzählen der Ereignisse an den Fingern.
2. Die Zeitlupe (hohe Bildfolge) richtet unser Augenmerk nicht nur auf das «Was geschieht?», sondern auch auf das «Wie geschieht es?». Diese Technik ist typisch für die psychologisch spannenden Momente. Sportreportagen machen oft davon Gebrauch, um uns den Sprung des Pferdes über die Hürde, den Matchball oder den Torschuß langsam und eindringlich im Detail miterleben zu lassen. Diese Sichtweise versprachlicht der Engländer mit der Verlaufsform.
3. Die Zeitraffertechnik macht durch eine große Zahl von zeitlich auseinander liegenden Einzelaufnahmen langsame Prozesse als kontinuierliche Vorgänge erfahrbar (zum Beispiel das sonst kaum wahrnehmbare Wachsen einer Pflanze). Dies entspricht der Sichtweise des Engländers, wenn er die Verlaufsform der Perfektzeiten wählt. *I have been working the whole morning* will heißen *I was working at 8 o'clock ... at 9 o'clock ... at 10 o'clock ... and still at 11 o'clock.*

4_Temperamentssache: Der französische Konjunktiv

Dieses Kapitel ist mit Sprachfallen gespickt. In einem ersten Schritt sollten Sie sich mit den Regeln für den Konjunktiv im

Nebensatz mit *que* vertraut machen. In einem zweiten Schritt reduzieren wir die vielen Regeln und langen Listen mit Redewendungen auf drei einfache Vorstellungsbilder.

Der Konjunktiv ist Ausdruck gewisser Haltungen gegenüber der Realität. Statt verbaler Regeln merken wir uns Bilder, die beim Schreiben und Sprechen den Konjunktiv auslösen sollen.

Der Optimist ist zufrieden, freut sich und ist glücklich. Er sieht die Welt durch eine rosa Brille. Sein Gesicht steht für alle geistesverwandten Ausdrücke.

Der Pessimist ist unglücklich, leidet an der Welt, zweifelt, fürchtet, weint und trauert. Er sieht die Welt durch eine dunkle Brille. An sein Gesicht erinnern uns alle Worte, die diese Einstellung zur Realität ausdrücken.

Der Weltverbesserer wertet, fordert, tadelt, warnt, befiehlt, droht, bittet, erlaubt und verbietet. Diese Einstellung drückt der erhobene Zeigefinger aus.

Vielleicht lesen Sie den Konjunktiv in Ihrer Grammatik nach und assoziieren Regeln und Wortlisten mit diesen Bildern. Tun Sie noch ein übriges, begleiten Sie die Vorstellungsbilder, die dazugehörigen Regeln und Beispiele mit der jeweiligen Mimik und Gestik, die diese drei Einstellungen zur Welt ausdrücken.

5_Die innere Bühne:
Imperfekt und Perfekt im Französischen

Wer Französisch lernt, weiß, daß der Gebrauch des Perfekts und des Imperfekts nicht einfach ist. Ein kurzer Text soll dies veranschaulichen.

> An jenem Tage machte Herr Dupont einen Spaziergang im Wald. Es war ein schöner Frühlingstag, die Sonne schien, und die Vögel sangen. Herr Dupont dachte an nichts Böses. Da sprang plötzlich ein Mann zwischen den Bäumen hervor, zog einen Revolver und verlangte seine Brieftasche.

Während wir Deutschen bei Erzählungen dieser Art mit einer Vergangenheitsform auskommen, verwendet der Franzose zwei Vergangenheitsformen. Dadurch verleiht er seiner Erzählung ein Profil, das sich im Deutschen nicht in den Verbformen ausdrückt. Es ist, als inszeniere er die Geschichte auf der Bühne eines Theaters. Die beiden Zeitformen gliedern die Geschichte in Kulissengeschehen und Haupthandlung.

Mit dem Imperfekt verweist der Franzose Hintergründe, Nebensachen und Begleiterscheinungen (Wetter, Vogelgesang) seiner Geschichte in die Kulisse. Mit dem Perfekt stellt er das tragende Handlungsgerüst seiner Erzählung ins Rampenlicht (sprang hervor, zog Revolver, verlangte Brieftasche). Es ist, als richte er das Perfekt wie einen Bühnenscheinwerfer auf die wesentlichen Ereignisse der Handlungskette. Im französischen Text sieht das so aus:

KULISSE: IMPERFEKT

Ce jour-là, M. Dupont *se promenait* dans la forêt. C'*était* une belle journée de printemps: le soleil *brillait*, les oiseaux *chantaient* et M. Dupont ne *pensait* à rien de mal.

HANDLUNGSKETTE IM RAMPENLICHT: PERFEKT

Tout à coup un homme *est sorti* des arbres, *a tiré* un revolver et lui *a demandé* son portefeuille.

TEIL 5 | GRAMMATIK LERNEN

Wir kommen nun zu dem entscheidenden Schritt: Bühne und Kulisse kann man sich mit ein wenig Übung während des Lesens, Schreibens und Sprechens vorstellen. Beim Schreiben und Sprechen füllt sich die Bühne Ihrer Phantasie nach und nach. Die Kulisse statten Sie im Imperfekt *(imparfait)* aus, mit dem Perfekt *(passé composé)* gestalten Sie den Handlungsablauf. Durch das Visualisieren des Bühnenmodells erwerben Sie dabei ein Gefühl für Grammatik. Sie sind der Regisseur, der mit dem Imperfekt das Bühnenbild ausstattet und mit dem Perfekt das Bühnengeschehen dirigiert. Mentale Bilder dieser Art sind mächtige Regeln. Aber Sie werden zu Beginn trotzdem noch Fehler machen. Deshalb kann es nicht schaden, wenn Sie zunächst die wichtigsten Signale (mit der Signalfarbe) und das Bild assoziativ verkoppeln. Für die beiden französischen Zeiten sieht das so aus:

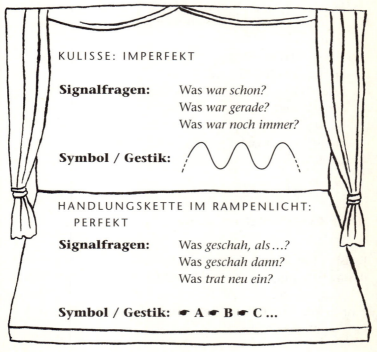

Versuchen Sie, beim Sprechen oder Schreiben die wellenförmige Handbewegung für das Imperfekt tatsächlich oder in Gedanken auszuführen. Die Geste ist nichts anderes als eine grammatische Regieanweisung für Ihre geistige Bühne. Handlungsabläufe (vom Typ «er sprang, zog und verlangte») zählen Sie tatsächlich oder im Geiste an den Fingern auf oder setzen sie als Kreuze auf die gedachte Zeitlinie. Diese «Bewegungen» entsprechen dem Perfekt. Sie stützen auf diese Weise die Regeln und Bilder durch Ihr Muskelgedächtnis.

Fassen wir zusammen. Zwei Gründe sprechen für bildgestützte Regeln:

1. Mentale Bilderregeln sind mehr als nur Gebrauchsanweisungen zur Konstruktion von Sätzen. Sie übertreffen jede Regel an Wirksamkeit, weil Sprechabsicht, Inhalt und Regel miteinander verschmelzen und gleichzeitig abrufbar sind.
2. Sowohl das Anwenden von verbalen Regeln als auch das Sprechen vollziehen sich in der linken Hemisphäre unseres Gehirns, deshalb fällt es schwer, dies gleichzeitig zu tun. Zeichen, Gestik, Mimik und Sprechen dagegen sind biologisch eng miteinander verwandt – man denke an die Handbewegungen, die man beim Warnen, Befehlen oder Drohen ausführt.

Über Eselsbrücken gehen

Eselsbrücken baut sich der Mensch, wenn er etwas lernen muß, das nicht gehirngerecht ist. Darum greifen Lehrer und Schüler gerne auf sie zurück, um die unausrottbaren Fehler auszumerzen. Es gibt drei Grundtypen von Eselsbrücken, die sich vielfach kombinieren lassen:

TEIL 5 | GRAMMATIK LERNEN

1. Visuelle Eselsbrücken
2. Akustische Eselsbrücken
3. Systematische Eselsbrücken

Viele Eselsbrücken sind nur punktuell einsetzbare Hilfen. Als Gedächtnisstützen beim Schreiben und zum Auseinanderhalten leicht verwechselbarer Wörter erfüllen sie jedoch ihren Zweck. Hier einige Beispiele zum englischen Relativpronomen:

Pers**o**n: *wh**o***
D**i**ng, T**i**er: *wh**i**ch*

Die wichtigsten Gedächtnisstützen sind Rhythmus und Reim. Sie zwingen uns, nicht nur Inhalt, sondern auch Form buchstabengetreu zu reproduzieren. Beispiel und Regel muß man mehrmals lesen. Das fällt bei Versen leichter als bei der nüchternen Sprache der Grammatiker.

Wir wählen als Pronomen
Für D**i**nge *wh**i**ch,*
*wh**o**, wh**o**m* nur für Pers**o**nen.

Viele Schüler verwechseln aus naheliegenden Gründen die kurzen Wörter wo = *where* mit wer = who. Dazu eine kleine Eselsbrücke:

who? Antwort: *you!*
where? Antwort: *there!*

Je dümmer der Spruch, desto einprägsamer scheint er zu sein. Hier einige Beispiele aus dem Repertoire der Französischlehrer:

Sag nie *à les* und nie *de les*.
Es bleibt stecken in der Kehle.

Das *lui le* und das *leur le*
Beißen sich ins Öhrle.

Auf der Oder schwimmt kein Graf
Doch auf dem *où*, deutsch wo,
Sitzt ein kleiner Floh.

With yesterday, ago and last
You must always use the past.

Sometimes, always, never, just
am besten vor das Zeitwort paßt.

Eine nette Eselsbrücke ist die Einteilung der unregelmäßigen Verben in Hühner-, Katzen-, Sioux- und Nachttopfverben:

Hühnerverben: Kennvokale u – e
put	put	put	setzen, stellen
cut	cut	cut	schneiden
let	let	let	lassen, vermieten
bet	bet	bet	wetten

Katzenverben: Kennvokale [m] i – a – u
drink	drank	drunk	trinken
sing	sang	sung	singen
sink	sank	sunk	(ver)sinken

Siouxverben: Kennvokale [s] i – ou

f**i**ght	f**ou**ght	f**ou**ght	kämpfen
br**i**ng	br**ou**ght	br**ou**ght	bringen

Nachttopfverben: Kennvokale a – a

c**a**tch	c**au**ght	c**au**ght	fangen
te**a**ch	t**au**ght	t**au**ght	lehren

Vielen Schülern macht im Französischen die Reihenfolge der Objektspronomen vor dem Verb Schwierigkeiten.

Beispiel: Tu *me le* donnes?

Wenn Sie mehrmals rhythmisch die folgende Silbenkombination laut skandieren und dabei den Takt auf die Tischplatte trommeln, werden Sie auch beim Sprechen keinen Fehler machen:

1. Strophe	2. Strophe	3. Strophe
me – le te – le se – le	nous – le vous – le	le – lui le – leur

TEIL 5 | GRAMMATIK LERNEN

Wenn Sie die drei Strophen im Schlaf herunterrasseln können, ist Ihnen die Reihenfolge in Fleisch und Blut übergegangen.
Die Reihenfolge der Satzteile im englischen und französischen Aussagesatz ist fast immer *Subjekt – Verb – Objekt*. Wir merken uns die Anfangsbuchstaben *S-V-O* wie *Straßen-Verkehrs-Ordnung*.
Also nicht wie im Deutschen:

	V	S	O
Heute	treffe	ich	Peter.

sondern

	S	V	O
Today	I	am meeting	Peter.

Wie oft wird das **s** in der dritten Person Einzahl vergessen. Vielleicht hilft Ihnen der Spruch:

He – she – it – das **s** will mit.

Das deutsche Wörtchen *seit* hat im Englischen zwei Übersetzungen, je nachdem, ob es sich um einen Zeitpunkt oder einen Zeitraum handelt:

Ich wohne hier *seit* 1960.   I have lived here *since* 1960.
Ich wohne hier *seit* 10 Jahren.   I have lived here *for* ten years.

Dazu als Gedächtnisstütze die akustisch-systematische Eselsbrücke:

  s**i**nce   Zeitpunkt auf dem **i**
  f**o**r   Zeitraum im **o**

Selbstgezimmerte Eselsbrücken sind die effektivsten, gleichgültig wie baufällig sie anderen erscheinen mögen. Sie sind bereits eine Form der Verarbeitung des Lernstoffs und eine der so wichtigen Wiederholungen, die ja nicht immer nach demselben Rezept erfolgen sollen. Eselsbrücken haben aber auch Nachteile. Die meisten sind nur verbale Regeln in anderer Form und mehr für das Schreiben als für das Sprechen von Wert.

Unvergeßliche Grammatiksätze

Es gibt Beispiele, die sind besser als manche geschriebene Regel. In unseren Grammatiken finden wir mit etwas Glück solch einen Satz unter vielen. Wie Sie eine Sammlung von idealen Mustersätzen anlegen, erfahren Sie in diesem Kapitel.

Zu jeder griffigen Regel gehören mindestens drei griffige Beispiele, die sich so einprägen, daß sie ohne langes Nachdenken abrufbar sind. Keine Regel ohne Beispiel – kein Beispiel ohne Regel! Beide müssen untrennbar miteinander verkoppelt werden (Leisinger, 1966). Dies gelingt dem Lernenden aber nur mit Regeln, die merkbar, und mit Beispielen, die «merkwürdig» sind. Wie sieht ein einprägsamer Grammatiksatz aus?

1. Er ist einfach und verständlich.
2. Er ist nicht künstlich und konstruiert.
3. Er illustriert die grammatische Struktur klar und eindeutig.
4. Er ist so lang wie nötig und so kurz wie möglich.
5. Er ist altersgerecht, so daß wir uns für ihn interessieren.
6. Er muß für Sie persönlich so merkenswert sein, daß Sie ihn nicht vergessen.

Strukturgetreues Abrufen ist, wie mehrfach erwähnt, für unser Langzeitgedächtnis schwierig. Dennoch gibt es Sätze, deren

Form stabil bleibt. Alle Kriterien (bis auf das erste, doch hier hilft ein Wörterbuch) werden von Sprichwörtern, Graffiti, kurzen Witzen und Versen erfüllt. Solch einen Grammatiksatz behalten wir,

- weil Lebensweisheiten, berühmte, tiefsinnige Zitate uns existentiell berühren,
- weil Graffiti Aha-Erlebnisse und kurze Witze Lachen auslösen,
- weil wir sie bei unserer Lektüre selbst gesammelt haben,
- weil die grammatische Struktur so fest verankert ist, daß wir sie nicht verändern können, ohne die Pointe zu verlieren. Kürze, Wortwahl, Klang, Rhythmus, Reim und Bildhaftigkeit haben den Grammatiksatz in seiner Form erstarren lassen. Jede noch so kleine Veränderung fällt sofort auf.

1_Witze

Witze gehören zu den wenigen Grammatiktexten, die man freiwillig weitererzählt. Sie motivieren von sich aus zur Anwendung. Anwendung und Wiederholung sind das A und O des Sprachenlernens. Hier einige Beispiele zum Gebrauch der französischen Artikel. Unbekannte Wörter finden Sie wie immer im Anhang:

Les cannibales sont *des* hommes qui aiment
leur prochain avec *de la* sauce.

Pourquoi les Arabes ont-ils tout *le* pétrole alors que *les* Belges n'ont que *des* frites?
Parce que les Belges ont choisi *les* premiers.

2_Graffiti

In der Kürze liegt die Würze, darum sind Geistesblitze wie Graffiti den längeren Witzen überlegen. In den Beispielen geht es um den englischen Imperativ – bejaht, verneint und betont.

Save water. *Shower* with a friend.

Graffiti in front of the Bundestag:
Visitor, *try* the famous echo in the German Bundestag.

Written on the door of the biology classroom:
Make love, not war. *See* teacher for details.

Sign in a German bar for British soldiers:
Don't worry how bad our English is.
Our Scotch is excellent.

Road safety notice outside a school:
Drive carefully. *Don't* kill a child.
Written underneath:
Do wait for the teachers.

Die Bedingungssätze bereiten uns Deutschen besondere Schwierigkeiten:

Typ 1
Modern science:
If it *wriggles* it's biology,
if it *stinks* it's chemistry,
if it *doesn't work* it's physics.

Typ 2
If wise men never *erred*,
fools *would* have to despair.

Typ 3

If *I'd been* the virgin Mary, I*'d have said* no.

If Columbus *hadn't* discovered America,
he *would have saved* us a lot of trouble.

3_Redensarten und Sprichwörter

Sprichwörter und Redensarten eignen sich als Grammatiksätze besonders gut. Sie sind tiefsinnig und werden durch Rhythmus, Lautmalerei, Assonanz und Sinn zusammengehalten. Sie sind einprägsam, weil sie wie Graffiti nur etwa 5 bis 10 Silben umfassen und selten die kritische Gedächtnisspanne von 1,5 Sekunden übersteigen.

Englische Steigerung

No news is *good* news.
Prevention is *better* than cure.
Half a loaf is *better* than no bread.
Who laughs *last* laughs *best*.

Much cry and *little* wool.
More haste *less* speed.
Who knows *most* says *least*.
An expert learns *more and more*
about *less and less*.

Relativpronomen

A teacher is someone *who* speaks in other people's sleep.
A striptease dancer is a girl *who* has everything
and shows it.
Honeymoon: The period during *which* the bride
trusts the bridegroom's word of honour.

Für die Stellung englischer Häufigkeitsadverbien (*always, never* etc.) bekommt man durch prägnante Beispiele eher ein Gefühl als durch diese Regel: Häufigkeitsadverbien stehen vor Verben oder nach dem ersten Hilfsverb.

Häufigkeitsadverbien
Barking dogs *never bite*.
It *never rains* but it pours.
Misfortune *never comes* singly.

> aber:

Old love *is never forgotten*.
A friend *is sooner lost* than found.
A fool *may sometimes give* a wise man counsel.

Der erfolgreiche Sprachenlerner begnügt sich nicht mit den nichtssagenden Beispielen aus den Schulgrammatiken, sondern sammelt bei seiner Lektüre Grammatiksätze zum Nachdenken, Anwenden und Erzählen. Er beginnt früher als andere das «Abenteuer Lesen». Sätze, die ihm etwas bedeuten, wandern in seine Wortschatzkartei.

Sie erhalten die «unvergeßlichen» Grammatikbeispiele in den zahllosen Sammlungen mit geflügelten Worten, Zitaten, Witzen und Graffiti in allen Sprachen. In der Reihe, in der auch dieses Buch erscheint, finden Sie für das Englische und für das Französische je eine kleine Grammatik und ein Konversationsbuch, deren Beispiele von der Weisheit und dem Witz vieler Völker und Generationen geschrieben wurden (*Joke Your Way through English Grammar*, rororo 18527; *Joke by Joke to Conversation*, rororo sprachen 18797; *La Grammaire en s'amusant*, rororo sprachen 18714; *La Conversation en s'amusant*, rororo sprachen 18873).

Die «erlesene» Grammatik

Sie lernen eine Sprache, um Zeitungen und Bücher zu lesen und sich im In- und Ausland zu verständigen. Je mehr man hört und liest, um so leichter schließt man Wortschatzlücken. Mit einiger Übung geht man über unbekannte Stellen einfach hinweg. Immer seltener wird man zum Wörterbuch oder zur Grammatik greifen. Das ist gut so.

Grammatik im Kontext

Doch sollten Sie in größeren Abständen eine Textseite, die Ihnen der Mühe wert erscheint, mit den Augen des Grammatikers lesen. Am besten kopieren Sie sich den Artikel oder die Buchseite auf ein DIN-A4-Blatt im Querformat, so daß ein breiter Rand frei bleibt. Entweder streichen Sie alle Strukturen an, die Ihnen auffallen, oder Sie lesen den Text unter einem bestimmten grammatikalischen Gesichtspunkt (zum Beispiel Zeit und Aspekt). Markieren Sie die Signalwörter farbig. Schreiben Sie an den Rand das grammatische Stichwort. Hier ein englisches Beispiel, aus Platzgründen ein Witz (Vokabelhilfen siehe Anhang):

Text	Stichwort
Bob: *Have you got any plans for* to night?	Pläne erfragen
Tom: Yes, *I'm going to* play chess with my dog.	Absicht, Vorhaben
Bob: *Can you* believe it? It must be a really intelligent animal.	Keine Umschreibung mit *to do* bei *can, may, must*
Tom: Not really. I *won* three games *last night*.	Past tense; Signal: *last night*

Selbst ein so kurzer Text ist reich an Wortschatz-Grammatik und Sprechfunktionen, für die in der Kartei jeweils eine Abteilung vorgesehen wird. Sie lernen, wie man sich nach jemandes Plänen erkundigt *(have you got any plans for...)*, wie man über eigene Pläne spricht *(I'm going to ...)*, wie man ungläubiges Staunen ausdrückt *(can you believe it?)*, eine Schlußfolgerung zieht *(it must be ...)* und eine Äußerung relativiert *(not really)*.

Mit dieser Technik bleiben Sie Sammler von Wortschatz und Redewendungen. Ringbuch und Kartei werden um so wichtiger, je unabhängiger Sie sich von Lehrbüchern und Kursen machen und zu echten Texten greifen. Sie wiederholen statt isolierter Strukturen die Grammatik in einem Geflecht von Bezügen und Bedeutungszusammenhängen, die Sie selbständig entdecken und darum um so besser behalten.

Cloze-Übungen am Computer

Mit Ihrem Textverarbeitungsprogramm erstellen Sie sich ohne viel Mühe Ihre eigenen Wortschatz- und Grammatik-Leseübungen. Sie benötigen dazu einen Text. Die großen Verlage liefern ihre Lehrbuchtexte auf CD-ROM. Wenn Sie die Kosten scheuen, gehen Sie ins Internet (Adressen siehe Anhang). Dort finden Sie nicht nur die fremdsprachigen Zeitungen von morgen, sondern auch ein vielfältiges Angebot für Sprachenlerner. Kopieren Sie einen interessanten Text fünfmal in Ihre Datei.

Auf jeder Kopie wird nun jedes fünfte Wort getilgt. Auf der ersten Kopie löschen Sie das erste, sechste, elfte Wort...; in der zweiten Version beginnen Sie mit dem zweiten Wort und löschen das siebte, zwölfte... Mit der fünften Lückenversion sind alle vorkommenden Wörter einmal ausgelassen worden.

Sie nehmen sich nun die fünf Versionen vor und versuchen, sie nacheinander beim Lesen zu ergänzen. Der vollständige Text dient Ihnen als Hilfe und Kontrolle. Nach dem fünften Durchgang beherrschen Sie alle Details. Wer sich einmal dieser

TEIL 5 | GRAMMATIK LERNEN

Mühe unterzieht, wird die «Cloze-Technik», so heißt diese Methode, als höchst wirksame Übung erfahren. Die Texte heben Sie auf, nicht zuletzt deshalb, weil sie wegen ihres interessanten Inhalts von Ihnen ausgewählt wurden. Versuchen Sie sich an den ersten zwei Versionen des folgenden Beispiels. Zuerst der komplette Text mit Vokabelhilfen:

A missionary went to a remote part of the world to convert the natives. His first sermon went like this: "All men are your brothers and you must love your brothers." The natives raised their spears and shouted: "Owamba! Owamba!" – "But you must love your enemies as well." The natives raised their spears and shouted: "Owamba! Owamba!" The missionary went on: "If a man hits you, you should turn the other cheek." Again a raising of spears and a loud "Owamba! Owamba!" – "Thou shalt not kill," he went on. "Therefore the Church expects you not to fight." Once again, the natives raised their spears and shouted: "Owamba! Owamba!"

The missionary was very satisfied with the effect his speech had had on the whole tribe. Stepping down from the platform he said to his guide, "I think my little sermon went down well, don't you?" – "Well," said his guide, "I don't know. Watch your step! Don't tread in the owamba."

a remote part of the world: ein entlegener Teil der Welt; *convert:* bekehren; *native:* Eingeborener; *sermon:* Predigt; *raise one's spear:* den Speer heben; *shout:* rufen; *enemy:* Feind; *he went on:* er fuhr fort; *Thou shalt not kill:* du sollst nicht töten; *turn the other cheek:* die andere Wange hinhalten; *satisfied:* zufrieden; *go down well:* gut ankommen; *guide:* Führer; *tread:* treten

TEIL 5 | GRAMMATIK LERNEN

Lückenversion 1

___ missionary went to a part of the world ___ convert the natives. His _____ sermon went like this:

" _____ men are your brothers _____ you must love your _____ " The natives raised their _____ and shouted: "Owamba! Owamba!" –

" _____ you must love your _____ as well." The natives _____ their spears and shouted: " _____! Owamba!" The missionary went _____ : "If ____ man hits you, you _____ turn the other cheek." _____ a raising of spears _____ a loud "Owamba! Owamba!" – " _____ shalt not kill," he _____ on. "Therefore the Church ____ you not to fight." _____ again, the natives raised _____ spears and shouted: "Owamba!"

The missionary was _____ satisfied with the effect ____ speech had had on _____ whole tribe. Stepping _____ from the platform he _____ to his guide:

"I _____ my little sermon went ___ well, don't you?" –
" _____," said his guide, "I _____'t know. Watch your _____ ! Don't tread in _____ owamba."

Und so weiter mit Version drei bis fünf. Es liegt auf der Hand, daß diese Lückentextübung mehr als eine Grammatikübung ist. Durch das Ergänzen des Fehlenden trainieren Sie eine wichtige Technik des Erschließens von unbekannten Wörtern. Diese Fertigkeit ist eine Voraussetzung für das Hör- und Sehverstehen (siehe Seite 189 ff. und 199 ff.).

Eine weniger aufwendige und vielleicht noch effektivere Alternative besteht darin, ausgewählte Wortarten zu löschen, zum Beispiel die Verben oder die Funktionswörter.

TEIL 5 | GRAMMATIK LERNEN

Lückenversion 2
Verben: _____ **Funktionswörter:** ....

A missionary _____ ....a remote part ....the world to _____ the natives. His first sermon _____ like this: "All men are your brothers and you _____ love your brothers." The natives _____ their spears and _____: "Owamba! Owamba!" – "But you must _____ your enemies ....well." The natives _____ their spears and shouted: "Owamba! Owamba!" The missionary _____ ....: "If a man _____ you, you _____ turn the other cheek." Again a raising of spears and a loud "Owamba! Owamba!" "Thou shalt not kill", he went .... "Therefore the Church _____ you not to _____." Once again, the natives raised their spears and shouted: "Owamba! Owamba!"
The missionary _____ very satisfied ....the effect his speech had _____ ....the whole tribe. _____ .... from the platform he _____ to his guide, "I _____ my little sermon _____ .... well, don't you?" – "Well," said his guide, "I don't know. _____ your step! Don't _____ .... the owamba."

Mit dem Computer erstellen Sie solche Übungen in wenigen Minuten. Bereits das Tilgen der Verben und Funktionswörter ist eine sinnvolle Übung, weil Sie Ihre Aufmerksamkeit auf grammatische Erscheinungen richten und sie dabei lernen.

Der problematische dritte Bereich der Grammatik

Lernpsychologisch betrachtet kann man die Grammatik in drei Bereiche einteilen:

1. grammatische Strukturen, die man am besten wie Wortschatz lernt (Lexico-Grammatik, siehe Seite 149).
2. Strukturen, hinter denen eine für die Sprache typische Sichtweise steht. Die zugehörigen Regeln lassen sich deshalb in Form von mentalen Konzepten oder Bildern lernen (Seite 64 und 157).
3. Strukturen, die keine Bedeutung an sich haben. Sie lassen sich aus diesem Grund weder wie Wortschatz lernen, noch können wir die zugehörigen Regeln bildhaft verinnerlichen. Dazu zählt die Formenlehre (*I work*, aber: *he works*). Sprachliche Probleme treten auch dort auf, wo unsere muttersprachlichen Gewohnheiten so übermächtig sind, daß wir wider besseres Wissen gegen die Regel verstoßen (Ich bin geboren: Nicht **I am born*, sondern *I was born*).

Um das Ausschalten von Fehlerquellen in dem dritten Bereich geht es in diesem Kapitel. Da unser Langzeitgedächtnis vorwiegend Bedeutungen und Inhalte speichert, müssen uns alle Strukturen, die nicht sinnenhaft, sondern reine Formalismen sind, durch Drill und Einschleifen zur Gewohnheit werden. Beim Militär nennt man das Formalausbildung. So wie Sportler – um einen friedfertigeren Vergleich zu ziehen – Bewegungsabläufe üben, bis sie im Schlaf beherrscht werden, müssen wir auch den dritten Bereich der Grammatik trainieren.

Wer ständig den gleichen Fehler macht (**he don't* statt *he doesn't* sagt), dem ist nicht mit Erklärungen, sondern nur mit eingeschobenen Drills zu helfen – so lang, bis ihm **he don't* falsch in den Ohren klingt. Erst dann ist Wissen zu Können geworden (Butzkamm, 1989). Das gleiche gilt für Bereiche, bei denen immer wieder die Muttersprache durchschlägt.

TEIL 5 | GRAMMATIK LERNEN

Vom Sprachlabor zum Walkman

Der Exerzierplatz für den Sprachdrill war früher das Sprachlabor. Sie werden heute kaum mehr eines finden. Dort kamen Kursteilnehmer und Schüler auf die notwendige Zahl der Wiederholungen und auf eine hohe Sprechzeit. Leider war lange Zeit die zugehörige Software nicht auf dem Stand der Lernpsychologie. Als die Verlage nachgezogen hatten, war den meisten Pädagogen die Lust am täglichen Kampf mit den Tücken der komplizierten, immer anfälliger werdenden Technik vergangen. Da schloß man sich bereitwillig einer neuen didaktischen Schule an und verurteilte das «mechanische, sinnentleerte Patterndreschen».

Doch gehören gute Strukturübungen für das Einschleifen von Problemkapiteln einerseits und kommunikative Übungen andererseits völlig verschiedenen Bereichen des Lernens an und stehen nicht in Konkurrenz. Sträubten sich dem Pädagogen noch bis vor wenigen Jahren die Haare bei den Worten «Drill und Einschleifen», so weisen heute immer mehr Fachleute (zum Beispiel Rohrer, 1990) auf den Wert sinnvoller Patterndrills hin.

Das folgende Beispiel für eine Drill- oder Trainingsphase ist ein Minidialog, in dem Sie die Rolle des Sprechers B übernehmen. Sprecher A wiederholt den Satz zur Kontrolle.

Sprecher A	Sprecher B
Do you both like Swedish films?	I *do* but my wife *doesn't*.
Did you both see the film?	I *did* but my wife *didn't*.
	Jetzt sind Sie Sprecher B.
Do you like sports?	I *do* but my wife *doesn't*.
Are you both learning to fly?	I *am* but my wife *isn't*.
Have you got any hobbies?	I *have* but my wife *hasn't*.
Did you both fail the test?	I *did* but my wife *didn't*.

TEIL 5 | GRAMMATIK LERNEN

Sie sind keineswegs auf ein Sprachlabor angewiesen. Ihr Trainingsplatz ist das Arbeitszimmer. Schauen Sie zuerst in der Lehrwerksübersicht oder dem Verlagskatalog nach, ob zu Ihrem Buch Sprachlabormaterial angeboten wird. Fragen Sie Ihren Lehrer, ob er Ihnen die Kassetten zusammen mit dem Begleitheft (!) ausleihen kann. In fast allen Schulen liegt dieses Material ungenutzt herum.

Computer als Lernpartner

Folgendes Beispiel stammt aus dem Programm *English Coach* (Cornelsen Verlag). Wie die Vokabeln so kann man auch die Grammatik nach Lektionen oder nach Themen wählen. Nehmen wir zum Beispiel das Problem der Wortstellung im Satz. Schildkröten kriechen oder Helikopter fliegen über den Schirm. Sie transportieren Satzbausteine. Wenn sie an die richtige Stelle des Satzes gelangt sind, stoppt man sie mit der Maus. Will man eine Regel einsehen, ruft man das Grammatikbuch auf.

Die Arbeit mit diesem Programm wird nicht langweilig. Die

Autoren haben Wert auf die Gestaltung der Bildschirmseiten gelegt. Nehmen wir ein weiteres Beispiel: *much, many or lots of?*

In den Sätzen sind *much, many* und *lots of* mit der Maus in die richtigen Behälter zu ziehen. Betrachten wir noch ein anderes Programm, um eine kleine Vorstellung von der Vielfalt des Angebots zu bekommen.

Die Grammatikseite aus *Multimedia English Course* aus dem Hueber Verlag ist anspruchsvoll. Man muß die passenden Informationen einem Textzusammenhang entnehmen, um die Aussagen in der linken Spalte zu korrigieren. Dabei ist die Struktur *he used to / he didn't use to* sinngerecht zu verwenden. Allerdings ist diese Bildschirmseite nicht unbedingt computergerecht, denn dieselbe Übung könnte man auch in einem Arbeitsbuch machen. Programme, die vorwiegend solche Buchübungen anbieten, sind abzulehnen. Doch im Zusammenhang mit der nächsten Seite macht es Sinn. Die erarbeiteten Sätze werden vorgesprochen. Anschließend spricht man nach, wobei Betonung und Intonation zu imitieren sind. Der Computer

TEIL 5 | GRAMMATIK LERNEN

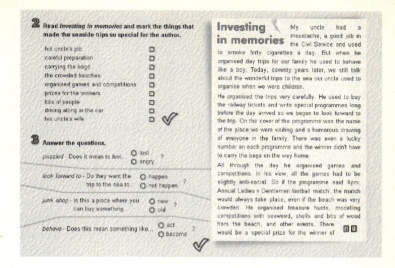

nimmt die Sätze auf, und Sie können Ihre Aufnahme sowohl akustisch als auch graphisch mit dem Modell vergleichen.

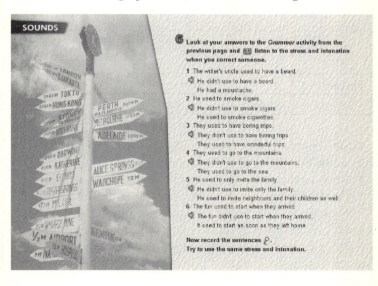

Zwar sind solche Übungen nicht so kurzweilig wie jene *Klick-drag-and-drop-Übungen*, aber die Verarbeitung und der Eindruck dieser Übung sind sicherlich tiefer – nicht zu vergessen der integrierte Online-Service, den der Verlag dem Käufer bietet.

Vom Patterndrill zum Partnerdrill

Die beste Arbeitsform, die das Sprachlabor und den Kassettenrekorder entbehrlich macht, ist das Sprachtraining in Partnerarbeit. Sie finden den Lernpartner unter gleichgesinnten Kursteilnehmern und Schulkameraden. Sie haben bereits die Begleithefte zu den Strukturübungen (ohne teures Tonmaterial) ausgeliehen. Sie kopieren Ihrem Trainingspartner die betreffende Übung, und es kann losgehen.

Geübt wird zweierlei: zwei Sprechfunktionen (Partner A gesteht Versäumnis ein; Partner B gibt einen mahnenden Rat) und zwei grammatische Strukturen (Signalwort *yet* mit *present perfect; you'd better...* : du tätest gut daran, zu...). Und so gehen Sie vor:

Partner(in) A	Partner(in) B
I haven't phoned Tom yet.	Then you'd better phone him now.

1. Sie lesen die ersten Beispiele still im Begleitheft.
2. Sie einigen sich auf die Rollenverteilung.
3. Sie lesen die ersten Beispiele mit verteilten Rollen laut.
4. Ihr Partner legt den Text jetzt beiseite und reagiert frei, ohne Textstütze. Sie flüstern ihm notwendige Hilfen zu.
5. Sie korrigieren mit Hilfe des Begleithefts die Reaktionen von Partner B. Dieser wiederholt die Korrektur.
6. Sie tauschen die Rollen.

TEIL 5 | GRAMMATIK LERNEN

Partner A	Partner B
I haven't mowed the lawn yet.	Then you'd better mow it now.
I haven't paid the rent yet.	Then you'd better.................
I haven't washed the car yet.	Then you'd.........................
I haven't posted the letter yet.	....
I haven't returned the book yet.	....

Nach etwa drei bis vier Minuten und 20 Variationen werden Sie vermutlich die Struktur *You'd better...* im Ohr haben. Und so steigern Sie die Übung:

1. Sprecher A paßt sich dem Tempo von B an, versucht es aber langsam zu steigern.
2. Sie tauschen die Rollen und machen einen zweiten Durchgang.
3. Sie prägen sich einige Beispiele ein und trainieren ohne Text.

Sie benötigen für eine Übung von zwanzig Drills mit Rollentausch weniger als zehn Minuten, und Sie werden sehen, es macht Spaß, vorausgesetzt, die Drills werden zügig, mit zunehmendem Tempo durchlaufen. Ähnliche Übungen werden Sie vielleicht in Ihrem Sprachunterricht gemacht haben, doch der Unterschied ist gewaltig. Wenn man von Kursen mit durchschnittlich zehn Teilnehmern und Klassen mit 30 Schülern ausgeht, dann erhöht sich Ihre aktive Übungs- und Sprechzeit bei der Partnerarbeit um das Fünf- beziehungsweise Fünfzehnfache. Testen Sie einmal, wie viele Minuten Sie im Unterricht tatsächlich zum Sprechen kommen. Sie werden feststellen, daß Sie es in einem Monat höchstens auf fünf bis zehn Minuten bringen, soviel wie bei einer einzigen Übung mit dem Partner.

TEIL 6: Hören, Lesen und Verstehen

Wer im Ausland Radio hören, ins Kino gehen, Vorträgen folgen, an Konferenzen teilnehmen oder auf Gesprächspartner reagieren will, der muß die Fertigkeit des Hör-, Seh- und Leseverstehens trainieren.

In diesem Teil des Buches finden Sie deshalb

- Ratschläge für das Üben mit Computer, Kassetten- und Videorekorder,
- Vorschläge für abwechslungsreiches Arbeiten nach verschiedenen Methoden,
- eine Palette von Techniken, mit deren Hilfe Ihnen unbekannte Wörter beim Lesen und Hören weniger Kopfzerbrechen machen werden,
- Anregungen, wie Sie diese wichtige Fertigkeit schon im ersten Lernjahr im In- und Ausland üben und erproben können.

Verstehenstraining ist keine isolierte Arbeitsform. Mit den hier vorgeschlagenen Methoden üben Sie nicht nur Auge und Ohr, sondern erwerben auch Wortschatz und Grammatik. Viele Arbeitsformen sind so angelegt, daß Sie zugleich Ihre Aussprache und Sprechfähigkeit verbessern. Und die Techniken des Erschließens von unbekanntem Wortschatz erleichtern beides, Hör- und Leseverstehen.

TEIL 6 | HÖREN, LESEN UND VERSTEHEN

> *Time for a smile*
>
> My uncle tripped on a broken curb and went to the hospital. After examining him, the doctor said, "I have some good news and some bad news for you. First of all, you'll never be able to work again. My uncle said, "Okay, now what's the bad news?"

Was ist Hör- und Sehverstehen?

Hör- und Sehverstehen ist die Fähigkeit, in einer Situation nicht nur das Gesagte zu verstehen, sondern auch das Gemeinte, das heißt den Tonfall, die Mimik und Gestik. Hören und Verstehen sind so alt wie die Menschheitsgeschichte.

Im Vergleich dazu gehören Schreiben und Lesen erst seit relativ kurzer Zeit zur Allgemeinbildung. In der Muttersprache fallen uns diese relativ jungen Techniken schwerer als Verstehen und Sprechen. Doch in der Fremdsprache ist es genau umgekehrt. Papier ist geduldiger als das flüchtige gesprochene Wort. Beim Lesen sehen wir, wo ein Wort endet und das nächste beginnt. Wir können überlegen, zurückblättern und nachschlagen. Beim Hör- und Sehverstehen hingegen schwimmen wir in einem verwirrenden Strom von Lauten und Gesten, den wir nicht nach Bedarf stoppen können. Wörter verschmelzen zu Sprechtakten, die nur durch kurze Pausen getrennt sind. Wer in diesem Strom nach einzelnen Wörtern fischt, dem entgehen ganze Sätze. Wir müssen unser Ohr trainieren, die Wortgrenzen zu erkennen, und mehr noch als beim Lesen Lücken aus dem Sinnzusammenhang ergänzen.

Nun sind wir glücklicherweise nicht nur auf unser Ohr angewiesen. Wir können uns auch auf die Erfahrung in der Muttersprache und das Auge verlassen. Viele Sätze verstehen wir, ohne ein einziges Wort der Sprache gelernt zu haben, weil wir Tonfall, Mienenspiel, Gestik und die Situation zu deuten wissen.

Englisch	Französisch
Verkäufer mit fragendem Gesicht:	
What can I do for you?	Qu'est-ce qu'il y a pour votre service?
Kunde, auf Brotregal deutend:	
A loaf of bread, please.	Un pain, s'il vous plaît.
Verkäufer gibt ihm ein Brot:	
Here you are. Anything else?	Voilà, monsieur. Et avec ça?
Kunde zückt Portemonnaie:	
That's all. That's how much?	C'est tout. Ça fait combien?
Verkäufer öffnet Kasse:	
One pound thirty, please.	17 Francs, monsieur.

So durchschauen Sie dank Ihrer Weltkenntnis ein Verkaufsgespräch in einer europäischen Bäckerei, auch wenn Sie die Sprache nicht sprechen. Sie brauchen also nicht jedes Wort zu kennen, um zu verstehen. Im Extremfall erfassen Sie alles mit den Augen. Deshalb sprechen wir von Hör- und Sehverstehen.

In Politik und Wirtschaft haben Hör- und Sehverstehen einen hohen Stellenwert. Die Sprache zu verstehen ist für manche Führungskraft oft wichtiger, als sie zu sprechen. Zwar bekommt er (und immer häufiger auch sie) bei Verhandlungen einen Dolmetscher zur Seite. Dieser übernimmt das Sprechen, nicht aber die Verantwortung. Der Verhandlungsführer muß seinen Partner verstanden haben, bevor der Dolmetscher übersetzt, um Zeit zum Überlegen zu gewinnen. Als Experte kennt man ja die Fachwörter, das Thema und das Verhandlungsritual genau und

TEIL 6 | HÖREN, LESEN UND VERSTEHEN

kann so der Übersetzung immer ein Stück voraus sein. Auch muß man in der Lage sein, die Körpersprache des Partners zu deuten. Je nach Tonfall, Mimik und Gestik kann ein Satz wie «Das ist ja eine schöne Überraschung» ganz unterschiedliche Bedeutung haben. Ständig müssen unwichtige Informationen von wichtigen getrennt, muß Nichtverstandenes ergänzt, die Sprechabsicht der Partner interpretiert und das Gesagte in das Gemeinte übersetzt werden. Hör- und Sehverstehen sind also kein passives Zuhören, sondern eine Tätigkeit, bei der man in hohem Maße aktiv ist.

Hörverständnis ist nicht immer so leicht wie in dem Verkaufsritual beim Bäcker. Auch Muttersprachler verzweifeln mitunter, wie die folgenden Szenen zeigen:

> Teacher: Now, Johnny, what do we call the outer part of a tree?
> Johnny: I'm not sure... scale?
> Teacher: Bark, you silly boy, bark!
> Johnny: Woof-woof!

Das Mißverständnis entstand wegen der Doppeldeutigkeit von *bark* (Rinde; bellen). In verschiedenen Situationen haben Wörter verschiedene Bedeutungen:

> A lifeboat was called out to a yacht in trouble. The coastguard, trying to get the yacht's exact location, called on the radio: "What is your position?" And the answer came faint, but determined from the skipper, "My position? Well, I'm the Marketing Director of a medium-sized computer software firm in Amsterdam."

Selbst in eindeutigen Situationen kann der Kauf von Glühbirnen *(bulb)* an der identischen Aussprache von *what/watt, two/to* und *for/four* scheitern:

TEIL 6 | HÖREN, LESEN UND VERSTEHEN

A: Have you any four-volt, two-watt bulbs?
B: For what?
A: No, two.
B: Two what?
A: Yes, two watt.
B: Ehmm..., I'm afraid I sold the last one an hour ago.

Hörtraining mit Sprachkassetten

Sprachkassetten gehören in die Hand der Lernenden. Die übliche Beschallung von 20 bis 30 Personen in einem Klassenraum ist Zeitverschwendung. Die Kursteilnehmer haben unterschiedliche Konzentrationszeiten, unterschiedlichen Wortschatz und unterschiedliche Gedächtnisleistungen. Sie werden also an ganz verschiedenen Stellen «aussteigen» und das Bedürfnis haben, das Band zu stoppen, um einen Satz noch einmal zu hören, sobald sie den Faden verloren haben. Deshalb ist ein Lehrer, der den Text gekonnt vorspricht, besser als jede Kassette, weil er Blickkontakt halten, Pausen einlegen und den Text mit Mimik und Gestik begleiten kann.

Wer mit einem Lehrbuch arbeitet, sollte sich also die zugehörige Kassette mit den Texten kaufen. Schon während der ersten Lektion können Sie mit Kassette und Rekorder intensiv und abwechslungsreich arbeiten. Hier sind einige Anregungen zur Auswahl.

MITLESEN UND NACHSCHLAGEN

Auch wenn Sie wenig Zeit haben, sollten Sie nach dem Unterricht folgendes tun:

1. Buch aufschlagen,
2. Rekorder starten,
3. hören und still mitlesen.

Lassen Sie einen Finger auf der Pausentaste. Sowie Sie ein Problem haben, halten Sie das Band an, lesen den unverstandenen Satz nach und nehmen, wenn nötig, das Vokabelverzeichnis zu Hilfe.

LASSEN SIE SICH BERIESELN

Es gibt Hörzeiten, die nicht auf Kosten Ihrer Freizeit gehen. Bei Tätigkeiten wie Aufräumen oder Bügeln lassen Sie sich vom Tonband mit der Fremdsprache berieseln. Es bleibt immer etwas hängen. Hören Sie sich den bereits bekannten Text mehrfach ohne Unterbrechung an. Achten Sie nicht auf einzelne Wörter, setzen Sie sich nicht unter Leistungsdruck. Machen Sie keinen Gebrauch von der Pausentaste, wenn Sie etwas nicht verstehen, denn Ihre späteren Gesprächspartner haben auch keine Pausentaste.

MACHEN SIE SICH EIN HÖRBILD

Versetzen Sie sich in die Situation der Personen, und stellen Sie sich deren Umgebung, Mimik und Gestik vor. Achten Sie auf die Aussprache der Wörter und auf die Satzmelodie. Versuchen Sie zu sehen, was gesagt wird. So beteiligt sich auch Ihre rechte Gehirnhälfte am Lernprozeß.

DIE SPRECHER IMITIEREN

Sie hören sich einen Satz oder Teilsatz bis zur Sprechpause an, stoppen das Band und sprechen den soeben gehörten Sprechtakt nach. Sie imitieren dabei Aussprache und Intonation der Sprecher so originalgetreu wie nur möglich. Scheuen Sie sich nicht vor Übertreibungen. Diese Übung können Sie anfangs mit aufgeschlagenem Buch durchführen. Später werden Sie der Textstütze jedoch nicht bedürfen. Sie könnten ein übriges tun und den ganzen Text auf eine Leerkassette sprechen. Anschließend vergleichen Sie Ihre Aussprache mit dem Original.

TEIL 6 | HÖREN, LESEN UND VERSTEHEN

DEN SPRECHERN «NACHLAUFEN»

Versuchen Sie einen Text, den Sie gut kennen, mit einer leichten zeitlichen Verzögerung halblaut mitzusprechen. Vermutlich haben Sie anfänglich noch Probleme mit dem Tempo. Wenn Ihnen der Sprecher davonläuft, drücken Sie die Pausentaste. Bei manchen Geräten läßt sich die Bandgeschwindigkeit stufenlos regulieren.

HÖREN UND VORAUSSPRECHEN

Stoppen Sie das Band mitten im Satz. Testen Sie Ihr Gedächtnis, indem Sie versuchen, ihn zu Ende zu sprechen. Anschließend kontrollieren Sie die Richtigkeit. Mit dieser Technik prägen Sie sich Wortschatz und Grammatik im Zusammenhang ein.

Lektionen vorbereiten

Das eigentliche Hörverstehen üben Sie am besten mit Texten, die etwas über Ihrem Lernniveau liegen. Sie brauchen nicht jedes Wort zu verstehen. Um einen Hörtext voll zu erfassen, benötigen Sie nur etwa 70 bis 80 Prozent der Wörter. Versuchen Sie, Unbekanntes durch Erschließungstechniken (siehe Seite 199ff.) zu erraten. Probieren Sie es an der jeweils nächsten noch unbekannten Lektion aus. Und so gehen Sie vor:

1. Lesen Sie nur den Titel der nächsten Lektion; schlagen Sie etwaige unbekannte Wörter des Titels nach. Betrachten Sie die Bilder und Grafiken. Spekulieren Sie über das Thema. Was erwarten Sie? Titel, Bilder, Grafiken und Ihre Erwartungshaltung lösen Assoziationen aus, die vorhandene Verzeichnisse Ihres Gedächtnisses öffnen.
2. Hören Sie den Text ein erstes Mal ganz entspannt an, ohne alles verstehen zu wollen (Globalverstehen).
3. Auch beim zweiten Hören verstehen Sie sicher noch nicht alle Details (Grobverständnis). Sie versuchen aber, mög-

lichst viele Lücken aus dem Kontext zu erschließen. Hören Sie sich den Text noch ein drittes Mal an.
4. Überprüfen und korrigieren Sie Ihr Textverständnis, wenn die Lektion im Unterricht durchgenommen wird.

Besser können Sie sich auf den Unterricht nicht vorbereiten. Sie haben einen Vorsprung, was Inhalt, Wortschatz und Aussprache betrifft. Wenn Sie diese Übungen regelmäßig machen, werden Sie den Teilnehmern Ihres Kurses immer um Längen voraus sein.

Lassen Sie sich Geschichten erzählen

Zu jedem besseren Lehrwerk gibt es Lektüren mit Begleitkassetten, die Ihrem Niveau angepaßt sind. Viele dieser Lese- und Hörtexte sind vereinfachte Versionen von Werken der Weltliteratur. Sprachenlernen kann so schon bald zu einer sinnvollen Freizeit- und Urlaubsbeschäftigung werden. Beschaffen Sie sich dieses Material lieber früher als später, solange der Text für Sie noch eine Herausforderung darstellt. Sie können

- ein Kapitel erst lesen, dann hören;
- ein Kapitel erst hören, anschließend lesen;
- hören und still mitlesen.

Mit einem Walkman können Sie Ihr Arbeitszimmer verlassen und auf Schritt und Tritt nach verschiedenen Methoden trainieren. Ob im Freibad, am Strand oder im Zug, wo Sie auch sind, verbinden Sie das Nützliche mit dem Angenehmen und lassen sich Hörspiele, Dramen oder Romane von guten Schauspielern vorlesen.

TEIL 6 | HÖREN, LESEN UND VERSTEHEN

Die Pausentaste drücken

Die wichtigste Taste während der Arbeit mit Tonträgern ist die Pausentaste. Hier eine Übersicht über die Möglichkeiten, von denen Sie einige schon kennengelernt haben. Sie stoppen das Band,

- um nachzudenken und zu verstehen, sobald Ihre Konzentration nachläßt,
- um ein unbekanntes Wort nachzuschlagen,
- um einen Gliederungsstichpunkt zu notieren,
- um beim Mitlesen und Mitsprechen nachzukommen,
- um Sätze nachzusprechen und die Aussprache zu üben,
- um einen Satz zu Ende zu sprechen, zu ergänzen,
- um sich selber satzweise einen Text zu diktieren.

Vergessen wir andere Vorteile des Kassettenrekorders nicht. Er ist ein ausgezeichneter Gedächtnisspeicher. Diktieren Sie die Abteilungen Ihrer Wortschatzkartei, Ihre gesammelten Grammatikbeispiele (Deutsch – Fremdsprache) oder ein Kapitel einer Wortschatzsammlung in Sachgruppen auf Band. Sie können sich dann von Ihrem Walkman oder Ihrem Autorekorder abhören oder sich nur berieseln lassen.

Time for a smile

Two men are discussing the meaning of tact. One says, "I can explain it. I'm a plumber. Well, the other day, a woman called and told me that her bathtub was leaking. I rushed over and ran right into the bathroom. There she was, taking a bath. I said, ‹Good afternoon, sir.›" "Well, that's just courtesy," said the other man. "The ‹Good afternoon› was courtesy. The ‹sir› was tact."

TEIL 6 | HÖREN, LESEN UND VERSTEHEN

Hörverstehen für Fortgeschrittene

Ging es im letzten Kapitel um die Vorstufe des Hörverstehens, so geht es nun um die Arbeit mit authentischem Material wie Nachrichten, Interviews, Dokumentarsendungen, Vorträge, Hörspiele und Kurzgeschichten bis hin zu Dramen. Der Schwierigkeitsgrad sollte nicht zu niedrig angesetzt werden, denn sobald Sie etwa 80 Prozent des Textes verstehen, können Sie zwar mit Genuß zuhören, aber für das Hörverstehen nicht mehr viel dazulernen. Ein zweites und drittes Hören wären für Sie keine Herausforderung mehr.

1_ Mehr verstehen durch Einstimmung

Steigern Sie die Leistungsfähigkeit Ihres Gehirns durch gedankliche Vorbereitung:

1. Was wissen Sie vom Thema oder Titel (Assoziation)?
2. Was erwarten Sie von dem Hörtext (Antizipation)?
3. Welcher Wortschatz befindet sich bereits zu dem Sachgebiet in Ihrer Kartei?

2_ Globalverstehen

Schon nach den ersten Sätzen merken Sie, ob es ein leichter oder schwerer Text ist. Bereitet er Ihnen nur geringe Schwierigkeiten, fahren Sie mit Punkt 4 oder 5 fort. Bei schwierigeren Texten begnügen Sie sich zunächst mit einem Globalverständnis.

- Worum geht es?
- Wird argumentiert, aufgezählt oder beschrieben?
- Welche Aspekte des Themas werden behandelt?

TEIL 6 | HÖREN, LESEN UND VERSTEHEN

> Ist der Text so gegliedert, daß Sie bei den nächsten Durchgängen abschnittsweise vorgehen werden?

3_Grobverstehen

Während des zweiten Hörens achten Sie auf die Intention des Autors, auf Teilaspekte, die Sie interessieren, denen Sie sich im nächsten Schritt ganz besonders widmen werden. Gönnen Sie sich nach jeweils ein bis zwei Minuten eine kurze Pause. Betätigen Sie die Pausentaste, wenn Sie Stichpunkte notieren wollen. Ihre Notizen bereiten den nächsten Schritt, das selektive oder das detaillierte Hören, vor.

4_Selektives Verstehen

Nach dem ersten Hören des Textes, den Nachrichten zum Beispiel, haben Sie festgestellt, daß Sie nur ein bestimmter Aspekt interessiert: das Geschehen in einem bestimmten Land, das Wetter einer Region oder in einer Debatte nur die Argumente der Konservativen. Sie versuchen, während des Hörens die für Sie wichtigen Informationen herauszufiltern.

5_Detailverstehen

Gehen Sie den Text abschnittsweise durch, ohne gleich jedes unbekannte Wort nachzuschlagen. Üben Sie sich im Erschließen des Unbekannten mit Hilfe der Strategien, die Sie im nächsten Kapitel finden. Schlagen Sie nur Wörter nach, wenn diese Strategien versagen. Richten Sie Ihre Aufmerksamkeit vor allem auf Zahlen, Daten, geographische Bezeichnungen, Namen von Institutionen und Titeln, weil diese besondere Schwierigkeiten bereiten und im Geschäftsleben wichtig sind. Wenig Geübte sollten die Stufen 1, 2, 3 und 5 der Reihe nach durchlaufen, Fortgeschrittene gehen gleich zu Stufe 4 oder 5 über.

TEIL 6 | HÖREN, LESEN UND VERSTEHEN

> *Time for a smile*
>
> A young man is reading a letter and seems puzzled. A friend asks what the problem is. The young man answers, "Well, I got this letter. It says that I'd better stay away from this man's wife, or he'll blow my head off." The friend says, "That seems perfectly clear." —
> "Yes but the damn thing isn't signed."

Erschließungstechniken

Da es beim Hör- und Leseverstehen auf das Wiedererkennen von Wörtern ankommt, steht Ihnen nicht nur Ihr aktiver, sondern auch Ihr passiver Wortschatz zur Verfügung. Sie verstehen deshalb mehr Sätze, als Sie bilden könnten. Auch erkennen Sie bestimmte Wortverbindungen, die nicht in Ihrem Gedächtnis gespeichert sind. Nennen wir das den potentiellen oder kombinatorischen Wortschatz. Er besteht aus den vielen tausend Wortverbindungen und Ableitungen, die Sie nach einem oder zwei Lernjahren erschließen können. Dies geschieht mit Techniken, die Ihnen auch beim Lesen gute Dienste leisten, die aber beim Hören viel wichtiger sind, weil die Wortgrenzen oft schwer zu erkennen sind und man meistens keine Denkpausen einlegen kann.

1_Auf Erfahrung und Situationskenntnis vertrauen

Erinnern Sie sich an den Dialog beim Bäcker (Seite 190)? Viele Situationen sind Ihnen ebenso vertraut. Sie wissen, was beim Arzt,

TEIL 6 | HÖREN, LESEN UND VERSTEHEN

am Fahrkartenschalter, an der Tankstelle oder im Restaurant gewöhnlich geschieht und welche Sprachrituale dort ablaufen.

Die beste Hilfe ist der Kontext. Ist ein Wort wichtig, wird es an anderer Stelle wieder aufgenommen. Manchmal wird es in einem Nebensatz erklärt oder umschrieben.

2_Die Absichten des Sprechers erkennen

An den Sprechersignalen erkennen Sie, was der Sprecher sagen wird, ob er aufzählt, eine Gegenposition bezieht, schlußfolgert oder begründet. Wer diese Signale zu deuten weiß, ist dem Redefluß einen Gedankenschritt voraus und gewinnt wertvolle Sekunden.

Absicht	Englisch	Französisch
Reihenfolge	first, next, then	d'abord, puis, ensuite
Zusatzgedanke	by the way, besides	de plus, à propos
Begründung	because, that's why	c'est pourquoi
Folge	therefore, so	donc, alors
Gegenposition	but, yet, however	mais, pourtant, cependant

3_Die Hauptsache von der Nebensache unterscheiden

Bei unseren wichtigsten Fremdsprachen sind die Sätze in der Regel nach dem Muster Subjekt – Prädikat – Objekt konstruiert. Dies ist eine wichtige Orientierungshilfe beim Gliedern des Lautstroms. Beginnt ein Satz jedoch mit *if, although, before, when* oder *si, bien que, avant, quand*, dann wissen Sie, daß zunächst ein Nebensatz eingeleitet und die Hauptsache, der Hauptsatz, erst folgen wird.

4_ Sinngemäßes Ergänzen von Lücken

Hundertprozentiges Verstehen aller Wörter sollte man gar nicht erst anstreben, denn unser Gehirn ist sehr tüchtig im Schließen von Lücken. In folgendem Beispiel ergänzen Sie mühelos 30 Prozent der Wörter. Haben Sie Mut zum Raten.

> Peter .... door .... left .... room.
> Pierre .... porte .... a quitté ..... pièce.
> Peter .... Tür .... verließ .... Zimmer.

5_Fremdwörter als Verständnishilfen nutzen

Sie verstehen mehr Wörter einer Sprache, als Sie vielleicht glauben. In den westeuropäischen Sprachen finden Sie viele internationale Fremdwörter. Sie werden zwar jeweils etwas anders ausgesprochen, doch ist es leicht, ihre Bedeutung zu erkennen. Die folgende kleine Auswahl ist (mit geringen Unterschieden) dem Deutschen, Englischen, Französischen, Italienischen und Spanischen gemeinsam:

Internationale Fremdwörter		
administration	combination	complication
commerce	constitution	demonstration
depression	emotion	examination
explosion	existence	immense
inflation	information	mission
nation	organisation	police
photo	programme	sandwich
television	telephone	transport

Von diesen Fremdwörtern leiten sich Verben (*exploser, to explode; exister, to exist* usw.) und Adjektive ab (*explosive, existent* usw.), die ebenfalls keine Probleme bereiten. Daneben haben das Deutsche und das Französische zahllose englische Fachausdrücke aufgenommen:

foul	flop	fading	keyboard
service	rush hour	hardware	stop
show	band	disk	monitor
software	floppy	backhand	song
tape deck	pub	match	control

6_Auf Lautmalerei und Klangbilder achten

In den germanischen Sprachen gibt es eine Reihe ähnlich klingender Wörter. Zwar kann man dabei danebentippen, aber riskieren Sie ruhig den Schluß von Klangbild auf Bedeutung. Sie haben ja immer noch den Kontext zur Kontrolle. Sicher hätten Sie die verschiedenen Wörter des Wortfelds «sagen» aus der Situation und dem Lautbild erraten:

whisper	stutter	murmur	grumble	hiss
wispern	stottern	murmeln	grollen	zischen

Bei den folgenden helfen Schrift- und Klangbild:

bed	hen	film	shoe	land
beer	house	fish	ski	mild
begin	park	ship	hundred	mouse
brown	hard	sand	thousand	pill
bring	fine	sing	lamp	usw.

7_Von einer Sprache auf die andere schließen

Nutzen Sie Ihre Kenntnisse anderer Fremdsprachen. Italienisch, Spanisch und Französisch haben eine große Zahl Wörter romanischen Ursprungs gemeinsam. Selbst das Englische hat über 50 Prozent lateinische und französische Wörter aufgenommen. Der Schluß von einer Sprache auf die andere schließt manche Lücke.

englisch	französisch	italienisch	lateinisch	deutsch
table	la table	il tavolo	tabula	Tafel, Tisch
colour	la couleur	il colore	color	Farbe
machine	la machine	la macchina	macina	Maschine

8_Wortkompositionen durchschauen

Vielleicht wird Ihnen die Bedeutung klar, wenn Sie ein unbekanntes Wort in seine Bestandteile aufbrechen: *forgetfulness = forget – full – ness*. Wer die wichtigsten Wortbildungsgesetze lernt, vervielfacht seinen passiven Wortschatz. Machen Sie sich deshalb mit dem betreffenden Kapitel in Ihrer Grammatik vertraut. Viele Zusammensetzungen sind leicht zu durchschauen, zumal ihnen meist auch im Deutschen ein zusammengesetztes Wort entspricht.

washing machine	homemade	seasick
water colours	loudspeaker	bedroom
traffic light	carwash	haircut

machine à laver	grand-père	petit pain
machine à écrire	porte-clés	projet pilote
chemin de fer	premier-ministre	ville satellite

TEIL 6 | HÖREN, LESEN UND VERSTEHEN

9_Vor- und Nachsilben erkennen

Die wichtigsten internationalen Vor- und Nachsilben griechischen und lateinischen Ursprungs tauchen in fast allen Kultur- und Fachsprachen auf und gehen zahlreiche Zusammensetzungen ein. Die nachstehende Liste ist nur ein kleiner Ausschnitt. Diese Partikel lernen Sie also nicht für eine, sondern gleich für ein Dutzend Sprachen.

deutsch	englisch	französisch
*trans*portieren	*trans*port	*trans*porter
*re*formieren	*re*form	*ré*former
*anti*zipieren	*anti*cipate	*anti*ciper
*Dist*anz	*dist*ance	*dist*ance

Oft haben Wörter verschiedener Sprachen Vorsilbe, Stamm und Nachsilbe gemeinsam.

Wortbildung	Englisch	Französisch
Ausgangsverb	create	créer
abgeleitetes Verb	*re*create	*re*créer
Substantiv 1	creat*ion*	créat*ion*
Substantiv 2	*re*creat*ion*	*ré*créat*ion*
Substantiv 3	creat*or*	créat*eur*
Adjektiv	creat*ive*	créat*if, -ve*

10_Richtiges Wortschatzlernen

Die beste Vorbereitung auf das Verstehen und Sprechen ist das Lernen von Wörtern in ihren typischen Wortverbindungen. Wer *She smokes...* hört, weiß, welche Wörter sehr wahrscheinlich folgen, nämlich *a cigarette*; hört er *He smokes...*, muß er entweder mit *a cigarette, a pipe* oder *a cigar* rechnen. Wer *to suggest* richtig gelernt hat, weiß, welche Strukturen folgen werden (nämlich entweder eine *-ing*-Form oder *that* + Pronomen): *I suggest going to London* oder *I suggest that you/they go to London*. So gewinnt man wertvolle Sekunden zum Nachdenken. In unserer Muttersprache geschieht dieses Antizipieren des Kommenden automatisch und unbewußt. In der Fremdsprache muß der Wortschatz von Anfang an richtig angelegt werden.

An drei kleinen Beispielen können Sie im nächsten Kapitel einige Techniken des Erschließens nachvollziehen.

Beispiele zum Mitdenken

Machen wir einen kleinen Trockenkurs im Erschließen von unbekannten Ausdrücken und Verstehenslücken. Trockenkurs deshalb, weil es sich nicht um Hör-, sondern um Lesetexte handeln muß. Wir üben dabei also Techniken, die dem Lesen und Hören gemeinsam sind. Als Übungsmaterial nehmen wir einen deutschen, einen englischen und einen französischen Witz.

Das erste deutsche Beispiel zeigt unsere beachtliche Fähigkeit, verstümmelte Texte zu ergänzen. An solchen Texten wird auch das sogenannte Schnell- oder Diagonallesen trainiert. Vervollständigen Sie bitte in Gedanken, ohne auf die nachstehende Lösung zu schauen.

Die Szene … in … Berliner Museum:
Museumsführer: … ägyptische Mumie könnte …
Lebzeiten Moses, … Retter des … Volkes, begegnet … .
Empörter Tourist: behaupten, … Moses auch … Berlin … ist?

TEIL 6 | HÖREN, LESEN UND VERSTEHEN

Die Szene spielt in einem Berliner Museum:
Museumsführer: Diese ägyptische Mumie könnte zu Lebzeiten Moses, dem Retter des jüdischen Volkes, begegnet sein.
Empörter Tourist: Wollen Sie etwa behaupten, daß Moses auch in Berlin gewesen ist?

Nehmen wir an, in dem folgenden englischen Witz fehlen Ihnen etwa 25 Prozent der Wörter, sei es, daß sie akustisch unverständlich sind (hier durch Zahlen ersetzt), sei es, daß Ihnen die Wörter noch nicht begegnet sind *(kursiv)*.

Peter was very ... 1 ... and was ... 2 ... to the hospital. After a short *examination* the doctor ... 3 ... to the nurse that Peter was dead. "I'm not", *whispered* Peter weakly from his bed. – "Shut up," *hissed* the *nurse*, "or do you think you know better than the doctor?"

Das einzige Wort, das Sie wissen müssen, ist *dead:* tot. Die Wörter *hospital, examination, doctor* und *nurse* erschließen Sie erstens aufgrund Ihrer Erfahrung, zweitens, weil Sie die ähnlich lautenden deutschen Fremdwörter kennen, und drittens aus dem Kontext. Fehlt Ihnen *examination*? Was macht ein Doktor in einem Krankenhaus mit Kranken? Haben Sie Probleme mit dem Wort *nurse*? Es muß eine Person sein, denn sie spricht. Wer ist die dritte Person neben Patient und Arzt? Die Krankenschwester oder Sprechstundenhilfe natürlich.

Die ersten beiden Lücken schließen Sie aus dem Zusammenhang (krank, transportiert). Bei Lücke drei sowie bei *whisper* und *hiss* muß es sich um verschiedene Wörter «des Sagens» handeln. *Whisper:* flüstern und *hiss:* anzischen ergeben sich aus Lautbild und Situation. Nun ein etwas schwierigeres französisches Beispiel.

> Le nouveau *gardien de musée* a *terminé* sa *première journée* de travail et fait son *rapport* au *directeur du musée*:
> «Vous pouvez être *fier* de moi. J'ai déjà *vendu* un Picasso et un Rembrandt.»

Auch wenn Sie kein Französisch sprechen, erraten Sie die hervorgehobenen Wörter. Dazu stellen wir die praktischen W-Fragen und wenden die besprochenen Techniken an.

1. Wo spielt die Szene?
Da Picasso und Rembrandt bereits tot sind, muß es sich um ihre Gemälde handeln. Wo hängen Bilder? In einer Galerie oder einem Museum. Die Ähnlichkeit von *musée* und Museum bestärkt uns in dieser Annahme.

2. Wer handelt hier?
Substantive werden von bestimmten Wörtern wie Artikel, Adjektiven oder Pronomen begleitet. *Gardien* ist also ein Substantiv. *Le nouveau gardien de musée* muß einer der Beteiligten sein, denn er spricht zu dem *directeur du musée*, dem Direktor – die Wörter ähneln sich. Wenn der eine Direktor ist, gehört der andere vermutlich auch zum Personal. Dies legt auch das Wort *rapport* nahe. Rapport ist ein deutsches Fremdwort und heißt soviel wie Bericht. Der *gardien* ist also nicht der Gärtner, sondern ein Museumswärter, der dem Direktor etwas meldet. Vielleicht hätten Ihnen auch das englische *guard* und *guardian* oder das deutsche *Garde* geholfen.

3. Um was geht es?
Der *gardien* hat seinen *première journée* terminiert. Sie wissen, was eine Première ist. *Terminer* gehört zur Wortfamilie «Termin, terminieren = beenden». Er hat also seinen ersten Tag «terminiert» und erstattet dem Direktor Rapport. Die Wörter *travail* und *fier* brauchen wir zum Verständnis nicht. Der Text ist ein

Witz, unsere Erfahrung mit Witzen sagt uns, der *gardien* berichtet vermutlich eine Dummheit. Was heißt nun *j'ai vendu*? Dem Lateiner hilft *vendere*: verkaufen, vielleicht kennen Sie das spanische *vender* oder das italienische *vendere*. Ansonsten hilft nur intelligentes Raten. Der neue *gardien* berichtet stolz *(fier)*, daß er am ersten Tag bereits einen Rembrandt und einen Picasso verkauft hat.

Hörverstehen mit dem Computer

Einen Hörtext, der durch Dias oder Film veranschaulicht wird, verstehen Sie auf Anhieb besser, als wenn Sie den Text ohne Bilder zweimal hören. Kameraeinstellung, Musik, Gesicht, Hände, der ganze Körper sprechen eine eigene Sprache. Ohne diese Signale verstehen wir oft nur das Gesagte, nicht aber das Gemeinte. Computerprogramme bieten heute eine breite Palette an Übungsmaterial für das Hör- und Sehverstehen.

1_Programme zum Lehrbuch

Hör- und Sehverstehen wird schon in den ersten Unterrichtswochen geübt. Gute Programme setzen gefühlsgeladene, bizarre Bilder und Situationen lernpsychologisch sinnvoll ein. Ein gutes Beispiel dafür sind die Hörverstehensübungen in *English Coach*. Wir sehen ein groteskes Baumhaus, hören eine Geschichte und müssen anschließend nach Anweisungen der Erzählerin die erwähnten Gegenstände am Rand mit der Maus an den richtigen Ort im Garten und im Haus ziehen.

Hörverstehen, Gedächtnis und Grammatik werden auf phantasievolle Weise in einer einprägsamen Situation geübt, wobei auch die Bewegungen der Hand und der Mausklick eine «grammatische» Bedeutung erhalten.

TEIL 6 I HÖREN, LESEN UND VERSTEHEN

2_Programme zum Film

Das Grundgesetz des Lernens lautet: Lernen muß man wollen. Wer nicht lernen will, wird es auch am Computer nicht tun. Oder vielleicht doch – mit einer Mischung aus Unterhaltungs- und Lernprogramm? Die Computerindustrie hat sich des lateinischen Leitspruchs von Dichtern und Pädagogen der Klassik besonnen: *Prodesse et delectare* – nützlich und unterhaltsam sein. In *computerspeak* übersetzt heißt es *inform and entertain* oder *educate and entertain*, was werbewirksam zu *edutain* und *infotain* verkürzt wurde. *Edutainment* und *Infotainment* sind multimediale Lernprogramme beziehungsweise Nachschlagewerke. Sehen wir uns einen Vertreter der schönen neuen Lernwelt einmal an.

Es ist nicht immer einfach, einen amerikanischen Spielfilm zu verstehen. Warum nicht die englische Umgangssprache mit Filmen lernen, zum Beispiel mit Inspektor Columbo?

TEIL 6 | HÖREN, LESEN UND VERSTEHEN

Was ist das Besondere an den Fällen dieses Alptraums der Trenchcoatindustrie? Er läßt uns nicht im dunkeln tappen, indem er uns Informationen vorenthält. Wir kennen die Täter und erleben, wie sie ihre Taten mit genialer Perfektion vertuschen. Die Spannung liegt in der Art und Weise, wie das ewig verknautschte Schlitzohr (er hat einen Verstand wie ein Fangeisen, schrieb ein Filmkritiker) die meist sympathischen Mörder überführt.

Einige Titel dieser Serie eignen sich durch ihre Qualität, unser Ohr an die amerikanische Umgangssprache zu gewöhnen und unseren Alltagswortschatz zu erweitern. Das erspart einem den Hörschock, wenn man, durch das gepflegte Oxford-Englisch der Schauspieler seines Lehrwerks verwöhnt, Austausch- oder Geschäftspartner aus den USA zu Besuch hat. Nehmen wir als Beispiel «An old Port in the Storm». Adrian ist Winzer mit Leib und Seele, sein Halbbruder Ric dagegen ein Playboy, der neben teuren Frauen den Tauchsport liebt. Als seine Leiche im Meer gefunden wird, sucht Columbo die Wahrheit im Weinkeller.

TEIL 6 | HÖREN, LESEN UND VERSTEHEN

Ein Handbuch benötigt man nicht, denn die *guided tour* ist vorbildlich und beschreibt einen pädagogisch sinnvollen Lernweg. Hier nur die wichtigsten Lernschritte des Programms.

1. Sie hören zuerst die Zusammenfassung einer Szene auf deutsch an und lassen anschließend den «Film» laufen, der aus einer kleinschrittigen Serie von Dias besteht. Je nach Sprachkenntnis können Sie den Originalton hören oder eine langsam und deutlich gesprochene Version wählen. Weniger Geübte werden die Sprechblasen anklicken, wobei man zwischen Englisch und Deutsch hin- und herschalten kann.
2. Im Lernmodus erlernen Sie einen waschechten amerikanischen Akzent, indem Sie nachsprechen, Ihre Aufnahme anhören und mit dem Original vergleichen. Wenn Sie mit Ihrer Leistung nicht zufrieden sind, klicken Sie das Aussprachevideo ein und beobachten die Lippenstellung der jungen Dame, die jedes Wort deutlich vorspricht.

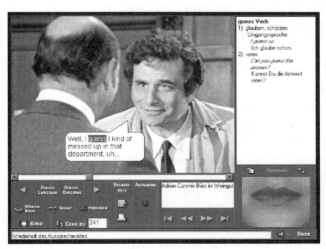

3. Alle Wörter und Sätze lassen sich mit ihrer deutschen Übersetzung einblenden. Interessante Dialogteile werden mit einem Mausklick in das Wörterbuch übertragen und mit der Übersetzung ausgedruckt. Was man jetzt schwarz auf weiß besitzt, kann man mit sich tragen und im Bus, in der Bahn oder in Wartezimmern wiederholen.
4. Nehmen Sie sich pro Tag nicht zu viel vor, auch wenn die Geschichte Sie dazu verleitet. Machen Sie eine Pause, sobald Sie 15 bis 20 Redewendungen gespeichert und ausgedruckt haben.
5. Machen Sie von der Suchfunktion Gebrauch. Sie können sich alle Sätze holen, in denen das gesuchte Wort vorkommt. Auf diese Weise wiederholen Sie das Wort in unterschiedlichen grammatischen Strukturen und sehen, welche Bedeutungen es noch annehmen kann.

Movie Talk (Systhema Verlag, München) bietet aber nicht nur Inspektor Columbo. Den Sci-Fi-Freunden sei eine Episode aus «Star Trek» empfohlen. «Hat man erst einmal mit der Kursreihe begonnen, fällt es schwer, wieder aufzuhören», schrieb die Zeitschrift Chip (4/98) und verlieh ihr vier von vier Sternen.

3_Der Film zum Buch

An Übungsmaterial für Fortgeschrittene herrscht kein Mangel. Der Welt beste Regisseure und Schauspieler geben Ihnen Unterricht in Bilder-, Körper- und Fremdsprache. Entleihen oder kaufen Sie aber nicht irgendeinen Film.

WAS SIE BEI DER AUSWAHL BEACHTEN SOLLTEN
1. Wählen Sie Literaturverfilmungen, die Sie bereits in der Muttersprache kennen und zu denen Sie auch das Buch in der Fremdsprache lesen können. Übrigens sind alte Filmklassiker preisgünstiger als Neuerscheinungen und

meist billiger als die zugehörigen Bücher in der Fremdsprache.
2. Ziehen Sie Dramen des 20. Jahrhunderts den Romanen vor, weil Dramentext und Filmdialog weitgehend identisch sind. Den zugehörigen Text beziehen Sie über den Buchhandel. Sie können dann eine Szene vorauslesen, mitlesen oder nachlesen. Drehbücher englischer, amerikanischer und französischer Romanverfilmungen findet man leider nur selten in den jeweiligen Kulturinstituten.
3. Schneiden Sie Filme mit, die im Zweikanalton im Fernsehen gesendet werden. Sie können bei der Wiedergabe blitzschnell von der deutschen auf die fremdsprachige Tonspur umschalten oder eine Szene erst auf deutsch, dann in der Fremdsprache hören und sehen.
4. In der Fremdsprache synchronisierte Filme sind in der Regel deutlicher gesprochen als Originalfilme (zum Beispiel die Derrick-Serie im französischen Fernsehen).

UND SO ARBEITET MAN MIT FILMEN

Sie gehen szenenweise vor und durchlaufen dieselben Stufen vom Globalverstehen bis zum Detailverstehen wie bei reinen Hörtexten (Seite 192) und wenden dieselben Erschließungstechniken an (Seite 199). Die Pausentaste beziehungsweise Standbildtaste des Videorekorders leistet ähnlich gute Dienste wie die des Kassettenrekorders (Seite 196).

1. Eine Szene hören und sehen (Grobverständnis)

Sie haben einen fremdsprachigen Film gewählt, dessen Inhalt Sie kennen. Sie haben ihn vorher auf deutsch gesehen oder das Buch gelesen. Für das Sprachtraining wählen Sie die besten Szenen aus. Sie sollen kurz sein und viel Dialog enthalten.

2. Stilles Sehen der Szene bei ausgeblendetem Ton

Ein Film besteht aus Tonspur und Bildspur. Unsere Wahrnehmung wird nicht von den Bildern, sondern vom Ton, vom Kommentar, der Musik, den Geräuschen und dem Dialog gelenkt. Wegen der hohen Informationsdichte entgeht uns deshalb ein großer Teil der visuellen Information. Wir «sehen», was die Tonspur uns sehen lassen will. Ohne die Manipulation durch den Ton haben wir Zeit, uns auf die Bilder, auf die Atmosphäre und die Körpersprache der Personen zu konzentrieren. Wir bereiten so die Assoziation von bildhaften Gedächtnisstützen mit den Redewendungen vor. Wir stellen uns vor, was sie sagen oder meinen.

3. Hören und Sehen der Szene (Bildspur und Tonspur)

Wir achten nun auf das Verhältnis von Bildern, Gesprächstechniken und Sprechfunktionen. Wie verwenden die Personen ihre Sprache? Wie begrüßen sie sich? Wie nehmen sie voneinander Abschied? Wie unterbrechen sie sich? Wie bitten sie um Erläuterung? Wie streiten sie miteinander?

4. Hören bei ausgeblendeter Bildspur

Sie kopieren die Tonspur auf eine leere Audiokassette, dann können Sie sich Ihren Film jederzeit und überall «anhören» und gegebenenfalls unverständliche Stellen vom Lehrer im Unterricht erklären lassen. Mit der Tonspur arbeiten Sie wie mit Hörtexten, mit dem Unterschied, daß Sie die Sprache vor dem Hintergrund der gesehenen Bilder viel tiefer erleben. Der Film entsteht erneut auf Ihrer geistigen Leinwand. Es gibt nur sehr wenige Menschen, bei denen sich beim Hören nicht auch die Bilder einstellen.

5. Abschließendes Hören und Sehen

Sie lassen nun Bild und Ton wieder zusammenkommen und studieren die komplette Szene. Der Film liefert Ihnen perfekte Vorbilder. Halten Sie deshalb so oft wie möglich das Band an, um die Schauspieler peinlich genau zu imitieren. Auf diese Weise prägen Sie sich Redewendungen zusammen mit Gestik, Mimik und Tonfall ein. Ziel ist es, Bilder und Ton fest in Ihrem Gedächtnis zu verkoppeln. Sie werden erfahren, welch verläßliche Gedächtnisstützen Ihnen die Bilder sein werden.

6. Bewußtwerden interkultureller Unterschiede

In keinem Medium werden die wichtigen kulturellen Unterschiede zwischen dem Land der Ziel- und dem Land der Muttersprache so deutlich wie im Film. Sie sind wichtig, weil sie Kommunikation, also das Verstehen und das Sprechen, vereiteln können. Wer sich der Unterschiede zwischen den Kulturen bewußt wird, ist eher bereit, Vorurteile abzubauen, Mißverständnisse zu vermeiden und fremde Konventionen zu akzeptieren. Dadurch lösen sich viele Hemmungen, die das Sprechen erschweren. Dokumentarfilme über Land und Leute, insbesondere Szenen aus dem Schul- oder Familienleben, über Freizeitverhalten, Wohn- und Eßkultur sind zu diesem Zweck besonders geeignet.

Hörverstehen und Freizeitgestaltung

Das Training des Hör- und Sehverstehens kann auch außerhalb des Arbeitszimmers geschehen, ohne daß Sie gleich ins Ausland fahren müssen. Werden Sie aktiv, und entdecken Sie das fremdsprachliche kulturelle Leben Ihrer näheren Umgebung.

In Deutschland gibt es Sehenswürdigkeiten, die Touristen aus aller Welt anziehen. Warum nehmen Sie nicht einmal an einer Stadt-, Schloß- oder Museumsführung in der Fremdsprache teil, die Sie gerade lernen? Die Führer sind in der Regel Deutsche, die zwar nicht immer fehlerfrei, dafür aber langsam und deutlich sprechen. Die Teilnehmer sind Engländer und Amerikaner, aber auch Spanier, Araber und Japaner, die keine Führung in der Muttersprache bekommen haben. Das sollte Ihnen Mut machen, Fragen zu stellen oder ins Gespräch zu kommen.

Sie haben sich natürlich auf die Führung vorbereitet. Faltblätter in mehreren Sprachen mit den wichtigsten Informationen erhalten Sie beim Verkehrsverein oder an den Kassen. Die Führer halten sich in etwa an diese Vorlagen. Falls Sie Einheimischer sind, bringen Sie ohnehin die notwendige Sachkenntnis mit. Vielleicht haben Sie die Führung sogar schon einmal auf deutsch mitgemacht. Sie können sich also bei der Führung ganz auf die Sprache konzentrieren.

In vielen Städten bringen Filmkunstkinos wertvolle Filme in der Originalsprache. Oder gehen Sie lieber ins Theater? Selbst in kleineren Universitätsstädten gastieren englische und französische Theaterensembles, und die Studenten der meisten neusprachlichen Fakultäten inszenieren hin und wieder moderne Stücke. Informieren Sie sich in den Veranstaltungskalendern. Bereiten Sie den Besuch vor, indem Sie das Stück in einer zweisprachigen Ausgabe lesen. Kann man das Nützliche mit dem Angenehmen sinnvoller verbinden?

An den ausländischen Kulturinstituten werden regelmäßig Diskussionen veranstaltet und Gastredner zu Vorträgen eingeladen. Oft genügt eine Postkarte, um in die Kartei aufgenommen zu werden und die Programme zu erhalten. Informieren Sie sich über das Thema, aktivieren Sie Ihr Vorwissen, und lesen Sie sich in einem Wortschatz in Sachgruppen etwas Fachvokabular an.

Meiden Sie Ihre Landsleute, wenn Sie Urlaub im Land Ihrer Zielsprache machen. Nur so haben Sie Augen und Ohren für

TEIL 6 | HÖREN, LESEN UND VERSTEHEN

das Leben in der Fremdsprache, das Sie umgibt. Sie hören die sich wiederholenden Ansagen in Flughäfen und Bahnhöfen. Auf den Schiffen und in Flugzeugen verfolgen Sie die Erklärung der Fluchtwege und des Anlegens der Schwimmwesten mit dem Interesse des Wortschatzsammlers. Lassen Sie sich immer wieder von Einheimischen den Weg zum Hotel erklären, auch wenn Sie ihn schon mehrmals gegangen sind. Und bei jeder Bestellung im Restaurant erläutern Ihnen die Kellnerinnen und Kellner gerne die Speise- und Getränkekarte. Abends oder morgens nutzen Sie die Telefonansagedienste der Region, die Sie auch auf Band aufnehmen können. Sollten Sie Kundenberater, Verkäufer oder Einkäufer sein, wollen Sie vielleicht im Gespräch mit dem sachkundigen Personal der Warenhäuser den Fachwortschatz Ihrer Branche erweitern. Die Liste der kleinen, wirklichkeitsnahen Hörverstehenstests durch Muttersprachler ließe sich beliebig verlängern. Betrachten Sie jede Gelegenheit als eine kleine Aufgabe und als kostenlosen Sprachunterricht.

Bei Städterundfahrten schließen Sie sich natürlich nicht der deutschen Führung an. Dieses Prinzip gilt für den ganzen Globus und nicht nur für den Urlaub im Land Ihrer Zielsprache. Denn gleich, ob Sie in London, Paris, Rom, Kairo oder Athen Urlaub machen, überall werden Führungen in mehreren Sprachen angeboten. Besorgen Sie sich im Buchhandel die notwendigen Reiseführer doppelt, auf deutsch und in der Fremdsprache. Sie können so jede Besichtigung gründlich vor- und nachbereiten. Der Experte besucht die Fachabteilungen der Museen und ist nach dem dritten oder vierten Museum in der Lage, den Ausführungen ausländischer Kollegen zu folgen. Der Kunstfreund eignet sich den speziellen Wortschatz in Galerien, Schlössern und Kathedralen an. Aktiv sein und die Initiative ergreifen, so lautet das Rezept der erfolgreichen Sprachenlerner. Abwechslungsreicher und lebendiger können Sie es kaum umsetzen.

Von der Leseschnecke zum Speedreader

In eine fremde Sprache kann man sich auch einlesen. Lesestoffe gibt es genug, an denen Sie die folgenden Lesetechniken trainieren können, die Ihnen in Studium und Beruf viel Zeit einsparen werden. Es gibt englische und französische Zeitungen und Magazine für junge und alte Sprachenlerner. Der Vorteil besteht in der sorgfältigen Auswahl und den Wortschatzerklärungen.

- *World and Press, Read on* und *Revue de la Presse* (Eilers & Schünemann Verlag, Bremen) sind periodisch erscheinende Zeitungen mit ausgewählten Orginalartikeln der internationalen Presse.
- *Spotlight* und *Ecoute* (Spotlight Verlag, München) sind monatliche Magazine mit Beiträgen von hoher Qualität, Übungen und Spielen zu Wortschatz und Grammatik.
- Die Schulbuchverlage bieten Weltliteratur für jede Alters- und Lernstufe an.
- Im Rowohlt Verlag erscheinen in der Reihe Rotfuchs deutsch-englische Geschichten für Kinder ab zwölf. Karin kann nicht viel Englisch und Paddy nicht genug Deutsch. Deshalb schreiben sie ihre Geschichten in einer Mischung aus beiden Sprachen *(Mensch – be careful!)*. Das Deutsche sorgt dafür, daß man den Zusammenhang versteht, und so liest man sich zunehmend in das Englische ein. Die unbekannten Wörter versteht man aus dem Zusammenhang.

Skimming: Den Überblick gewinnen

Nur am Wochenende hat man ausreichend Zeit, eine Zeitung von der ersten bis zur letzten Seite zu lesen. *Skimming*, das schnelle und gezielte Sichten, ist eine Lesetechnik, mit der Sie sich einen Überblick über eine Zeitung verschaffen. Wir tun es zum Beispiel in einem Bücherladen, wenn wir ein Buch anblättern, bevor wir uns entschließen, es zu kaufen. Wenn wir in Eile sind, blättern wir die Morgenzeitung durch, bevor wir den für uns wichtigsten Artikel auswählen. So gehen Sie vor:

1. Fragen Sie sich, was Sie am meisten interessiert.
2. Markieren Sie die Artikel, die Sie später gründlicher lesen wollen.
3. Schneiden Sie Artikel aus, die für Sie von bleibendem Interesse sind.

Skimming English newspapers macht am Anfang besondere Schwierigkeiten. Englische Journalisten spielen mit der Sprache in ihren Überschriften. Hier einige Kostproben:

1. Die Schlagzeile soll bildhaft, witzig, dramatisch und spektakulär sein, um Interesse zu wecken:

   > FACTORY BLAZE
   > oder SALES SKY-ROCKETING

   Eine Feuersbrunst in einer Fabrik oder Umsätze, die raketenartig steigen, sind spektakulärer als *A big fire at a factory got out of control* oder *Sales are increasing*.
2. Die Schlagzeile muß kurz sein, darum werden viele Abkürzungen verwendet, die nicht immer sofort verständlich sind:

   > EU MPS ON MAASTRICHT
   > *Members of the European Parliament*
   > *discuss the Maastricht treaty.*

TEIL 6 | HÖREN, LESEN UND VERSTEHEN

3. Grammatik Striptease:
Artikel *(a, an, the)*, Präpositionen *(in, on)*, Konjunktionen *(but, and, while)* und Formen von *'to be'* *(is, are, was, were)* werden ausgelassen. Die Schlagzeile besteht nur aus Hauptwörtern:

VW MANAGER SACKED
A manager of VW was sacked (entlassen).

VW'S BILLION ROLLS ROYCE BID
*VW company has offered
1.5 billion marks to buy Rolls Royce.*

WALLSTREET SKY-ROCKETING
*Prices of stocks are rising
dramatically at Wall Street.*

GM EXECUTIVE JAILED
*A General Motor's executive
was / has been imprisoned.*

CLINTON TO VISIT AFRICAN STATES
*President Bill Clinton is going
to visit African states.*

Scanning: Fischen nach Fakten

Skimming geht dem *Scanning* voraus. *Scanning* ist die Lesetechnik, die wir wählen, wenn wir Antworten auf Fragen erwarten. Wir *scannen* das Branchenverzeichnis, wenn wir das nächste japanische Restaurant suchen, oder den Wirtschaftsteil, wenn wir die Kurse unserer Aktien wissen wollen.

Sie haben den gesuchten Artikel beim Sichten gefunden und konzentrieren sich auf die benötigte Information. Suchen Sie nach Namen oder Zahlen, überfliegen Sie die Zeilen, und ignorieren Sie alle klein geschriebenen Wörter. Die gewünschten Informationen markieren Sie oder notieren sie auf dem Rand.

Erste Schritte zum Speedreading

Es gibt Leseschnecken und Schnelleser. Der ungeübte Leser schafft etwa 250 Wörter eines leichten Texts in der Minute, der Geübte das Doppelte und Dreifache. Wer im Beruf oder Studium viele Fachartikel in der Fremdsprache zu lesen hat, muß lernen, schneller zu lesen, um erfolgreich zu sein.

Der langsame Leser – und das sind wir in der Fremdsprache zu Beginn alle – läßt seine Augen nicht stetig die Zeilen entlang gleiten, sondern mit kleinen Pausen ruckartig von Wort zu Wort. Oft hält er vor einem Wort inne oder wandert einen Satz zurück und liest ihn noch einmal. Diese vielen hundert Pausen sind zeitraubend und für das Verständnis eines Texts eher hinderlich.

Der geübte Leser nimmt einen Text nicht wörterweise auf, sondern drei bis vier Wörter auf einmal in einem kontinuierlichen Fluß. Sie üben dies zuerst mit einem deutschen Text. Man legt die flache Hand auf eine Buchseite und bewegt die Fingerspitzen zügig entlang den Zeilen, als würde man sie unterstreichen. Die Augen folgen der stetigen Handbewegung wie ein Zeilenscanner. So verhindern Sie, daß Ihre Augen von Wort zu Wort springen und dazwischen Pausen einlegen. Versuchen Sie die Geschwindigkeit der Bewegung langsam zu erhöhen. Später nehmen Sie statt der Hand einen Marker und markieren unbekannte Wörter, ohne sich bei ihnen aufzuhalten. Sie schlagen sie nach dem Lesen nach.

Lesen Sie nur mit den Augen. So wichtig das «stumme Sprechen» mit der inneren Stimme beim Wortschatzlernen ist, so hinderlich ist es beim zügigen Lesen. Nur die für Sie interessanten Schlüsselwörter dürfen Sie laut aussprechen, das unterstützt nicht nur das Gedächtnis, es erinnert Sie immer wieder daran, die innere Stimme «abzuschalten».

TEIL 6 | HÖREN, LESEN UND VERSTEHEN

Lesetraining am Computer

Was das Lesen betrifft, so wird der Computer das Buch wohl nie ersetzen, denn das Lesen am Bildschirm strengt die Augen zu sehr an. Sie könnten sich höchstens Texte aller Art – Artikel der fremdsprachlichen Zeitungen von morgen – aus dem Internet herunterladen, ausdrucken und bei einer Tasse Tee oder Kaffee lesen.

Jedoch kann man mit manchen Programmen seine Lesetechniken erheblich verbessern. Das langsame Wort-für-Wort-Lesen und das Mitlesen mit der inneren Stimme erwerben wir in der Schule. Es ist ein Hindernis auf dem Weg zum effektiven Lesen. *English Coach* (Cornelsen Verlag) bereitet die Schüler schon ab dem ersten Lernjahr auf ein anderes Lesen vor. *Action reading* ist eine kombinierte Leseverstehens- und Lückentextübung, die den Schrittmachereffekt des Computers nutzt. Im oberen Teil des Bildschirms fließt ein Text; in der unteren Hälfte fließt der gleiche Text mit Lücken – aber so versetzt, daß man nicht abschreiben kann. Lesen, Einprägen und Ausfüllen unter Zeitdruck – das stellt Anforderungen an das Verständnis und an die Konzentration. Das Programm fördert die Lesegeschwindigkeit durch den sanften Zeitdruck und verhindert, daß man an einzelnen Wörtern kleben bleibt.

Typische Leseverstehensübungen bietet *The Multimedia English Course* (Hueber Verlag). In mehreren Etappen wird man vom Grobverständnis *(Skimming)* über das Entnehmen gesuchter Informationen *(Scanning)* zum Detailverständnis herangeführt.

1_ Grobverständnis durch Skimming

Es gilt, die drei Artikel zu überfliegen und ihnen die entsprechenden Überschriften zuzuordnen – eine traditionelle Lesetechnik, die in vielen Arbeitsbüchern zu finden ist.

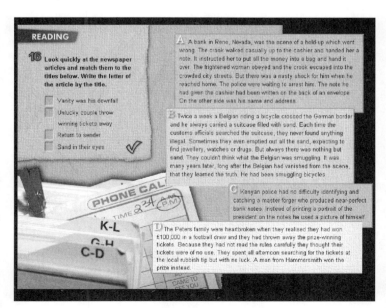

TEIL 6 | HÖREN, LESEN UND VERSTEHEN

Informationsentnahme durch Scanning

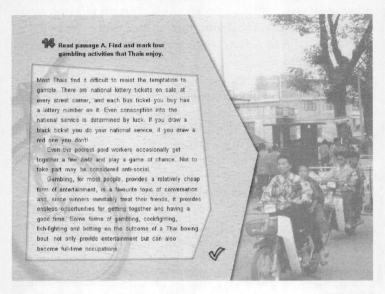

14 Read passage A. Find and mark four gambling activities that Thais enjoy.

Most Thais find it difficult to resist the temptation to gamble. There are national lottery tickets on sale at every street corner, and each bus ticket you buy has a lottery number on it. Even conscription into the national service is determined by luck. If you draw a black ticket you do your national service, if you draw a red one you don't!

Even the poorest paid workers occasionally get together a few *baht* and play a game of chance. Not to take part may be considered anti-social.

Gambling, for most people, provides a relatively cheap form of entertainment, is a favourite topic of conversation and, since winners inevitably treat their friends, it provides endless opportunities for getting together and having a good time. Some forms of gambling, cockfighting, fish-fighting and betting on the outcome of a Thai boxing bout not only provide entertainment but can also become full-time occupations.

Detailverstehen: Habe ich alles verstanden?

Der Vorteil des Computers? Sie werden sofort korrigiert. *Multimedia English* bietet Ihnen darüber hinaus ein aktuelles Online-Magazin, das auf Ihr Niveau abgestimmt ist und mit dem Sie die beschriebenen Lesetechniken üben können. Wenn Sie Englisch für Ihren Beruf benötigen, empfehle ich Ihnen *How to read the Business Press* (rororo sprachen 60506). Dort finden Sie interessante Artikel, zahlreiche Übungen und Anleitungen zum Speedreading.

TEIL 6 | HÖREN, LESEN UND VERSTEHEN

READING

11 Read the passage *Rice*.
Mark the correct answers.

1. Most of the world's rice is grown
   - ○ in Australia.
   - ○ in Asia.
   - ○ on hills.
   - ○ in Japan.

2. Asian countries
   - ○ always produce enough rice.
   - ○ don't have any flat land.
   - ○ produce more potatoes than rice.
   - ○ sometimes have to import rice.

3. Rice is planted
   - ○ by machine in Asia.
   - ○ by hand and picked by machine.
   - ○ by hand in the United States.
   - ○ by hand in most Asian countries.

4. North Americans
   - ○ don't like potatoes.
   - ○ eat more bread than rice.
   - ○ don't eat rice.
   - ○ prefer rice from China.

5. Rice was grown in Egypt
   - ○ before it was grown in China
   - ○ after it was grown in Italy.
   - ○ before it was grown in Europe.
   - ○ after it was grown in the USA. ✓

Rice

Rice is one of the most important foods in the world. This is because people who live in China, Japan and India and other parts of Asia, live mainly on rice. In China the word 'rice' is used in one of their greetings. People say 'Have you eaten your rice today?' This is because rice is so important to the Chinese.

Although most of the world's rice is produced in Asia, sometimes it has to be imported. This happens when rice doesn't grow properly.

If there is no rice harvest, people in Asia may die.

Rice was first grown in China about five thousand years ago and it was then introduced into Egypt.

Rice was first grown in Europe, in Italy, about six hundred years ago. It was not grown until three hundred years ago in the United States. North Americans eat some rice but they prefer bread and potatoes.

Some rice is grown on hills but most rice is grown on flat land near lakes and rivers because rice needs a lot of water. In the ricegrowing parts of the United States, rice is planted and picked by machine but in most Asian countries everything is done by hand.

TEIL 7: Schreiben und Sprechen

Das oberste Ziel des Sprachenlernens ist es, korrekt schreiben und sprechen zu können. Hörverstehen, Wortschatz und Grammatikkenntnisse sind Etappen auf dem Weg zu diesen Zielen. Zuerst wenden wir uns dem Schreiben zu. In den nächsten Kapiteln erfahren Sie, wie Sie

- einen persönlichen «Online-Korrektor» für Ihre schriftlichen Arbeiten erhalten,
- über das Internet einen Brief- und Lernpartner im Land Ihrer Zielsprache finden,
- professionell am Computer schreiben.

Selbst langjähriger Aufenthalt im Land führt nicht automatisch zur mündlichen Sprachbeherrschung. Dies beweisen die vielen Einwanderer, die auch nach Jahrzehnten die Landessprache noch immer radebrechen. Das hat nicht unbedingt etwas mit Bildung oder Begabung zu tun. Es dürfte vielmehr daran liegen, daß sie nicht wissen, wie sie Sprechkontakte herbeiführen und von Sprechsituationen profitieren können. Dieses Know-how besteht im wesentlichen aus

- der schrittweisen Vorbereitung des freien Sprechens,
- dem aktiven Herbeiführen von Sprechsituationen,
- den Sprechstrategien, die erfolgreiche Sprachenlerner bewußt oder unbewußt anwenden,
- der Gesprächstaktik für die konkrete Situation,
- den Redemitteln und Sprechfunktionen, mit denen man seine Sprechabsichten verwirklicht,
- der Fähigkeit, psychologische Hemmungen zu überwinden.

Computer bitten zum Diktat

Diktat, nein, danke! Es ist langweilig und wenig kreativ. So denken viele Lehrer und Lerner. Wann gerät man schon in die Verlegenheit, im Berufsleben ein fremdsprachiges Diktat schreiben zu müssen? Und in der Schule ist die Zeit zu kostbar, um sie auf Diktate in den Fremdsprachen zu verwenden. Obwohl das Schriftliche in den ersten Lernjahren eine untergeordnete Rolle spielen sollte, hat es oft einen Anteil von über 70 Prozent an der Zeugnisnote. Bis hinauf zum Abitur drücken Rechtschreibfehler in den Fremdsprachen die Noten. Man ist dabei, das Diktat heute wiederzuentdecken. Vertreter der Wirtschaft werden nicht müde, die Lehrerverbände darauf hinzuweisen, daß es immer noch zu den beruflichen Qualifikationen gehört, seine Ideen in einer korrekten Schriftform zu präsentieren. Fehlerfreie Dokumente sind schließlich die Visitenkarte einer Firma. Das fremdsprachige Diktat setzt nicht nur einen großen Wortschatz, sondern auch exzellente Grammatikkenntnisse voraus.

- Es schult das Gedächtnis, weil man sich einen Textabschnitt einprägen muß.
- Es schult das Verständnis, weil man aus dem Strom des gesprochenen Texts erkennen muß, wo ein Wort endet und das nächste beginnt. Das trainiert das Ohr auch für spätere Sprechsituationen.
- Man muß mitdenken, gleichklingende Wörter oder Strukturen unterscheiden (*their* oder *there* oder *they're*?, *il chante* oder *ils chantent*?)

Diktatprogramme trainieren Rechtschreibung effektiver, als es im Unterricht möglich ist. Mir gefallen die Programme von Heureka/Klett (Englisch Diktat bzw. Diktat Französisch, Deutsch als Fremdsprache). Sie orientieren sich an gängigen Lehrwerken

TEIL 7 | SCHREIBEN UND SPRECHEN

und sind ab dem zweiten Lernjahr geeignet. Wie arbeitet man damit?

1. Jeder Text wird systematisch vorbereitet. Zuerst hört man die Schlüsselwörter, liest sie, spricht sie nach und vergleicht seine Aussprache mit der des Muttersprachlers. Ist ein Wort unbekannt, klickt man es im Online-Wörterbuch an. Ein Beispiel und ein Bild erläutern Bedeutung und Gebrauch.
2. Mit dem Lückendiktat kann man überprüfen, ob man den Text versteht. Wichtige Wörter werden per Mausklick in die Lücken gesetzt.
3. Anschließend wird der Text abschnittsweise diktiert.
4. Jeder Abschnitt wird auf Tastendruck wiederholt. Nach vergeblichen Korrekturversuchen erhält man Hilfen.
5. Das Programm korrigiert nach vollendetem Diktat. Es streicht alle Fehler an. Klickt man auf einen Fehler, erscheint die Korrektur und falls möglich auch eine Regel.
6. Alle Programme führen eine Fehlerstatistik und machen auf Ort, Art und Häufigkeit des Fehlers aufmerksam. Diktat Englisch unterscheidet sieben Fehlerklassen.
7. Die Leistung wird in einer Langzeitstatistik gespeichert. Aus ihr ersieht man, wo die persönlichen Schwächen liegen.

In der wenig anspruchsvollen Disziplin des Rechtschreibunterrichts ist der Computer dem Lehrer überlegen. Dabei haben wir die Unwägbarkeiten der Klassenzimmersituation bisher außer acht gelassen. Viele Hörfehler entstehen wegen der akustischen Löcher im Raum oder der Diktiergeschwindigkeit des Lehrers.

Haben Sie keinen Computer, dann suchen Sie sich einen Lernpartner, der Ihnen beim Diktat über die Schultern schaut. Jedesmal wenn sie oder er bemerkt, daß Sie im Begriff sind, einen Fehler zu machen, erhalten Sie einen Hinweis und haben Zeit zum Überlegen. So entsteht der Fehler gar nicht erst, und Sie lernen beide daraus.

Das elektronische Klassenzimmer

Wege aus der Einsamkeit des Lernens

Der Computer kann vieles, aber nicht alles. Einer seiner Nachteile: Freie schriftliche Übungen wie Briefe oder kurze Aufsätze konnten Programme bisher nicht korrigieren. *The Multimedia English Course* (Hueber Verlag) ist meines Wissens das erste Programm, das diesen Nachteil über die integrierten Online-Dienste zumindest teilweise zu überwinden versucht.

1. Sie können die «Lehrer-Übungen» über das Internet an die Redaktion senden und Ihre Fehler und die der anderen samt Erläuterungen einsehen.
2. Sie können sie auch an einen persönlichen Lehrer zur Korrektur schicken.

Dieses Angebot ist ein Fortschritt, bedenkt man, daß in der Schule und in den Kursen es Lehrern nur selten möglich ist, alle längeren Arbeiten zu korrigieren, und deshalb viele Fehler stehen bleiben.

Aber *The Multimedia English Course* behebt noch einen zweiten Nachteil des Lernens am Computer: Das einsame Lernen. Es fehlen die Gesprächs- und Lernpartner. Über das Programm haben Sie Zugang zu einem virtuellen Klassenzimmer. Die «Forum-Übungen» können hier mit anderen Lernern besprochen werden. Sie können auch Themen zur Diskussion stellen – schriftlich im Textmodus oder mündlich im «Real-Voice-Modus».

Noch ein Wort zur Einsamkeit des Lernens am Computer. Es hat sich herausgestellt, daß Schüler am liebsten zu zweit vor dem Bildschirm sitzen. Wer keine Volkshochschule oder Sprachschule in seiner Nähe hat, sollte sich nach Gleichgesinnten umsehen – warum nicht über eine Annonce? – und feste Computerstunden vereinbaren.

Tandem-Lernen mit Partnern aus Übersee

Tandem-Lernen ist billig und wertvoll zugleich. Suchen Sie sich einen Lernpartner,

- der Ihre Fremdsprache als Muttersprache spricht und
- der schnell und kostengünstig Deutsch lernen möchte.

Solche Lernpartnerschaften sind billiger, motivierender und effektiver als mancher teure Sprachkurs. Wie finden Sie diese Lernpartnerin beziehungsweise diesen Lernpartner? Sie heften einen Aushang an das Schwarze Brett der nächsten Universität, des nächsten Dolmetscherinstituts oder der Sprachschule in Ihrer Stadt. Führt das zu nichts, setzen Sie eine Annonce in Ihre Zeitung. Bitten Sie Ihren Lehrer, daß er Ihnen bei der Formulierung hilft.

Wie arbeiten Sie zusammen? Vereinbaren Sie wenigstens zwei Treffen pro Woche. Sie und Ihr Partner arbeiten gemeinsam Ihre jeweiligen Lehrwerke durch, hören Kassetten, lesen Zeitungsartikel und korrigieren sich gegenseitig beim Lesen. Sie übersetzen, besprechen sich gegenseitig Kassetten und telefonieren jeden zweiten Tag miteinander. Sie unterhalten sich auf gemeinsamen Spaziergängen, wobei jeder die Sprache des anderen spricht oder die Sprache alle halbe Stunde gewechselt wird. Lernpartnerschaften müssen nicht lange halten. Wechseln Sie den Partner, sowie Leerlauf in Ihre Arbeit kommt. Mit etwas Glück bekommen Sie eine feste Adresse im Ausland.

Im Zeitalter der Telekommunikation eröffnen sich neue Möglichkeiten. Im Internet finden Sie Partner überall auf der Welt. Vorläufig findet die Partnerarbeit vorwiegend noch schriftlich statt. Sie können sich Texte aller Art zur Korrektur zuschicken, wobei Sie sich aller technischen Möglichkeiten bedienen, die der Computer zur Verfügung stellt: Textverarbeitung, Wörterbücher und Rechtschreibhilfe. Sie können die Arbeiten des Partners korrigieren, ohne sie neu schreiben zu müssen.

TEIL 7 | SCHREIBEN UND SPRECHEN

Im Chat-Modus können Sie Gedanken austauschen und gemeinsam Texte erstellen. Der Bildschirm ist geteilt. Sie schreiben in der oberen, Ihr Partner in der unteren Hälfte. Der Chat, ein zeitgleicher Dialog per E-Mail, ist langsamer und reflektierter als ein Telefongespräch, aber spontaner und schneller als ein Briefwechsel. Lesen, Denken und Schreiben laufen nur wenig zeitversetzt ab. Wenn Ihr Partner in Übersee schreibt, entstehen seine Zeilen zeitgleich auf Ihrem Monitor, und Sie können Ihre Korrekturen während dieser Minuten schon vorbereiten. Erahnen Sie den Inhalt seiner noch unfertigen Botschaft, beginnen Sie bereits mit Ihrer Antwort, während er noch schreibt. Sie fallen ihm sozusagen ins Wort, ohne es ihm abzuschneiden.

Man schätzt, daß sich in Deutschland bereits etwa 60 000 Kinder zwischen 6 und 13 Jahren in der Online-Welt (*Kindernetz* und *Fun Online*) tummeln. Was gefällt ihnen besonders daran? Wer vermutet, es seien die Computerspiele, der irrt. In der Beliebtheitsskala stehen die Konversationsmedien an vorderster Stelle: E-Mail und Chat, der Plausch über den Monitor. Für Studenten ist dies fast schon eine Selbstverständlichkeit, weil es billiger als telefonieren ist, vor allem dann, wenn das Studentenwerk ihnen über den Rechner der Uni einen kostenlosen Zugang ermöglicht. Bevor sie das Studentenheim verlassen, verschicken sie ein Dutzend E-Mails. Am Abend finden sie die Antworten in ihrer Mailbox. So halten sie Kontakt mit ihren ehemaligen Klassenkameraden, Ausstauschpartnern und Studienfreunden im Ausland. In der großen E-Mail-Gemeinde finden auch Sie jemanden, der bereit ist, das Nützliche mit dem Angenehmen zu verbinden.

Vielleicht probieren Sie einmal unter den vielen hundert Internet-Adressen zum Thema Sprachenlernen nur diese vier aus:

TEIL 7 | SCHREIBEN UND SPRECHEN

1. *Dave's ESL (English as a second language) Café on the Web:*
In seinem Café – *where learning is fun* – erhalten Lehrer und Schüler wertvolle Anregungen zum Thema Sprachenlernen.
Seine Adresse: http://www.eslcafe.com
Schreiben Sie an *Dave's ESL Help Center*, wenn Sie Fragen zur Grammatik haben. Ein internationales Lehrerteam wird Ihnen antworten.
2. Klicken Sie *Student Resources at International House* an, und beteiligen Sie sich an den Diskussionen über aktuelle Themen. Machen Sie mit bei *Write Now!*, einem Magazin, das von Schülern und Lehrern geschrieben wird.
Die Adresse: http://www.ihes.com/sresource/
3. *It's Magazine On-line* ist mehr als ein Magazin. Es bietet Ihnen neben einer Sammlung von Selbstlernmaterialien ein Diskussionsforum und die Möglichkeit, einen Lernpartner zu finden.
Die Adresse: http://its-online.com
4. *Frizzy University Network:*
Karla Frizzler lädt Studenten aus aller Welt ein, ihre Schreibfertigkeiten in einer angenehmen Atmosphäre zu verbessern.
Die Adresse: http://thecity.sfsu.edu/~funweb

Schreiben am Computer

In Schule, Studium und Beruf wird zunehmend am Computer geschrieben. Mit einsprachigen Wörterbüchern auf CD-ROM, die es zu allen großen Sprachen gibt, erweitern Sie Ihren Wortschatz und gewinnen Sicherheit im Schreiben.

TEIL 7 | SCHREIBEN UND SPRECHEN

1_Klicken statt blättern

Angenommen, Sie schreiben einen Brief, gleichzeitig rufen Sie eine CD auf, zum Beispiel das *Longman's Interactive Dictionary*. Sie zögern zwischen *I'm looking forward to meet you* und *I'm looking forward to meeting you*. Sie markieren das Wort, klicken den Knopf für das Wörterbuch an, und schon erscheint der entsprechende Eintrag des Wörterbuchs in ihrem Textverarbeitungsprogramm. Schluß mit dem lästigen Blättern in einem Wörterbuch während des Schreibens.

2_Suchfunktionen und Fenstertechnik

In dem Wörterbuchartikel kommen Wörter vor, die Sie nicht kennen. Ein Mausklick, und die betreffenden Fenster öffnen sich. Man kann mehrere Fenster nebeneinander geöffnet halten und Teile der Artikel markieren und direkt in sein Schriftstück kopieren. Die folgenden Fenster sind aus *Longman's Interactive Dictionary* heruntergeladen.

> **look forward to** = to expect with pleasure:
> *I'm really looking forward to your party.*
> *I'm looking forward to going to your party.*
> *I look forward to receiving your reply as soon as possible.*

Wenn Sie sich nicht sicher sind, was *receiving* bedeutet, klicken Sie das Wort im Artikel *look forward to* an, und das gewünschte Fenster öffnet sich.

3_Wortschatz erweitern und Fehler vermeiden

Das Wörterbuch merkt sich die Artikel, die Sie aufgerufen haben. Bevor Sie den Computer abschalten, lassen Sie sich Ihre Schwachstellen noch einmal vorlegen. Alle, die Ihnen merkenswert erscheinen, drucken Sie aus oder legen sie mit den zugehörigen Bildern in Ihrer Wortschatzdatei ab. Vergessen Sie nicht, sich unbekannte Wörter vom Computer vorsprechen zu lassen. Wollen Sie wissen, welche typischen Fehler mit einem Wort gemacht werden, rufen Sie das Fehlerwörterbuch auf (Fenster gekürzt; falsche Formen sind mit * markiert):

> * I'm looking forward the day I can go home.
>   I'm looking forward **to** the day I can go home.
> * I'm looking forward to hear from you.
>   I'm looking forward to **hearing** from you.

Wißbegierige Fortgeschrittene werden die Struktur und die Regel in der integrierten Grammatik anklicken. Hier wieder nur ein Ausschnitt:

> *To* is either a preposition or a part of the infinitive. It is part of the infinitive in *I want to go home*, but a preposition governing a noun/gerund in *I object to noise, I object to smoking*.
> In the following expressions, *to* is a preposition, so we may use the -ing form after it: *accustom (oneself) to, be accustomed to, face up to, look forward to, object to, be reduced to, be resigned to, sink to, be used to* …:
> *I object to being kept waiting. I'm used to doing the shopping.*
> Accusative and possessive forms are possible:
> *I object to people/him/his smoking in restaurants.*

4_Video und Spiele

Auch für Unterhaltung ist gesorgt. Wählen Sie einen der acht kurzen Videofilme, und trainieren Sie Ihr Hör- und Sehverstehen. Viele Wörterbücher bieten auch eine kleine Auswahl an Lernspielen.

Solche Programme sind ideale Werkzeuge für Fremdsprachenkorrespondenten, Schüler der Oberstufe, Studenten, Lehrer, Dolmetscher, Übersetzer und Autoren. Wer an der Zukunft von Wörterbüchern auf CD-ROM noch zweifelt, den wird vielleicht folgende Tatsache überzeugen: Das vielleicht beste französische Wörterbuch, der elektronische *Robert*, wurde bis 1994 allein 2000mal an französische Schulen ausgeliefert. Bei *Oxford University Press* stieg bereits 1993 der Umsatz der CD-ROM-Version des weltbekannten *Oxford English Dictionary* (dem Flaggschiff des Hauses) auf 80 Prozent. Deshalb wird die nächste Neuauflage in Buchform um das Jahr 2000 nach Aussage des Verlages die letzte sein. Die Zahlen sprechen für sich.

Gelenktes Sprechen

Trainieren mit Tandem-Materialien

Partnerlernen (Tandemlernen) im Sprachunterricht hatte bereits eine lange Tradition in Industrie und Wirtschaft, als in den achtziger Jahren manche Schulbuchverlage nachzogen. Seit eine neue Arbeitsform, die Freiarbeit, in den Gymnasien Einzug gehalten hat, gibt es zu vielen Lehrbüchern Tandembögen zu kaufen. Der Partnerbogen zu *Découvertes*, Band 1 (Klett), wird geteilt – Partner A erhält die linke, Partner B die rechte Spalte. Sie stellen sich gegenseitig Fragen; A kann B und B kann A kontrollieren und korrigieren. Nach dem ersten Durchgang wird gewechselt. Für Schüler hat Partnermaterial den Vorteil, daß sie ohne Lehrer arbeiten können, zum Sprechen kommen und sich gezielt auf Arbeiten vorbereiten können.

TEIL 7 | SCHREIBEN UND SPRECHEN

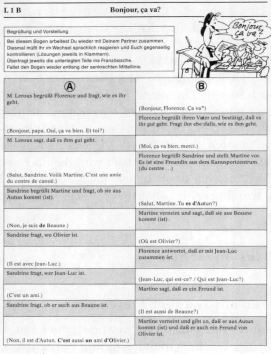

L 1 B	Bonjour, ça va?
Begrüßung und Vorstellung Bei diesem Bogen arbeitest Du wieder mit Deinem Partner zusammen. Diesmal müßt Ihr im Wechsel sprachlich reagieren und Euch gegenseitig kontrollieren (Lösungen jeweils in Klammern). Übertragt jeweils die unterlegten Teile ins Französische. Faltet den Bogen wieder entlang der senkrechten Mittellinie.	

Ⓐ	Ⓑ
M. Leroux begrüßt Florence und fragt, wie es ihr geht.	
	(Bonjour, Florence. Ça va?)
	Florence begrüßt ihren Vater und bestätigt, daß es ihr gut geht. Fragt ihn ebenfalls, wie es ihm geht.
(Bonjour, papa. Oui, ça va bien. Et toi?)	
M. Leroux sagt, daß es ihm gut geht.	
	(Moi, ça va bien, merci.)
	Florence begrüßt Sandrine und stellt Martine vor. Es ist eine Freundin aus dem Kanusportzentrum. (du centre ...)
(Salut, Sandrine. Voilà Martine. C'est une amie du centre de canoë.)	
Sandrine begrüßt Martine und fragt, ob sie aus Autun kommt (ist).	
	(Salut, Martine. Tu **es d'A**utun?)
	Martine verneint und sagt, daß sie aus Beaune kommt (ist).
(Non, je suis **de** Beaune.)	
Sandrine fragt, wo Olivier ist.	
	(Où est Olivier?)
	Florence antwortet, daß er mit Jean-Luc zusammen ist.
(Il est avec Jean-Luc.)	
Sandrine fragt, wer Jean-Luc ist.	
	(Jean-Luc, qui est-ce? / Qui est Jean-Luc?)
	Martine sagt, daß es ein Freund ist.
(C'est un ami.)	
Sandrine fragt, ob er auch aus Beaune ist.	
	(Il est aussi de Beaune?)
	Martine verneint und gibt an, daß er aus Autun kommt (ist) und daß er auch ein Freund von Olivier ist.
(Non, il est d'Autun. **C'est** aussi **un** ami **d'O**livier.)	

Tip: Du kannst mit dem Bogen auch **allein** und **schriftlich** üben. Du deckst den Text mit einem Blatt ab, ziehst dieses nach unten, bis der deutsche Text sichtbar wird. Versuche, diesen ins Französische zu übertragen. Dies kannst Du auch schriftlich machen. Danach ziehst Du das Blatt weiter nach unten, deckst damit die Lösung auf und überprüfst, ob das, was Du gesagt oder geschrieben hast, richtig ist.

Der Computer als Gesprächspartner

English Coach, Lektion 7 – wir öffnen den Action-Koffer. In der *chatterbox* werden Dialoge in Situationen trainiert. Der Schüler erhält eine Rolle. Er hört seinen Partner und wählt unter sechs Möglichkeiten, wie das Gespräch weitergehen soll. Er spricht seinen Part in das Mikrofon. Danach kann er den gesamten Dialog anhören.

TEIL 7 | SCHREIBEN UND SPRECHEN

Damit ist der Computer vorläufig an seine Grenzen als Gesprächspartner gestoßen. Das freie Sprechen lernen Sie weder am Schreibtisch noch im Unterricht, wo Sprechgelegenheiten nur in homöopathischen Dosen verabreicht werden.

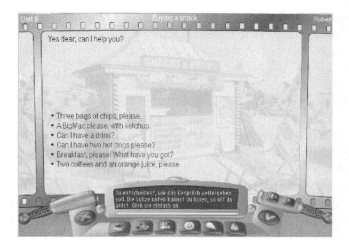

Sprechbarrieren überwinden

Wer in der Fremdsprache sprechen will, muß aktiv sein und die Initiative ergreifen. Das ist für viele gar nicht so einfach. Es gilt, seine Hemmungen zu überwinden. Der leutseligen Plaudertasche fällt dies leichter als dem in sich gekehrten Denker. Auch befindet man sich in Sprechsituationen in einer schwachen Position, weil man sprachlich überlegenen Menschen gegenübersteht. Man versteht nur zum Teil und glaubt sich nur teilweise verstanden. Sprechen ist deshalb in den Augen vieler Menschen die schwierigste aller Fertigkeiten.

Die größten Probleme sind psychischer Natur. Gehören Sie zu den Menschen, die auch in der Muttersprache vornehme Zurückhaltung üben und aus Schüchternheit oder Taktgefühl nicht auf andere zugehen wollen? Ihnen hilft vielleicht folgende Überlegung: In der Fremdsprache werden Sie nie ganz Sie selbst sein. Sie haben ja von Anfang an Aussprache und Intonation irgendwelcher Vorbilder übernommen. Die Wörter, die Ihnen zur Verfügung stehen, sind nicht Ihre Wörter, sondern die des Lehrbuchs. Betrachten Sie also das Sprechen in der Fremdsprache einfach als Rolle, in die Sie schlüpfen. Die Rolle verschafft Ihnen psychische Distanz zur Situation.

Oder meiden Sie das oberflächliche Gespräch? Sind Sie frustriert, weil Sie an den Diskussionen Ihrer Gastgeber nicht teilnehmen und noch nicht ausdrücken können, was Sie bewegt? Wir müssen uns in der Fremdsprache anfangs mit bescheidenen Rollen zufriedengeben. Gehen Sie keinem noch so belanglosen Wortwechsel aus dem Weg, denn der größte Feind des Sprechenlernens ist die Passivität. Sprechen Sie nicht um der Themen, sondern um des Sprechens willen. Wer Fremdsprachen lernt, für den gilt: Schweigen ist Blech, Reden ist Gold.

Ein anderes Problem haben Sie mit allen Sprachenlernern gemeinsam. In Gesprächssituationen stehen Sie unter Zeitdruck.

TEIL 7 | SCHREIBEN UND SPRECHEN

Wörter, die man gelernt hat, stehen nicht sofort zur Verfügung, wenn sie gebraucht werden. Sie machen Fehler, die Ihnen bewußt werden, sowie die Worte über die Lippen sind. Dies erschüttert das Selbstvertrauen. Englische und französische Lehrer, die Schüler vieler Nationalitäten unterrichten, sprechen von der typisch deutschen Angst vor dem Fehler. Nehmen Sie Abschied von der deutschen Gründlichkeit, denn sie ist eine Belastung für das zwanglose Gespräch. Finden Sie sich damit ab, daß der Weg zum fließenden Sprechen nun einmal mit Fehlern gepflastert ist. Aus Fehlern kann man lernen. Bedenken Sie, daß grammatische Richtigkeit zwar erstrebenswert ist, doch wichtiger ist die kritische Dosis, die notwendige Zahl von Sprechkontakten, ohne die man das Sprechen nicht erlernt. Übrigens sind sich auch Lehrer durchaus bewußt, daß sie Fehler machen, und selbst Muttersprachler sprechen nicht immer in fehlerfreien, wohlgeformten Sätzen. Das sollte Ihnen Mut machen. Englischlerner werden ohnehin selten Grund haben, sich gehemmt zu fühlen. Denn in den meisten Fällen spricht der Deutsche aus beruflichen Gründen nicht mit einem Engländer oder Amerikaner, sondern einem Lateinamerikaner, Spanier, Japaner, Araber, Franzosen oder Italiener. Sie alle haben die gleichen Probleme wie wir Deutschen, und wir schneiden im internationalen Vergleich recht gut ab.

Ist das Sprechen wirklich die schwierigste aller Fertigkeiten? Für den, der sich mit seinem begrenzten, nur langsam wachsenden Wortschatz abfindet, diesen aber um so gewandter beherrschen lernt, ist es eher umgekehrt. Beim Hören und Lesen haben Sie es immer mit einem unübersehbaren Wortschatz zu tun. Beim Sprechen jedoch kann man mit wenigen Wörtern sehr viel sagen. Erinnert sei nur an Adenauer und seinen Wortschatz von angeblich 800 Wörtern. Tatsächlich können Sie sich mit den 850 Wörtern des *Basic English* in den meisten Alltagssituationen behaupten, wohingegen Sie für die Lektüre von Tageszeitungen ein Vielfaches davon benötigen.

TEIL 7 | SCHREIBEN UND SPRECHEN

> **Les Français en rient**
>
> Un jeune homme pénètre dans une chambre d'hôpital où une dame se trouve au chevet d'une jeune malade.
> La dame demande au jeune homme: «A quel titre voulez-vous la voir?»
> «Heu…, permettez que je me presente: je suis son frère.»
> «Enchantée de vous connaître, monsieur», répond la dame. «Je suis sa mère.»

Schritt für Schritt zum freien Sprechen

Sprechen ist zugleich Weg und Ziel; beide sind planbar. Dem Ziel nähern Sie sich von der ersten Stunde in kleinen Schritten.

DER ERSTE SCHRITT
Sprechzeitmaximierung im Unterricht

Sie besuchen einen Sprachkurs, um Sprechen zu lernen? Die Voraussetzungen dazu sind nicht immer günstig. Eine Unterrichtseinheit von 90 Minuten besteht in der Regel aus Wortschatzeinführung, Grammatikerklärungen sowie den zugehörigen Übungen. Ein Text wird mehrmals auf Kassette präsentiert und vorgelesen. Der einzige, dem dabei ausreichend Sprechzeit bleibt, ist der Lehrer. Die Gruppe von acht bis fünfzehn Lernern teilt sich in die verbleibende Sprechzeit. Sie zählt bei gerechter Verteilung nach Minuten. In Klassen von 25 bis 30 Schülern sieht die Bilanz nachweislich viel ungünstiger aus.

Der größte Fehler, den Sie machen können, wäre, sich der schweigenden Mehrheit des Kurses anzuschließen und Ihre

Sprechzeit, für die Sie teuer bezahlen, den aktiven Sprachenlernern zu überlassen. Es gibt Maßnahmen, durch die Sie Ihre Sprechzeit im Unterricht maximieren können.

1_Die richtige Kurswahl

Viele Kursteilnehmer schweigen aus Angst, sich vor den anderen, vermeintlich weiter Fortgeschrittenen eine Blöße zu geben. Dies vermeiden Sie durch die richtige Wahl des Sprachkurses. Lesen Sie die Kursbeschreibung, die Auskunft über Inhalte, Ziele und notwendige Vorkenntnisse gibt. Bestehen Sie auf einem Einstufungstest, lassen Sie sich von der Sprachschule die maximale Gruppenstärke schriftlich zusichern, und fragen Sie, ob Sie den Kurs nach ein paar Schnupperstunden wechseln können. Steigen Sie nicht aus falscher Bescheidenheit in eine zu niedrige Stufe ein, solange Sie noch mit nach Lernjahren gegliederten Lehrwerken arbeiten. Wollen Sie dagegen einen Konversationskurs belegen, sollte Ihre Sprechfertigkeit eher über dem Niveau der anderen Teilnehmer liegen.

2_Die Vorausplanung der Unterrichtsstunden

Sie können Ihre persönliche Sprechzeit im Kurs erhöhen, wenn Sie nicht nur die vergangene Stunde nachbereiten, sondern auch den Stoff der nächsten Stunde vorausplanen. Sie schaffen sich dadurch Sprechgelegenheiten. Sie können gezielte Fragen stellen und Unklarheiten beseitigen lassen. Sie werden leichter und schneller als Ihre Kollegen die Fragen des Lehrers beantworten, weil Sie den anderen einen Schritt voraus sind. Dies gibt Ihnen das Selbstvertrauen, sich weiter aktiv am Unterricht zu beteiligen und auch die nächsten Schritte mitzuvollziehen.

3_Aktive Mitgestaltung des Unterrichts

Vielleicht befürchten Sie, durch diese Tips in die Rolle des Strebers zu geraten, der den Unterricht zum Unmut der anderen Teilnehmer an sich reißt. Vermeiden Sie dies, indem Sie alle monotonen Wortschatz- und Grammatikübungen, die unter Ihrem Niveau sind, den anderen überlassen. Aktives Mitdenken und stille Selbstkontrolle tun es auch. Picken Sie sich die Rosinen heraus, für die der Lehrer ohnehin nur schwer Freiwillige findet.

Beteiligen Sie sich lieber an den kleinen Rollensprechübungen, die viel zu spärlich gesät sind, übernehmen Sie die Nacherzählungen, das Zusammenfassen von Hör- oder Lesetexten, melden Sie sich für Kurzreferate und Präsentationen, beteiligen Sie sich am Unterrichtsgespräch und an Diskussionen. Weichen Sie nicht den kleinen Gesprächen mit dem Lehrer aus, die sich vor und nach dem Beginn des Unterrichts in jedem besseren Kurs ergeben. Suchen Sie das Gespräch, indem Sie einige Minuten früher kommen und länger bleiben. Provozieren Sie diese Gratissprechgelegenheiten mit vorbereiteten Fragen. Es sind für Sie die fruchtbaren Momente des Unterrichts.

DER ZWEITE SCHRITT
Arbeit mit Lehrbuchkassette und Rekorder

Zungenfertigkeit und korrekte Aussprache trainieren Sie mit Lektionskassette und Rekorder schon vom ersten Tag an. In den vorangehenden Kapiteln sind Sie bereits einigen Sprechgelegenheiten begegnet, die hier – nach dem Schwierigkeitsgrad geordnet – stichwortartig noch einmal aufgeführt und durch weitere Vorschläge ergänzt werden:

1. halblautes Mitlesen des Textes,
2. Nachsprechen kurzer Sprecheinheiten,
3. lautes Mitsprechen mit leichter Verzögerung,
4. Sprechen des Textes auf Kassette; Vergleichen der eigenen Leistung mit dem Original,

5. Anhören einer Spracheinheit, eines halben Satzes; Versuch, den Satz zu Ende zu sprechen (Voraussprechen),
6. Aussprachetraining und Dialogübungen am Computer,
7. Lernen im Tandem mit Lernpartnern,
8. Austausch von Tonkassetten statt schriftlicher Korrespondenz mit einem Briefpartner,
9. Übernahme der Sprecherrollen in einem Lektionstext,
10. Teilnahme an fremdsprachigen Führungen im In- und Ausland,
11. Telefonieren in der Fremdsprache mit Hotels, Flughäfen und ausländischen Institutionen im Inland.

Auf diese Weise wirken Sie dem Schweigen bei der Arbeit zu Hause entgegen und gewinnen Sicherheit für echte Gesprächssituationen.

DER DRITTE SCHRITT
Geläufigkeit durch Auswendiglernen

Das Auswendiglernen rangierte lange Zeit zu Unrecht am unteren Ende der Skala der Lerntechniken. Es war bei den Schülern unbeliebt, weil es oft als Strafarbeit aufgegeben wurde und weil ungeeignete Texte gelernt werden mußten.

Sie sollen nicht jeden Lektionstext auswendig lernen. Memorieren Sie nur Texte von hohem Gebrauchswert, die als Versatzstücke auch in Gespräche einfließen können. Dazu zählen in erster Linie Gesprächsrituale, Graffiti, Sprichwörter, Anekdoten und Witze. Sie gewinnen Sicherheit für spätere Gesprächssituationen, weil Sie zur Not immer etwas zu erzählen haben.

Auswendiglernen heißt, den Text strukturgetreu, Wort für Wort, wiederzugeben. Die Wiedergabe muß laut erfolgen und so lange wiederholt werden, bis Sie den Text, ohne zu stocken oder zu leiern, interessant erzählen können. Stellen Sie sich dabei mögliche Zuhörer vor.

TEIL 7 | SCHREIBEN UND SPRECHEN

DER VIERTE SCHRITT
Gesprächsplanung

Viele Gesprächssituationen sind vorhersehbar. Bei einer Geschäftsreise ins Ausland, bei einem Schüleraustausch laufen Gesprächsrituale ab, die Sie aus Erfahrung kennen: Begrüßung, Vorstellung, Fragen nach dem Befinden und dem Verlauf der Reise, Einladung, Tischgespräch und Telefonate. Es gibt etwa 100 Alltagssituationen, denen wir im Ausland kaum ausweichen können. Sie laufen meist nach einem Schema ab, das voraussagbar ist. Es gibt keine große Variationsbreite bei Gesprächen am Fahrkartenschalter, an der Hotelrezeption oder an der Tankstelle. Darum können wir sie jeweils auf einer DIN-A4-Seite übersichtlich planen, so daß wir immer das rechte Wort zur rechten Zeit parat haben. Solche klassischen Alltagssituationen sind unter anderen:

Fahrkarten kaufen	Einkaufen
Nach dem Weg fragen	Den Arzt aufsuchen
Telefonieren	Geld abheben
Zimmer buchen	Essen gehen
Auto reparieren lassen	Verlustanzeige erstatten
Einen Brief aufgeben	Einen Weg beschreiben

Die Redemittel stellen wir aus den durchgenommenen Lektionstexten zusammen und ergänzen sie mit Hilfe guter Sprachführer und eines Wortschatzes in Sachgruppen.

Um unsere Beschwerden, Vorschläge und Wünsche wirkungsvoll in das Gespräch einzubringen oder auf die Absichten der Partner schnell zu reagieren, müssen wir über die sprachlichen Schachzüge verfügen, die es erlauben, unser Anliegen so vorzubringen, wie es der gebildete Muttersprachler tut. Also bereiten wir uns darauf vor, Bekanntschaften zu schließen, Einladungen anzunehmen oder abzulehnen, unsere Meinung zu sagen, Zustimmung oder Ablehnung zu äußern oder Kompli-

TEIL 7 | SCHREIBEN UND SPRECHEN

mente zu machen. Wer dies nicht vermag, wird immer wieder in die mißliche Lage kommen, daß ihm trotz Wortschatz und Grammatik die Worte fehlen, um das auszudrücken, was ihn bewegt. Im Verlauf eines Sprachkurses können wir Sprechfunktionen für folgende Situationen sammeln:

- Strategien des Kennenlernens
- Einladungen aussprechen, annehmen und ablehnen
- Sprachverhalten bei gesellschaftlichen Anlässen
- Die Kunst des Wünschens und Bittens
- Probleme, Angst und Sorgen teilen
- Meinungen an den Mann bringen
- Einer Meinung sein
- Anderer Meinung sein
- Vorschlag, Rat und Warnung aussprechen
- Anweisungen geben
- Erlauben und Verbieten
- Kritisieren und kritisiert werden
- Redemittel der Unsicherheit
- Seiner Sache sicher sein
- Sein Erstaunen ausdrücken

Folgende Bände aus unserer Sprachenreihe bereiten Sie optimal auf alle Situationen des Alltags vor:

- *Joke by Joke to Conversation*. Sprechsituationen mit Witz gemeistert (rororo sprachen 18797)
- *La conversation en s'amusant*. Sprechsituationen mit Witz gemeistert (rororo sprachen 8873)
- *Small Talk for Big Business*. Business Conversation für bessere Kontakte (rororo sprachen 60439, mit Audio-CD 60577)
- *How to Phone Effectively*. Business English am Telefon (rororo sprachen 60139, mit Audio-CD 60146)

> - *Master your Business Phrases*. Sprachmodule für den Geschäftsalltag (rororo sprachen 60725)
> - *Get to Grips with Company English*. Wortschatztraining on the Job (rororo sprachen 60845)
> - *Spice up your Speeches*. Rhetorik für alle Geschäftsanlässe (rororo sprachen 60804, mit Audio-CD 60843)

DER FÜNFTE SCHRITT
Den inneren Dialog führen

Mit der Planung ist es aber nicht getan. Sie müssen sich mit einer Sprechsituation gedanklich auseinandersetzen. Das geschieht im stillen Dialog mit sich selber, wobei Sie die Techniken des mehrkanaligen Lernens und mentalen Trainings anwenden. Dazu stellen Sie sich Ihren künftigen Gesprächspartner vor und spielen das Thema in Gedanken mehrmals durch. Reaktionen, die Ihnen nicht mehr einfallen, schlagen Sie nach. Diese Probe des Ernstfalls ist eine der wertvollen «Wiederholungen aus dem Kopf» (Seite 74). Sie übernehmen eine oder mehrere Rollen und spielen den Wortwechsel in der Vorstellung nach. Der stille Dialog mit sich selbst ist vergleichbar dem Tagträumen, das vielen Menschen während eines einsamen Spaziergangs besonders leicht fällt.

Gesprächsstrategien

Unter Gesprächsstrategien ist die Planung des «Ernstfalls» zu verstehen, unabhängig von Gesprächsthemen und den dazu erforderlichen sprachlichen Mitteln. Solange man als Sprachenlerner noch keine Perfektion in der Fremdsprache erreicht hat, sind Gesprächsstrategien zugleich auch Lernstrategien, und für die meisten von uns werden sie es ein Leben lang bleiben.

1_Strategie gegen das peinliche Schweigen

Was tun Sie, wenn Sie beim Sprechen den Faden verlieren, Ihnen das Schlüsselwort zu Ihrer Mitteilung fehlt oder Sie in der Mitte einer grammatischen Konstruktion steckenbleiben? Das Zusammenbrechen der Kommunikation ist für alle Beteiligten belastend. Häufiges Verstummen hat zur Folge, daß Sie als Gesprächspartner nicht gerade gefragt sind. Doch gibt es in allen Sprachen einfache Redestrategien, die einem selbst und seinem Gegenüber die Momente peinlicher Stille ersparen.

Die erste Strategie besteht darin, solchen Verlegenheiten vorzubeugen, indem man sich eine «Erste-Hilfe-Seite» im Ringbuch anlegt. Sprachliche Pannen überbrücken Sie durch Zögern oder nachdenkliches Innehalten und einen geeigneten Pausenfüller. Hier einige Beispiele, die der Engländer *polite noises* nennt:

er ...	actually ...	you see ...	I mean
um ...	in fact ...	as a matter of fact ...	it's like this
well ...	you know ...	sort of ...	kind of ...
what I'm trying to say is ...	how shall I put it ...?	what was I going to say ...?	it's on the tip of my tongue

Auf französisch verschaffen Sie sich auf folgende Art Luft:

ben	enfin	je veux dire
eh bien	vous savez	de toute façon
alors	tu sais	comment dirai-je

Mit den Verlegenheitssignalen erhalten Sie die Möglichkeit, die letzten Worte zu wiederholen, abzuwandeln oder den Faden neu aufzunehmen. Damit verschaffen Sie sich nicht nur Bedenkzeit, diese Signale versteht der Partner, und wenn er Manieren hat, wird er Ihnen helfen. Gegen Sprechpannen sind übrigens auch Muttersprachler nicht gefeit, und sie bedienen sich der gleichen Strategie. Darum sind Fehlstarts, Satzabbrüche, Wiederholungen und korrigierende Rücknahmen typisch für die Umgangssprache.

2_Strategie der Gesprächspflege

Die meisten Menschen sprechen lieber, als anderen zuzuhören. So paradox es auch klingen mag, diese Untugend erleichtert Ihnen besonders als Anfänger das Sprechenlernen. Ihr Hörverstehen wird Ihrer Sprechfertigkeit immer weit voraus sein. Werden Sie also zunächst ein guter Zuhörer, und man wird Sie als angenehmen Gesprächspartner schätzen. Dadurch verschaffen Sie sich lange Denkpausen, in denen Sie ein paar kurze Fragen vorbereiten können.

Damit die Konversation aber nicht erstirbt, müssen Sie sich irgendwie daran beteiligen. Das tun Sie abwechselnd durch Ihre Körpersprache und durch verbale Signale. Versuchen Sie, etwas schräg gegenüber oder im 90-Grad-Winkel zu ihm Platz zu nehmen. Vermeiden Sie die Frontalposition. Nehmen Sie eine entspannte Haltung ein, Ihr Oberkörper ist dem Partner ein wenig zugeneigt. In unregelmäßigen Abständen suchen Sie den Blickkontakt. Lächeln Sie freundlich mit leicht geöffneten Lippen. Ein angestrengtes Stirnrunzeln würde signalisieren, daß Ihnen die Unterhaltung als Ausländer zu große Mühe macht. Mit angedeutetem Kopfnicken ermuntern Sie den Partner zum Fortfahren.

Sparsam gebrauchte, verhaltene Ausrufe des Beifalls, des Erstaunens und der Anteilnahme halten den Redefluß Ihres Gegenübers in Gang.

Englisch	Französisch
I see.	Je vois.
Well, well, well!	Tiens!
How interesting!	Ma parole!
Amazing!	C'est bizarre!
Really!	Ça alors!
You don't say!	Pas vrai!
Would you believe it!	Sans blague!
What a story!	Quelle histoire!
Fancy that!	Par exemple!
Marvellous!	Merveilleux!
Incredible!	Incroyable!
Heavens!	Mon Dieu!

Mit Ihrer Körpersprache und wenigen gezielten Floskeln tun Sie so, als verstünden Sie nicht nur, sondern beherrschten auch die Sprache. Damit integrieren Sie sich in den Kreis der Muttersprachler und vermeiden die Außenseiterrolle. Diese Strategie ist kein Betrug, sondern ein Gebot der Höflichkeit, denn es entkrampft die Situation. Sie geben den Gesprächspartnern die Möglichkeit, sich natürlich zu verhalten und so zu sprechen, wie ihnen der Schnabel gewachsen ist, ohne aus Rücksicht auf einen Ausländer ihre Gesprächskultur aufgeben zu müssen.

3_Dem Partner «aufs Maul schauen»

Als guter Zuhörer sind Sie nicht nur am Thema der Unterhaltung interessiert, Sie wollen auch Ihre Sprechfertigkeit verbessern. Achten Sie deshalb beim Zuhören auf Wortschatz und Strukturen, die Sie von dem Partner übernehmen und bei passender Gelegenheit mit derselben oder einer anderen Person gleich wieder anwenden können. So wird Ihr Gesprächspartner zum Lehrer.

4_Vorsorgestrategien

Sie profitieren von kurzen Auslandsaufenthalten nur, wenn Sie soviel sprechen wie möglich. Da Sie der Sprache nur begrenzt mächtig sind, werden Sie Ihre Gesprächspartner nicht auf jedem gedanklichen Höhenflug begleiten können. Für diese Fälle haben Sie vorgesorgt.

Sie haben ja die Möglichkeit, Gespräche zu steuern, indem Sie von Themen wie Philosophie oder Ästhetik zu anderen überleiten, für die Sie gewappnet sind. Oft bedarf es nur einer gezielten Frage, und das Thema wird gewechselt. Ihr Ringbuch enthält für diesen Zweck Ersatzthemen, wie zum Beispiel die wirtschaftliche und politische Lage Deutschlands oder des Gastlandes. Und wenn Sie vor jeder Einladung noch Radio hören und die Zeitung lesen, sind Sie für Diskussionen über das wichtigste Geschehen des Tages gerüstet.

5_Die Feedback-Strategie

Die Feedback-Strategie ist zugleich eine Lernstrategie. Ihre Gesprächspartner sind zwar sprachliche Vorbilder, selten aber gute Pädagogen. Es ist verständlich, daß sie in erster Linie daran interessiert sind, was Sie sagen, und nicht, wie Sie es sagen. Auch scheut man sich vielleicht aus Höflichkeit, Sie zu unterbrechen und zu verbessern. Fehlerkorrektur durch *native speakers* ist selten, solange Sie nur verstanden werden. Sie erhalten meistens kein *feed back* und laufen Gefahr, daß sich Fehler einschleifen. Wenn Sie steckenbleiben oder ein Wort nicht finden, bitten Sie mit vorbereiteten Redewendungen um Rückmeldung über Ihre sprachlichen Leistungen.

TEIL 7 | SCHREIBEN UND SPRECHEN

I'm afraid my English is very poor. Is it correct to say…?
What is that called in English, please?
What do you say if you want to…, please?
Would you be so kind as to correct me if I make a mistake?

Excusez-moi, mais je ne parle pas très bien le français.
Est-ce correct de dire… ?
Vous comprenez ce que je veux dire?
Comment est-ce que cela se dit en français?
Je vous serais très reconnaissant(e) si vous voudriez bien corriger mes fautes.

Ab und zu gehen Sie bewußt sprachliche Risiken ein und bitten um Bestätigung oder Korrektur. Wenn Sie mit jemandem länger zusammen sind, verabreden Sie am besten, was und wie korrigiert werden soll. Vereinbaren Sie zum Beispiel, daß nicht jede Kleinigkeit, sondern nur ein Fehler verbessert wird, der den anderen stört.

6_Sprachwechsel

Wenn Ihr englischer, französischer, italienischer oder spanischer Partner auf dem gleichen Bildungsstand ist wie Sie, dann wird er etwas Englisch oder Deutsch gelernt haben. Unbekannte Ausdrücke lassen Sie einfach in einer anderen Sprache einfließen und werden meist aus dem Kontext verstanden. Wenn nicht, versuchen Sie das Wort zu umschreiben. Das stört den Gang des Gesprächs kaum. Sie bitten anschließend um die gesuchte Übersetzung.

Gesprächstaktiken

Gesprächstaktik ist die Anwendung von Techniken in einer konkreten Situation, um trotz beschränkter sprachlicher Mittel den Partner zu verstehen und ihm zu sagen, was man meint.

1_Taktiken bei Nichtverstehen

Bevor Sie Ihrem Gesprächspartner erwidern können, müssen Sie ihn verstanden haben. Was tun Sie, wenn das trotz aller Erschließungstechniken nicht der Fall ist? Gesprächspartner haben keine Pausen- oder Wiederholungstaste wie Ihr Rekorder.

Das Allerweltsmittel ist die Bitte, langsamer zu sprechen *(Excuse me, but could you please speak more slowly)* oder den Satz zu wiederholen *(Could you repeat that, please)*. Diese Methoden haben erhebliche Nachteile. Wenn Sie öfter darum bitten, verliert der andere die Lust am Gespräch, und wenn Sie ein Wort nicht kennen, verstehen Sie es auch dann nicht, wenn es wiederholt oder buchstabiert wird. Wirksamer ist die Frage nach einem Ersatzwort mit ähnlicher Bedeutung *(Could you give me another word for to «suggest»)* oder die Bitte um eine Definition *(What does to «astound» mean?)*.

Es gibt noch subtilere Taktiken, die das Gespräch nicht stören und durch die Sie etwas lernen. Bitten Sie nicht um Wiederholung, sondern um Präzisierung, Erläuterung oder um Beispiele.

> I'm not sure if I understood you correctly.
> "Devolution"? Never heard of it.
> What exactly do you mean by "hypocrisy"?
> Could you give me an example of "Thatcherism"?
> Isn't "Thatcherism" the same as "monetarism"?
> "Decentralisation"? What does that mean in practice?
> What does ABM stand for?

Solche Fragen stören den Gesprächsverlauf nicht. Sie werden feststellen, daß die meisten Muttersprachler nachdenken, nach Worten suchen und dabei das eben Gesagte ohnehin wiederholen. Jedenfalls ist diese Methode für alle Beteiligten intellektuell anspruchsvoll, und Sie lernen die Mittel kennen, deren sich Muttersprachler zur Lösung von Wortschatzproblemen bedienen. Noch geschickter gehen Sie vor, wenn Sie nicht nach der Erläuterung eines Wortes, sondern nach Ursachen und Auswirkungen fragen. Wenn Sie in England beziehungsweise Frankreich Begriffe wie *devolution* oder *exode rural* nur vage verstehen, versuchen Sie es mit der Frage nach den Hintergründen:

> Quelles en sont les causes?
> What are the causes of this phenomenon?
> Qu'est-ce que cela signifie pour le Français moyen?
> How does it affect the man in the street?
> Quelles en sont à la longue les conséquences?
> What are the long-term effects on the country?

Sie brauchen dabei das halbverstandene Wort nicht einmal zu wiederholen, so daß Ihr Partner vermutlich nicht merkt, daß Sie ein Problem hatten. Sie erhalten eine Worterklärung nebst landeskundlicher Information. Aus Ihrer Notlage haben Sie eine Tugend gemacht.

2_Grammatische Ausweichmanöver

Viele Grammatikfehler sind beim Sprechen vermeidbar. Eine der Fehlerquellen ist die Tatsache, daß die Suche nach der sprachlichen Form oft nicht mit dem Mitteilungsdrang Schritt halten kann. Deshalb empfiehlt es sich besonders am Anfang, eine Botschaft in kleine gedankliche Portionen aufzuteilen. Je einfacher und klarer wir denken, desto weniger Fehler machen wir.

TEIL 7 | SCHREIBEN UND SPRECHEN

Als Lernende haben wir viel mit Schriftsprache zu tun. Auch unsere Grammatiksätze gehören zum Teil der Schriftsprache an, und die bedient sich komplizierterer Satzbaumuster als die Umgangssprache. Einfache Hauptsätze werden zu über- und untergeordneten Haupt- und Nebensätzen verschachtelt (Hypotaxe). Wer versucht, nach diesen Vorbildern Sätze zu konstruieren, muß Fehler machen. Bilden Sie keine Sätze wie den folgenden:

> Obwohl ich dem Mädchen, das mit mir im Abteil saß, geraten hatte, ein Taxi zu nehmen, machte sie sich zu Fuß auf den Weg.

Teilen Sie Ihre Gedanken in kurze Hauptsätze (Parataxe) auf. So vermeiden Sie Sprachfallen wie Konjunktiv, indirekte Rede und Relativsätze:

> Das Mädchen saß im selben Abteil. «Nimm ein Taxi», habe ich gesagt. Aber sie ist trotzdem zu Fuß gegangen.

Vermeiden Sie also grammatische Strukturen, die über Ihrem sprachlichen Niveau liegen, sie lassen sich oft vereinfachen. Umgehen Sie Strukturen wie das Passiv oder den französischen Konjunktiv. Letzteren können Sie oft durch einen Infinitiv vermeiden. Solche Vereinfachungen müssen Sie vornehmen, wenn Sie mit der Zeitung aktuelle Gesprächsthemen vorausplanen, denn Zeitungssprache ist nicht Umgangssprache. Grammatische Ausweichmanöver machen Sie natürlich nur so lange, bis Sie sich in einer Situation sicher fühlen. Danach steigern Sie das sprachliche Risiko und probieren bewußt komplexere Strukturen aus.

kompliziert	vereinfacht
He was beaten by his father.	His father beat him.
She said that she was happy.	I'm happy, she said.
Not being able to sleep, I read a book.	I couldn't sleep. So I read a book.

kompliziert	vereinfacht
Il faut que nous soyons à l'heure.	Il faut être à l'heure.
Bien qu'il fasse beau, je ne sors pas.	Il fait beau. Mais je ne sors pas.
Après avoir fait ma valise, j'appelerai un taxi.	D'abord je fais ma valise. Après je vais appeler un taxi.

3_Wortschatztaktiken

Die meisten Ausweichmanöver sind wohl im Bereich des Wortschatzes nötig. Sie wollen und können nicht alle Gespräche vorbereiten oder Themen vermeiden, nur weil Ihnen der Sachwortschatz nicht geläufig ist.

Glücklicherweise läßt sich fast jedes Wort mit dem Grund- und Aufbauwortschatz umschreiben. Fehlt Ihnen das Wort für *Bleistift*, helfen Sie sich mit *etwas zum Schreiben*, ein *Messer* ist *etwas zum Schneiden*, ein *Huhn* ist *ein Vogel, der Eier legt*, intelligent ist das Gegenteil von *dumm*, und *Möbel*, das sind *Tisch, Bett und Schrank*. Diese Techniken des Umschreibens erfordern geistige Beweglichkeit, die Sie erwerben, wenn Sie Ihre Wortschatzkartei um den Kartentyp der einsprachigen Wortschatzkarte erweitern.

Durch diese Technik des Wortschatzlernens verbessern Sie Ihr Denken in der Fremdsprache, weil Sie nicht den Umweg über die Muttersprache gehen. Dadurch erhöht sich Ihre sprachliche Reaktionsfähigkeit. Und nicht zuletzt erwerben Sie eine beachtliche Geschicklichkeit im Umschiffen von Wortschatzklippen.

Gelegenheit macht Könner

In der Schule gilt noch häufig der Grundsatz: erst lernen, dann gebrauchen. Eine Sprache lernt man, indem man sie gebraucht, meint der große Sprachpädagoge Otto Jespersen. In diesem Kapitel erfahren Sie, wie Sie die Einsamkeit des Sprachenlernens durchbrechen und Ihre Kenntnisse schon nach den ersten Lektionen anwenden können, ohne ins Ausland fahren zu müssen.

Mit der Sprechfertigkeit ist es wie mit anderen Fertigkeiten auch: Nur der erwirbt sie, der die kritische Zahl von Anwendungsmöglichkeiten hat. Die Sprechgelegenheiten, die Ihnen im Unterricht geboten werden, erreichen in der Regel nicht die Intensität, um Wirkung zu zeigen. Sie können auch nicht ein ganzes Jahr auf Ihre zwei Wochen Urlaub im Ausland warten und hoffen, dort die Zungenfertigkeit zu erwerben. Viele Schüler und Kursteilnehmer kommen zu dem Fehlurteil, sie seien für Sprachen zu alt oder nicht ausreichend begabt – in Wirklichkeit erreichen ihre Sprechkontakte einfach nicht die lernpsychologisch wirksame Dosis.

Ohne den Schutz Ihrer vier Wände aufgeben zu müssen, können Sie von Anfang an eine Reihe von echten Gesprächssituationen üben. Greifen Sie zum Telefon und lernen Sie telefonieren. Sprechen Sie mit den Menschen, die dafür bezahlt werden, Ihnen zuzuhören und Auskunft zu geben.

Nachdem Sie im Unterricht die üblichen Lektionen über Reisen, Transport und Verkehr durchgenommen haben, rufen Sie eine Fluggesellschaft des nächsten Flughafens an und informieren sich über die Flüge nach Peking. Man wird Sie für einen Ausländer halten, der sich einer gängigen Fremdsprache bedienen muß. Zugauskünfte auf englisch erhalten Sie von der Auskunft eines großen Bahnhofs wie Frankfurt oder München. Jedes Lehrbuch enthält vermutlich eine Lektion über Aufenthalte

TEIL 7 | SCHREIBEN UND SPRECHEN

im Hotel. Rufen Sie die Rezeption eines der großen Hotels in Ihrer näheren Umgebung an, und Sie werden feststellen, daß man Ihnen in Ihrer Fremdsprache antworten wird. Holen Sie alle Auskünfte über Zimmerausstattung und Preise ein, die Sie bereits erfragen können. Wählen Sie die Nummer des nächsten Amerikahauses, des British Council oder eines anderen Kulturinstituts. Erkundigen Sie sich nach den Leihgebühren, den Ausleihmöglichkeiten und dem Veranstaltungskalender, fragen Sie nach einem bestimmten Film, einem Buch, nach dem Angebot an Sprachkursen und fremdsprachigen Stammtischen. Übrigens werden Ihre Gesprächspartner sehr oft Deutsche sein und ebenfalls Fehler machen. Also nur Mut.

Der nächste Schritt ist das Telefonieren mit Muttersprachlern. Wenn Sie Französisch, Italienisch oder Englisch als Fremdsprache haben und Ihnen die Übungsmöglichkeit ein paar Mark wert ist, rufen Sie doch den Verkehrsverein Ihres Urlaubsortes an und bitten um alle Prospekte der näheren Umgebung. Buchen Sie Ihr Hotel im Ausland telefonisch, telefonieren Sie mit der Vermieterin Ihres Ferienhauses, mit einem Brief- oder Geschäftsfreund im Ausland. Das Telefonieren hat erstens den Vorteil, daß Sie die Situation sprachlich planen können. Zweitens brauchen Sie keine Scheu vor dem Gebrauch der Fremdsprache zu haben, denn Sie haben einen großen Abstand zum Gesprächspartner. Und drittens können Sie dieses preiswerte Sprechtraining sehr früh beginnen.

Wenn Sie in der Fußgängerzone Touristen sehen, die abwechselnd fragende Blicke in den Stadtplan und in die Runde werfen, fassen Sie sich ein Herz, und geben Sie Ihre Ortskenntnisse auf englisch oder französisch weiter. Besuchen Sie Vorträge mit anschließender Diskussion, die von den Kulturinstituten angeboten werden. Sie können Ihre Fragen in aller Ruhe am Schreibtisch oder während des Zuhörens vorbereiten. Das gibt Ihnen Sicherheit und Selbstvertrauen, den Gesprächskontakten mit den anderen Teilnehmern nicht auszuweichen.

TEIL 7 | SCHREIBEN UND SPRECHEN

In den meisten Städten gibt es englische und französische Kneipen, in denen die Fremdsprache Verkehrssprache ist. Im Zuge der Städtepartnerschaften mit Frankreich und England sind in vielen Städten Freundeskreise entstanden, die regelmäßig zusammenkommen; in amerikanischen Garnisonen haben deutsch-amerikanische Vereinigungen eine lange Tradition, und wenn Sie Mitglied der Deutsch-Englischen Gesellschaft werden, lädt man Sie zu zahlreichen Veranstaltungen ein. Wer die Initiative aufbringt, die vielfältigen Sprechgelegenheiten wahrzunehmen, wird zu den erfolgreichen Sprachenlernern zählen.

An Sprechgelegenheiten mangelt es nicht. Das Problem besteht darin, sie zu nutzen – zum Beispiel im Urlaub im Land Ihrer Fremdsprache, wo Sie von Millionen sprachlicher Vorbilder umgeben sind. Nun ist es aber bereits in unserer Muttersprache nicht immer leicht, zum Mitmenschen Kontakt aufzunehmen. Wohl dem, der die ersten Ausflüge aus der Geborgenheit des Arbeitszimmers in die Welt der Zielsprache vorausgeplant hat.

Gelegenheit macht Könner, und an Gelegenheiten zu echter Kommunikation mangelt es nicht. Sie sind allemal billiger und fruchtbarer als mancher Sprachunterricht im In- und Ausland. Ich wünsche Ihnen viel Erfolg.

GLOSSAR

Englisch

able to	können; fähig zu
accident	Unfall
although	obwohl
amazing	erstaunlich
ambitious	ehrgeizig
animal	Tier
art	Kunst
astound	erstaunen
avaricious	geizig
avoid	vermeiden
bark	bellen
basket	Korb
bathtub	Badewanne
beggar	Bettler
believe	glauben
stay away from	sich fernhalten
beware of dog	Warnung vor dem Hunde
biro	Kugelschreiber
bite	beißen
brakes	Bremsen
bricklayer	Maurer
bride	Braut
bridegroom	Bräutigam
budgie	Wellensittich
bulb	Glühbirne
bulky	unhandlich, sperrig
burglar	Einbrecher
careless	sorglos, leichtsinnig
caretaker	Hausmeister
carwash	Autowaschanlage
cast	werfen
change	(sich) verändern
check	kontrollieren, überprüfen
chemistry	Chemie
chess	Schach
clean	reinigen, putzen
client	Kunde
collect stamps	Briefmarken sammeln
contractor	Bauunternehmer
cottage	Hütte
counsel	Ratschlag
coupon	Lottoformular
courtesy	Höflichkeit
crazy: go crazy	verrückt werden
create	(er)schaffen
creator	Schöpfer
curb	Randstein
cure	Heilung; hier: Nachsicht
cut, cut, cut,	schneiden
dash	sich stürzen
delicious	köstlich
dependent on	abhängig von
devolution	Regionalisierung
economy	Wirtschaft
egg	Ei
fail	versagen
false pearls	falsche Perlen
famous	berühmt
fancy that	also so was, man stelle sich vor
favour	Gefallen, Gefälligkeit
finish homework	die Hausaufgaben fertig machen
foreign countries	fremde Länder
fortune	Glück, Vermögen

GLOSSAR

frank	offen, ehrlich	lorry	Lastwagen
fun: make fun of	verspotten	lousy	miserabel
		lover	Liebhaber
game	Spiel, Partie	lukewarm	lauwarm
gear	Gang (beim Auto)		
gentle	sanft	maniac	Verrückte(r)
gloomy	trübsinnig	marry	heiraten
got: I've got to	ich muß	marvellous	phantastisch
		meaning	Bedeutung
haircut	Haarschnitt	meat	Fleisch
hairstyle	Frisur	meet someone halfways	auf halbem Wege entgegenkommen
hell	Hölle		
hen	Huhn		
holy	heilig	meet, met, met	treffen
homemade	selbstgemacht	misfortune	Unglück
honest	ehrlich	mistake	Fehler
honeymoon	Flitterwochen	moreover	darüber hinaus
however	jedoch	mortar	Mörtel
hypocrisy	Heuchelei	mow	mähen
incredible	unglaublich	necessary	notwendig
innocence	Unschuld	neighbour	Nachbar
invisible	unsichtbar	noise	Lärm
knee	Knie	opposite	Gegenteil
landlord	Vermieter	paper	Zeitung
lawn	Wiese	pass an exam	eine Prüfung bestehen
lead so. up the garden path	jemanden reinlegen		
		patient	geduldig
leak	ein Leck haben	pea	Erbse
leave, left, left	verlassen	phrase	Satz
linguistics	Sprachwissenschaften	plumber	Installateur
		polite	höflich
live	wohnen, leben	poor English	schlechtes Englisch
live locally	am Ort wohnen		
loaf	Brotleib	post a letter	einen Brief aufgeben
loan	Darlehen		
look forward to doing sth.	sich darauf freuen etw. zu tun	pour	hier: in Strömen regnen

GLOSSAR

practice: in practice	in der Praxis
prevention	Verhütung, Vorsicht
prison	Gefängnis
publisher	Verleger
push the clutch	die Kupplung treten
race	Rennen
read the paper	die Zeitung lesen
really	tatsächlich, wirklich
recognize	erkennen
redecorate a house	ein Haus renovieren
release the handbrake	die Handbremse lösen
reliable	zuverlässig
rent	Miete
reply	antworten, erwidern; Antwort
resourceful	erfinderisch
return	zurückkehren
road safety notice	Straßenhinweisschild
rules	Regeln
save water	Wasser sparen
science	Wissenschaft
scientific journal	Fachzeitschrift
scissors	Schere
seasick	seekrank
shift into third (gear)	in den dritten Gang schalten
show	vorzeigen
shower	duschen
sight; out of ~, out of mind	aus den Augen, aus dem Sinn
sign	unterschreiben
singly	einzeln, allein
sleep	Schlaf
speed	rasen
speed up	beschleunigen
stay with	hier: bleiben bei
steal, stole, stolen	stehlen
stride	schreiten
stroll	schlendern
suggest	vorschlagen
suitcase	Koffer
Swedish	schwedisch
tablet	Tablette; (Schrift-)Tafel
taste	probieren; Geschmack
teacher	Lehrer
tenant	Mieter
thief	Dieb
ticket	hier: Strafzettel
tin	Konservendose
tiny	winzig
tool	Werkzeug
touchy	empfindlich
traffic light	Verkehrsampel
trip on something	über etwas stolpern
trouble	Ärger
trumpet	Trompete
trust	vertrauen
turnip	Rübe
tyre	Reifen
upstairs tenant	Mieter, der über einem wohnt

GLOSSAR

van	Lieferwagen	**wonder: I wonder**	ich frage mich, ob …
vegetable	Gemüse	**word of honour**	Ehrenwort
violent	gewalttätig	**would you mind …**	hätten Sie etwas dagegen …
virgin Mary	Jungfrau Maria		
volt and watt	Volt und Watt		
watch TV	fernsehen	**wriggle**	sich winden, krümmen
water colours	Wasserfarben	**write**	schreiben
weep	weinen	**yet**	jedoch
whoever	jeder; wer auch immer	**you don't say so**	was Sie nicht sagen
whole: the whole morning	der ganze Morgen		
wish	Wunsch		

GLOSSAR

Französisch

à la longue	auf die Dauer
aider	helfen
aimer	mögen, lieben
amateur, m.	Anfänger, Amateur
appeler un taxi	ein Taxi rufen
arrêter une passante	eine Passantin anhalten
arrivée, f.	Ankunft
avant	vorher
bien faire qc.	etwas gut machen
bien que	obwohl
bière, f.	Bier
bijoutier, m.	Juwelier
bizarre	eigenartig
boit: il boit	er trinkt
briller	scheinen, glänzen, brillieren
cahier	Heft
c'est pourquoi	deshalb
cause, f.	Ursache, Grund
ce jour-là	an jenem Tag
cependant	jedoch
chaise, f.	Stuhl
chat, m.	Katze
chemin de fer, m.	Eisenbahn
chevet: se trouver au c.	am Bett sitzen
chien, m.	Hund
choisir le premier	als erster wählen
cicatrice, f.	Narbe
coin, m.	Ecke
commencer	anfangen, beginnen
comment dirai-je	wie soll ich sagen
couvert, e de cicatrices	narbenbedeckt
créateur, m.	Schöpfer
créatif, -ve	schöpferisch
création, f.	Schöpfung
créer	(er)schaffen
cuvette, f.	Waschschüssel
d'abord	zuerst
de plus	ferner
de toute façon	auf jeden Fall
décisif, -ve	entscheidend
déranger	stören, belästigen
différence, f.	Unterschied
donc; alors	also
douceur, f.	Sanftheit
eau, f.	Wasser
encouragé, -e	ermutigt
ensuite	anschließend
éponge, f.	Schwamm
essai, m.	Versuch
essuyer	abtrocknen
étrangère, f.	Ausländerin
évidemment	klar, offensichtlich
exode rural, m.	Landflucht
faute, f.	Fehler
feu, m.	Feuer
fier, fière	stolz
figure, f.	Gesicht
fille, f.	Tochter
finir	aufhören
fumer	rauchen
générosité, f.	Großzügigkeit
guerre, f.	Krieg
habitant, m.	Einwohner
heure, f.: être à l'heure	pünktlich sein

LITERATUR

il faut que	man muß, wir müssen	**prochain, m.**	der nächste
île, f.	Insel	**professionnel, m.**	Fachmann
imparfait, m.	Imperfekt	**projet pilote, m.**	Pilotprojekt
incroyable	unglaublich	**puis**	dann
ingéniosité, f.	Einfallsreichtum		
		quand	als
		quitter	verlassen
je veux dire	ich will sagen		
l'Arche de Noë	die Arche Noah	**raccompagner**	zurückbegleiten
lendemain, m.	der folgende Tag	**recherche, f.**	Forschung
lunettes, f., pl.	Brille	**reconnaissant, e.**	dankbar
		rencontrer	treffen
		rendre un service	einen Gefallen tun
machine à laver, f.	Waschmaschine	**renseignement, m.**	eine Auskunft
merveilleux, se	wunderbar		
moeurs, f., pl.	Sitten	**s'approcher de**	sich nähern
moyen: le Français moyen	der Durchschnittsfranzose	**sache: pas que je sache**	nicht, daß ich wüßte
		sans blague	Sie scherzen, tatsächlich
naufrage, m.	Schiffbruch	**sauver**	retten
		sciences naturelles	Naturwissenschaften
oiseau, m.	Vogel	**serviette, f.**	Handtuch
		signifier	bedeuten
pêcheur, m.	Fischer	**soupir, m.: pousser un s.**	einen Seufzer ausstoßen
pénétrer	eindringen		
petit pain, m.	Semmel		
pièce, f.	Raum, Zimmer	**terminer**	beenden
pied, m.	Fuß	**tiens!**	sieh mal an, na so was!
plaire	gefallen		
porte-clés, m.	Schlüsselbund	**titre: à quel titre**	mit welchem Recht
pourtant	jedoch, dennoch		
préférer	vorziehen	**tousser**	husten
préparer le déjeuner	das Mittagessen zubereiten	**travail, m.**	Arbeit
présenter qn	jemanden vorstellen	**valise, f.**	Koffer
		vendredi, m.	Freitag
prise de contact, f.	Kontaktaufnahme	**vous savez**	wissen Sie

Verwendete Literatur

Baddeley, A. D.: *Short-term memory for word sequences as a function of acoustic, semantic and formal similarity*, in: Quarterly Journal of Experimental Psychology, 1966, S. 362.

Baddeley, A. D.: *So denkt der Mensch. Unser Gedächtnis, und wie es funktioniert*. München: Knaur, 1988.

Baur, R. S.: *Superlearning und Suggestopädie. Grundlagen – Anwendung – Kritik – Perspektiven*. Berlin, München: Langenscheidt, 1990.

Birkenbiehl, V.: *Stroh im Kopf – oder Gebrauchsanweisung für's Gehirn*, München: mvg-Paperbacks, 1993.

Bosewitz, R., Kleinschroth, R.: *Joke by Joke to Conversation. Sprechsituationen witzig gemeistert*. Reinbek: Rowohlt, 1990.

Bosewitz, R., Kleinschroth, R.: *Joke Your Way Through English Grammar. Eine Grammatik zum Anlachen*. Reinbek: Rowohlt, 1989.

Butzkamm, W.: *Psycholinguistik des Fremdsprachenunterrichts*. Tübingen: Francke, 1989.

Confais, J.-P.: *Grammaire explicative*. München: Hueber, 1982.

Conrad, R.: *Acoustic confusion in immediate memory*, in: British Journal of Psychology, 1964, S. 75–84.

Dohmen, G., et al.: *Thema: Wie lernen Erwachsene?* Tübingen: Urban & Schwarzenberg, 1975.

Endres, J.: *Der Englischtrainer*. Weinheim: Beltz, 1983.

Fleischhack, Schwarz, Vettel: *English G. Grammatik*. Berlin: Cornelsen, Velhagen, Clasing, 1981.

Gouin, F.: *L'art d'enseigner et d'étudier les langues*. Paris: 1880.

Heuer, H.: *Lerntheorie des Englischunterrichts*. Heidelberg: Quelle u. Meyer, 1976.

Hohmann, H. O.: *Lexikalische Lernarbeit mit dem Lehrbuch*, in: Der fremdsprachliche Unterricht, 1986, S. 171–180.

Huberman, A. M.: *Wie verändern sich erwachsene Lerner*, in: Jopt, U.-J., *Schlechte Schüler – faule Schüler?* München: Econ, 1981.

Hülshoff, F., Kaldewey, R.: *Training. Rationeller lernen und arbeiten*. Stuttgart: Klett, 1976.

Jopt, U.-J.: *Schlechte Schüler – Faule Schüler?* München: Econ, 1981.

Kleinschroth, R.: *Business by Jokes. Gewitztes für die Welt der Geschäfte*. Reinbek: 1999.

Kleinschroth, R.: *Die Lerngrammatik: Schmunzeln statt Gähnen*, in: Praxis 1989, S. 382ff.

LITERATUR

Kleinschroth, R.: *Französische Grammatik zum Anlachen*, in: Praxis 1990, S. 63ff.

Kleinschroth, R.: *Spracherwerb im Wettbewerb*, in: Der fremdsprachliche Unterricht, 1988, S. 36.

Kleinschroth, R., Maupai, D.: *La Grammaire en s'amusant. Wichtige Regeln zum Anlachen.* Reinbek: Rowohlt, 1990.

Knapp-Potthoff, A., Knapp, K.: *Fremdsprachenlernen und -lehren.* Stuttgart: Kohlhammer, 1982.

Kohnert et al.: *Ça alors* (Bd. 1–3). München: Mentor Lernhilfe, 1982.

Krais, A.: *Fremdsprachen richtig lernen.* Böblingen: expert, 1990.

Krashen, S. D.: *Principles and Practice in Second Language Acquisition.* Oxford: Pergamon, 1982.

Lamprecht, A.: *Grammatik der englischen Sprache.* Berlin: Cornelsen, Velhagen, Clasing, 1986.

Leisinger, F.: *Elemente des neusprachlichen Unterrichts.* Stuttgart: Klett, 1967.

Leitner, S.: *So lernt man lernen.* Freiburg: Herder, 1972.

Lübke, D.: *Schulgrammatik Französisch.* München: Langenscheidt, 1990.

Maddox, H.: *How to Study.* London: Pan Book, 1967.

Mahnert, D.: *Worte, Worte – nichts als Worte! Vokabeln einführen, üben und lernen in der Sekundarstufe 1*, in: Der fremdsprachliche Unterricht, 1986, S. 191–201.

Mieth, Ch.: *Hörverstehen und audiovisuelle Medien*, in: Englisch 1974, S. 109.

Moulton, W. G., Freudenstein, R.: *Wie lernt man fremde Sprachen?* Dortmund: Lensing, 1972.

Naiman et al.: *The good language lerner.* Toronto: Ontario Institute for Studies in Education, 1978.

Palmer, H. E., Palmer, D.: *English Through Actions.* London: Longman, 1925.

Quetz, J.: *Ist Grammatik noch zeitgemäß?*, in: Praxis 1989, S. 303.

Raasch, A.: *Fremdsprachen lernen, aber wie?* München: Hueber, 1986.

Romijn, E., Seely, C.: *Live Action English.* San Francisco: The Albany Press, 1979.

Rohrer, J.: *Non-linear Elements in Learning and Retention.* Bundessprachenamt. Referat anläßlich der Jahrestagung des Bureau of International Language Coordination, Madrid, 1989.

Rohrer, J.: *Zur Rolle des Gedächtnisses beim Sprachenlernen.* Kamps pädagogische Taschenbücher, Band 82. Bochum: Kamp, 1990.

Rompillon, U.: *Englisch lernen. Mit Tips und Tricks zu besseren Noten. Schülerarbeitsbuch*, München: Max Hueber, 1985.

Rompillon, U.: *Lerntechniken im Fremdsprachenunterricht*. Handbuch. München: Max Hueber, 1985.

Rubin, J.: *What the good language learner can teach us*, in: TESOL Quarterly, 1975, S. 41–51.

Schmid-Schönbein, G.: *Für Englisch unbegabt? Förderstrategien bei versagenden Englischlernern. Ergebnisse empirischer Untersuchungen*. Bochum: AKS-Verlag, 1988.

Schräder-Naef: *Rationeller Lernen lernen*. Weinheim: Beltz, 1990.

Thorndike, E. L., et al.: *Adult Learning*. New York: Macmillan, 1928.

Ungerer, F.: *Zur Auswahl des Beispielmaterials in Schulgrammatiken*, in: Der fremdsprachliche Unterricht, 1980, S. 103–114.

Ungerer, F., et al.: *Grammatik des heutigen Englisch*. Stuttgart: Klett, 1987.

Ungerer, F., et al.: *Learning English*. Grundgrammatik. Stuttgart: Klett, 1989.

Vester, F.: *Denken, Lernen, Vergessen. Was geht in unserem Kopf vor, wie lernt das Gehirn und wann läßt es uns im Stich?* München: DTV, 1978.

Vettel, F.: *English Lexicon*. Berlin: Cornelsen.

Vettel, F.: *Wordmaster zu allen Bänden des Lehrwerks English G*. Berlin: Cornelsen, Velhagen, Clasing, 1984.

Vollmer, G., Hoberg, G.: *Top-Training. Lern- und Arbeitsstrategien*. Stuttgart: Klett, 1988.

Wagner, J.: *Kommunikation und Spracherwerb im Fremdsprachenunterricht*. Tübingen: G. Narr, 1983.

Wahl, M.: *Hausaufgaben im Englischunterricht. Ergebnisse einer Schülerbefragung*, in: Praxis des neusprachlichen Unterrichts, 1985, S. 362–365.

Zimmermann, G.: *Erkundungen zur Praxis des Fremdsprachenunterrichts*. Frankfurt: Diesterweg, 1984.

Zimmermann, G., Wißner-Kurzawa, E.: *Grammatik lehren, lernen, selbstlernen*. München: Hueber, 1985.

Sprachzeitschriften

Revue de la Presse,
World and Press,
Revista de la Prensa (mit Sprachkassette),
　　Bremen: Eilers & Schürmann,
Spotlight und *Ecoute*, München: Spotlight Verlag.

Register

Abdeckmethode 72, 98f.
Abrufen 39
Abrufmechanismen 40f., 58, 63, 68, 70, 73, 87, 98
Abstrakta 60
Abstrakte Adjektive 87
action reading 222
Adaptivität 32
affektives Lernen 99, 102
Aha-Erlebnis 87
Aktionsketten 57, 64f., 67
aktives Langzeitgedächtnis 42
aktiver Grundwortschatz 49
Alltagssituationen 239, 244
Alter 13, 22
amerikanische Umgangssprache 210
Angst 23, 30, 42, 241
Animationen 89, 90
Antizipation 197
Antizipieren 205
Artikel 172
Aspekt 160
Assoziationen 40–42, 63f., 197, 214
Assoziieren 75, 79
Assoziogramm 75, 79f.
auditiver Lerntyp 45
Aufbauwortschatz 49f.
Augustinus 39
Ausländerdeutsch 153
Aussprache 28, 94, 188, 211
Auswendiglernen 73, 80, 243
authentisches Material 197
autogenes Training 21
Autorekorder 196
Autosuggestion 18

Basic-English 239
BBC World Service 26
Bedingungssätze 173
Begabung 10, 16
Beispielgrammatik 136
Beispielsätze 135
betriebsinterne Weiterbildung 24
Bilder 104, 107, 135, 157, 181
Bildspur 214
Bildverarbeitung 111

Bildwörterbuch 104
Bildwörterheft 104, 110

CD-ROM 43, 124, 332
Chat 29, 231
Chunks 40, 53f., 150
Cloze-Technik 178
Cloze-Übungen am Computer 177
Computer 27, 30, 39, 53, 64, 74, 91ff., 98, 110, 122f., 180, 183, 188, 208f., 222, 228f.
Computerprogramme 22, 72, 74, 77, 99, 110, 146
Computerspiele 231
corpus callosum 46

deduktive Hilfen 32
deduktive Methode 143, 156
Denkblockaden 42
Denkmuster 87
Detailverstehen 198, 224
Diktaphon 74
Drill 142, 182, 187

Ebbinghaus, Hermann 50
Edutainment 209
Eindruckstiefe 111
Eingangskanäle 67, 115
Einsamkeit des Sprachenlernens 256
Einschleifen 142, 181f.
Einzelwörter 39, 50, 53
E-Mail 29, 231
English Coach 2000 110
Entspannung 15
Erfolgserlebnisse 20, 29
Erschließen 205
Erwachsene 11ff.
Eselsbrücken 23, 142, 166, 171
Esperanto 11
externes Gedächtnis 112

Fachwortschatz 89
falsches Wortschatzlernen 70
Farbe 148
Feedback 30
Fehler 134f.
Fehlerkorrektur 250
Fehlerstatistik 228

Fehlerquellen 181
Fehlerwörterbuch 234
Fernsehen 213
Film 160, 209, 212, 215f.
Floweffekt 32
Formenlehre 181
Freizeitgestaltung 215
Fremdsprache 129, 133
Fremdsprachendeutsch 155
Fremdwörter 201
Funktionswörter 180
Fachausdrücke 202
Fachsprachen 204

Gedächtnis 12, 74, 79, 103f., 114f., 127, 156f., 215
Gedächtniskapazität
Gedächtnisspanne 40, 66, 95, 151, 174
Gedächtnisspeicher 34, 196
Gedächtnisstütze 167
Gedächtnistechniken 34
geflügelte Worte 175
Gehirn 34f., 44, 47, 53, 135, 147, 166, 197
Gehirnhälften 34, 58, 77, 87, 134f., 193
Gehirntyp 45
geistig Behinderte 64
Gesamtwortschatz 50
Gesprächspflege 248
Gesprächsplanung 244
Gesprächssituation 244, 256
Gesprächsstrategien 246
Gesprächstaktik 226
Gesprächstechniken 214
Gestik 68, 148, 166, 190f., 191, 193, 215
Globalverstehen 194, 197
graduelle Abstufung 85
Graffiti 172f., 175
Grammatik 127, 129f., 194
Grammatikarbeit 112
Grammatik im Kontext 176
Grammatiklernen 135, 137, 152, 156
Grammatikkenntnisse 227
Grammatikregeln 23, 127f., 133
Grammatiksätze 136ff., 153, 156, 171, 254

Grammatikunterricht 130
grammatische Ausweichmanöver 253
grammatische Strukturen 135, 137, 172
graphische Struktur 78
Grobverständnis 194, 213
Grobverstehen 198
Grund- und Aufbauwortschatz 49
Gruppieren 73
Gymnasium 50

Haftzettel 111, 113
Haloeffekt 29
Handlungsabläufe 65
Häufigkeitsadverbien 175
Hemisphärenmodell 45
Hemmungen 16
hierarchische Strukturen 83
Hierarchisieren 73
Hilfen 32
Hirnhälften 44, 46
Hobby 20
Hören und Sehen 215
Hörtext 194
Hör- und Leseverstehen 188, 199
Hör- und Sehverstehen 179, 189f., 234
Hörverstehen 194, 197, 208, 215
Hörzeiten 193
Hypotaxe 254

Ich-Wortschatz 100–103, 151
Imitieren 193
imparfait 165
Imperativ 173
induktiv 139
induktive Hilfen 32
induktive Methode 143, 156
Informationsaufnahme 61
Informationsverarbeitung 15
Infotainment 209
innere Akustik 40, 68
innere Bühne 163
innere Stimme 221
Inspektor Columbo 209, 212
Intelligenz 10, 12f.
intelligentes Raten 208
Interaktivität 31
interkulturelle Unterschiede 215
Internet 29, 33, 229f.

REGISTER

Internet-Adressen 231
Internet-Service 33
Intervalltraining 120

Kartei 39, 99, 122, 177, 197
Karteikarten 111, 116, 121, 123, 148f.
Kassettenrekorder 188, 196
Kategorisieren 73
kausale Strukturen 84
Kinoeffekte 160
Klang 172
Klangbilder 94, 202
kombinatorischer Wortschatz 199
kommunikative Übungen 182
Konjunktiv 162
Konsumhaltung 31
Kontext 200, 202
Konversationsmedien 231
Konzentration 15, 18
Körpersprache 191, 248f.
Korrektur 33
Kulturinstitute 25, 213, 216
Kursunterricht 31
Kurswahl 241
Kurzzeitgedächtnis 35f., 38, 40f., 53, 68, 70, 80, 94, 96, 137

Landeskunde 51
Langzeitgedächtnis 35, 38, 41–44, 47, 58, 63, 68, 70, 74, 77, 102, 120, 136ff., 146, 171, 181
Lautbild 202
learning by doing 68, 115
Lehrbuchkassette 242
Lehrerstil 13, 15
Lehrwerk 123
Leistungsbewertung 30
Leistungsunterschiede 13
Leistung des Gedächtnisses 11
Leitnerkasten 116, 118, 122
Lektionsarbeit 26
Lektüre 175
Lernaktivität 111
Lernenergie 18f., 36, 63, 70
Lernen in Sekunden 112
Lernfortschritt 30
Lerngesetze 18
Lernhaltung 11

Lernhappen 53
Lernkartei 71f., 92, 116, 123
Lernlandschaft 111, 114
Lernmotivation 21
Lernpartner 22, 26, 28f., 183, 186, 228, 230
Lernposter 111f.
Lernprogramme 29, 31, 111, 123, 209
Lernpsychologie 50, 77
Lerntechniken 52, 243
Lerntyp 13, 26, 77
Lernversuche 11
Lernwörterbücher 115
Lernwörterbuch in Sachgruppen 67
Lernzeit 32
Lesegeschwindigkeit 40
Lesetechniken 218, 222
Leseverstehensübung 222f.
Lexico-Grammatik 149, 151, 181
linke Hemisphäre 45f., 63, 166
Lippenstellung 211
Literatur 51
Literaturverfilmungen 212
Lob 30
Locitechnik 111, 113f.
Logik 79
Lückentextübung 179

Medienwirkung 29, 31, 122
mehrkanaliges Lernen 32, 37, 48, 61ff., 65
mentale Bilder 157, 165
mentales Training 48, 65, 67, 73
Merkverse 142
Mimik 70, 166, 191, 193, 215
mind mapping 77
Mißerfolg 14
Mißerfolgserlebnisse 14
Motivation 17f.
Motive 19f.
multimediale Lernprogramme 209
multimediale Programme 32
Mustersätze 135, 137
Muttersprache 128f., 133, 142, 150, 152, 156, 181, 189

Nachrichten 26
Nachrichten-Service 33

REGISTER

Netz 44
Nervenzelle 42
Normaltext 49

ökonomisches Lernen 96
Online-Dienste 229
On-the-job-Kartei 121
optimales Lernalter 11
Ordnen 73, 78ff.
Ordnung 39

Paar-Assoziationslernen 98, 102
Parataxe 254
Partnerarbeit 186, 230
passé composé 165
passives Sprachzentrum 46
passiver Wortschatz 43, 203
Patterndrills 182
Pinnwand 20, 77, 96, 111f.
Positionslernen 121
Poster 146
Programm 28, 30f., 110, 229
Prüfungssituationen 42
psychische Distanz 238

Randelemente 96
Real-Voice-Modus 229
rechte Gehirnhälfte 148
rechte Hemisphäre 45f.
Redemittel 244
Redensarten 174
Redestrategien 247
Redewendungen 150
Regeln 133ff., 141, 148f., 154, 167, 171
Regelsprache 130, 132
Reim 167, 172
Reiz-Reaktions-Paare 57
Relativpronomen 174
Revue de la presse 26
Rhythmus 167, 172
Ringbuch 39, 99, 112, 145f., 177, 250

Sachgruppen 98, 121
Satzbaumuster 137
Satzmelodie 94, 193
Satzstrukturen 137
Scanning 220, 223f.

Schemata 79f.
Schematisieren 73
Schlagzeile 219f.
Schlüsselwörter 141
Schreiben 128
Schriftsprache 254
Schrittmachereffekt 125, 126, 222f.
Schwierigkeitsgrad 197
Selbstkontrolle 117
Selbstlernmethoden 81
Selbstmotivation 18, 20
Selbststudium 27
Selbstvergleich 30
Selbstversuche 133f.
selektives Verstehen 198
Signale 147ff.
Signalfarbe 148, 165
Signal-Grammatik 148
Signalwörter 141, 143, 147
Signalwortgrammatik 149
Sinneinheiten 40, 53f., 62
Sinneskanäle 32
Situation 190, 202
Skimming 218, 223
Speedreading 221, 224
Spiele 234
Sprachdrill 182
Spracherkennungssoftware 28
Sprachfallen 156
Sprachgefühl 135, 156
Sprachgenie 22
Sprachkassette 146, 192
Sprachkurs 15, 26, 240
Sprachlabor 12, 128, 182f.
sprachliche Reaktionsfähigkeit 255
Sprachschulen 25, 241
Sprachurlaub 24
Sprachwechsel 251
Sprachzentrum 45
Sprechabsicht 191, 226
Sprechen 128, 238f.
Sprechfähigkeit 188, 249
Sprechfunktionen 150, 177, 214, 226, 245
Sprechgelegenheit 23, 241, 256
Sprechsituation 16, 22, 103, 149, 226
Sprechstrategie 226

REGISTER

Sprechzeit 130, 182, 187, 240f.
Sprichwörter 60, 172, 174
Städterundfahrten 217
starre grammatische Formen 150
Steigerung 174
stilles Lesen 95
Streß 42
Strukturen 79, 249
Strukturieren 73, 80
Strukturwörter 150
subvokale Blitzwiederholungen 37
Suchbefehle 42
Suchfunktion 122, 212, 233
Suchmechanismen 134
Suchpfade 38f., 42f., 63, 73f.
Suggestion 20
Superzeichen 87
Symbole 157
Synapsen 42
synchronisierte Filme 213
syntaktisches Gedächtnis 146
Systeme 87

Taktiken bei Nichtverstehen 252
Talent 22
Tandemlernen 29, 230
Telekommunikation 230
Terminologie 131, 144
Tonfall 191, 215
Tonspur 214
Transfer 12
Transmitterflüssigkeit 42
Überlernen 70f., 98, 121
Ultrakurzzeitgedächtnis 35f., 70
Umgangssprache 254
Unterbewußtsein 101
Unterrichtsmethoden 13
Unterrichtszeit 129

Verarbeitungstiefe 87, 111
Vergessenskurve 50, 52, 58, 69, 71
Verlegenheitssignale 247
Vernetzung 43, 75, 77
Verstehenstraining 188
verteiltes Lernen 71

Videofilme 26, 89
Visualisierungstechnik 48, 58, 73
visuelles Gedächtnis 87
visuelle Information 214
visueller Lerntyp 46
Vokabelgleichungen 55, 99
Vokabelheft 55, 97ff., 122
Vokabelprogramme 98
Vokabelverzeichnis 92f., 97f.
Vorsorgestrategien 250
Vorstellungsbilder 58, 162
Vor- und Nachsilben 204

Walkman 27, 182, 195f.
Weiterbildung 13
Weltbild 157
Wiederholen 43, 69, 78, 99, 120f., 172
Wiederholungsmaschine 118
Wiederholungsschleifen 125
Wiederholungstechniken 74
Witze 173, 175
Wortbildung 204
Wörterbücher 28, 232, 234
Wörterbuchartikel 233
Wörtergleichungen 52, 87
Wortfeld 39, 79, 100
Wortkompositionen 203
Wortpaare 98
Wortschatz 36, 55, 125, 194, 233, 249
Wortschatzarbeit 107
Wortschatz-Grammatik 149, 177
Wortschatzkartei 175, 196
Wortschatzlernen 204, 221
Wortschatzprogramm 122
Wortschatztaktiken 255
Wortschatzwiederholungen 26
Wortschatz zum Anfassen 114f.
Wortsysteme 80

Zeitdruck 239
Zeitlupe 161
Zeitraffertechnik 161
Zeitung 26
Zweikanalton 213